W0210212

Caspar de Rijk, Ph.E.

MULTI GENIUS TECHNOLOGIE FÜR BEWUSSTSEIN
BAND 1
Handbuch zur Erforschung des Selbst

Verfasst und zusammengestellt von Caspar G. M. de Rijk, Ph.E.*; ENFJ*,
mit Unterstützung von Co-Forscherin Claudia Moser, Ph.E., BA; ENFJ
am MGT Institut für bewusstSEINs Erforschung,

aus

der Weisheit und dem Wissen, das den zahlreichen und verschiedenen Kulturen dieser Erde innewohnt

Englischer Originaltitel: *The Self-Explorer's Handbook* (2015)

Ausgabe in deutscher Sprache:
Copyright © 2018, MGT Institute for Consciousness Exploration
www.mgtconcepts.com

Herausgeber: MGT Institute for Consciousness Exploration
Autor: Caspar G. M. de Rijk
Umschlagsgestaltung, Illustration & Satz: Magdalena Moser
Lektorat, Korrektorat: Magdalena Moser & Claudia Moser
Übersetzung: Andrea Albrecht, Übersetzungen und Dokumentationen
Verlag: myMorawa von Morawa Lesezirkel GmbH
978-3-99084-226-3 (Paperback)
978-3-99084-227-0 (Hardcover)
978-3-99084-228-7 (e-Book)
Printed in Austria

Das Werk, einschließlich seiner Teile, ist urheberrechtlich geschützt. Jede Verwertung ist ohne Zustimmung des Verlages und des Autors unzulässig. Dies gilt insbesondere für die elektronische oder sonstige Vervielfältigung, Übersetzung, Verbreitung und öffentliche Zugänglichmachung.

Widmung

an all die großartigen Seelen und Genies, – die zahlreicher sind, als aufgelistet werden könnten – die die Inspiration zu diesem Werk geliefert und uns daran erinnert haben, diesen immateriellen Ort zu suchen, an dem all die Lösungen schlummern.

Danksagungen

Es waren eine große Anzahl an Personen daran beteiligt, mich beim Verfassen und Zusammenstellen dieses Handbuches zu inspirieren. Besonders bedanken möchte ich mich bei meiner Familie Claudia und Magdalena Moser, ohne deren Unterstützung und Vorschläge dieses Buch sich nicht materialisiert hätte.

Die MGT-Forschung geht weiter und ist mit diesem Buch nicht abgeschlossen. Es ist unwahrscheinlich, dass sich die grundsätzlichen Prinzipien entscheidend verändern werden, jedoch gibt es keine `*Standard*´-Technologie, die sich niemals ändern wird. Wir schauen uns immer nach Verbesserung und schnelleren Lösungen um und werden neue Entwicklungen oder Entdeckungen in künftigen Ausgaben und online einarbeiten.

In dem unwahrscheinlichen Fall, dass Sie der Meinung sein sollten, dass irgendein Rat, eine Information oder Verfahren aus diesem Buch nicht funktioniert, fehlerhaft erscheint oder dass es bessere Methoden gibt, es zu tun, dann teilen Sie uns dies bitte per E-Mail mit.

www.mgtconcepts.com
&
www.mgt-bewusstsein.com

mgtconcepts@gmail.com

Inhaltsverzeichnis

Vorwort

Dieses Buch stellt eine Einführung in das, was wir Bewusstseinstechnologie nennen, dar. Es erklärt, wie diese zum eigenen Vorteil verwendet werden und warum es für Sie und andere von Wichtigkeit sein könnte. Es wird gründlich untersuchen, was Bewusstsein ist, warum es Erforschung braucht und warum die Erforschung des Selbst viel gesünder ist als die exploratorischen Eingriffe eines Chirurgen.

Man mag sich fragen, warum Bewusstsein überhaupt erforscht werden sollte. Wir alle kennen Leute, die enthusiastisch einem Lebensstil folgen, der sie von einem zum anderen Rausch der Sinne führt – großartigem Essen, Sex und Filme etc. – und begleitet ist von kleinen Bürden in Form von Arbeit und vielleicht noch einigen anderen anderen Opfern. Sie scheinen weiterhin nach den Ekstasen zu streben, während sie sich gleichzeitig über die Leiden beklagen. Es ist nichts verkehrt damit, so zu leben, wenn es die eigene Wahl ist, kombiniert jedoch mit einer eindeutigen Anstrengung, bezüglich anderer Lebensbereiche unbewusst zu bleiben, schränkt man sich damit selbst ein.

Jedoch haben viele von uns, nachdem wir eine Weile lang ein menschliches Leben lebten, viele verschiedene Personen – gute wie schlechte – trafen und alle möglichen Situationen mit ihren Höhen und Tiefen erfuhren, einen Punkt erreicht, an dem wir uns fragen, worum es hier überhaupt geht. Wir mögen Barrieren angetroffen haben, die nicht von klar bestimmbarer physikalischer Natur sind, wie zum Beispiel die Launen der Politiker oder wir erlebten irgendein anderes konkretes Unglück. In solch einem kritischen

Augenblick tendiert man dazu, sich mehr Fragen danach zu stellen, warum und wieso Leben so ist wie es ist.

Dies könnte der Punkt sein, an dem der Selbsterforscher seine oder ihre Suche beginnt. Einige finden Lösungen, indem sie sich einen Guru erwählen, eine neue Religion annehmen, oder indem sie ihre Seele einem Psychologen oder Psychiater anvertrauen. Andere machen sich selbst auf die Suche.

Im Januar 2014 riefen über 80 Wissenschaftler, die meisten davon Psychologen, dazu auf, alle Aspekte von Bewusstsein, einschließlich des Paranormalen, einem aufrichtigen und fundierten Studium zu unterziehen. Im gleichen Jahr entwickelte Adam M. Curry eine App, die Hardware-Funktionen auf dem Mobiltelefon in einen physikalischen Zufallszahlen-Generator konvertiert. Dies erschafft ein `chaotisches´ System, das es ermöglicht, den Einfluss des Minds* auf Ihrem Smartphone sichtbar zu machen.

Das ist neu, da die Mainstream-Wissenschaft bis vor Kurzem noch in Begriffen wie Verhalten und Gehirn gedacht hatte und Psi*-Phänomene a priori* nicht anerkannt hätte.

Multi Genius Technologie für bewusstSEIN stellt eine Auswahl von Techniken dar, die der Verbesserung des Bewusstseins dienen. Das Motto könnte lauten: *`Keiner von uns ist so schlau wie alle von uns zusammen.´*

MGT für bewusstSEIN ist das Produkt eines Systems multipler Gesichtspunkte, das Wissen aus allen möglichen Winkeln, Betrachtungsweisen oder Glaubensystemen untersucht. Wenn man dies tut und ebenfalls darauf achtet zu vergleichen, dann kann man auf diese Weise den gemeinsamen Nenner davon finden, was am besten funktioniert und am meisten Sinn ergibt und kann es integrieren. Dies fanden wir eine sehr erhellende Herangehensweise.

Wenn Sie sich ausschließlich die Wissenschaftsprogramme im Fernsehen anschauen, mögen Sie zur Überzeugung gelangen, dass der Urknall etwas ist, was tatsächlich stattgefunden hat. Nur durch sorgfältiges Studieren und Untersuchen der Fakten erkennen Sie, dass es sich lediglich um eine Theorie handelt, die nicht wirklich alle Beobachtungen erklärt. Jetzt mögen Sie sagen: *„Naja, ich bin ja kein Wissenschaftler und habe auch nicht vor, einer zu werden."* Es gibt einen einfacheren Weg – oder Trick, wenn Sie so wollen – um Ihren Horizont zu erweitern: Lesen Sie einfach einiges von ein paar andersdenkenden Wissenschaftlern und ganz plötzlich wird sich Ihre Betrachtungsweise ausgeweitet haben.

So sind wir in Bezug auf das Thema *Bewusstsein* vorgegangen; haben Sie also etwas Geduld mit mir und ich werde Sie auf eine Exkursion durch das Gebiet der Bewusstseinsphilosophie – Wissenschaft, Technologie und Anwendungen davon – mitnehmen, etwa in dieser Reihenfolge. Es sollte nicht erwartet werden, dass unsere Forschungsergebnisse immer dem, was Mainstream-Gelehrte sagen, entsprechen.

Ich kann Ihnen bereits versichern, dass einer der aufregendsten und vielleicht überraschendsten Aspekte dessen, was wir herausgefunden haben, ist, dass eine einfache Methode, Bewusstsein zu erkunden, wie sie in diesem Buch beschrieben ist, bereits derartig aufbauende, energetisierende und weitreichende Effekte haben kann.

Wir werden uns nun der Philosophie zuwenden...

NB: Definitionen für Spezialausdrücke und ungewöhnliche Wörter, die mit einem Stern markiert sind, sind im Glossar angeführt.

NB2: Im folgenden Text wird aus Gründen der besseren Lesbarkeit meistens nur eine geschlechtliche Form verwendet. Sie bezieht sich jedoch auf alle Personen.

NB3: Einige der angeführten Zitate, sowie die Angaben in eckiger Klammer [ ] sind Eigenübersetzungen aus dem Englischen.

TEIL I

PHILOSOPHIE

In diesem Teil werden wir versuchen, nur so viel Metaphysik wie nötig einzubringen. Dinge wie Bewusstsein, Wahrheit, Verursachung, Realität und mehr müssen definiert sein, um uns ein stabiles Fundament zu bieten. Unsere Absicht sollte deutlich gemacht werden, ebenso könnten einige Begründungen dessen, was wir vorlegen, von Interesse sein.

Im ersten Kapitel werden wir unsere aus verschiedenen Quellen schöpfende Herangehensweise erörtern, die wir das System der multiplen Gesichtspunkte nennen. Einige unserer Gesichtspunkte werden hier dargelegt werden, darunter auch unsere Sicht über Bewusstsein an sich. Das zweite Kapitel liefert die Definitionen einiger philosophischer Konzepte und wie wir sie interpretieren.

1. Multiple Gesichtspunkte

In diesem Kapitel werden wir die Wichtigkeit und den Nutzen von multiplen Gesichtspunkten aufzeigen, ohne diese im Bereich der Bewusstseinserforschung nicht viel erreicht werden kann. Darüber hinaus werden wir auch unsere philosophischen Gesichtspunkte darlegen.

Da das Wort *Genie* in unserem Buchtitel heraussticht, werden wir kurz dessen Bedeutung diskutieren. So, wie wir das Wort verwenden, geht es über IQ und sogar EQ (Emotionale Intelligenz) hinaus.

Genius

1. ein außergewöhnliches natürliches Leistungsvermögen des Intellekts, das sich besonders in kreativem und originellen Werken in Wissenschaft, Kunst, Musik etc. zeigt. Z.B.: das Genie von Mozart.

2. eine Person, die dieses Leistungsvermögen besitzt.

3. eine Person, die ein außergewöhnlich hohes Maß an Intelligenz* besitzt, wie z.B. einen IQ oberhalb von 140.

4. eine natürliche Fähigkeit oder ein natürliches Leistungsvermögen; eine starke Neigung: ein spezielles Genie für Führungsqualitäten.

5. ein markanter Charakter oder Geist, wie von einer Nation, einer Periode oder Sprache.

Die Wortherkunft stammt vom lateinischen *genius*, „anwesender Geist seit Geburt an gegenwärtig, angeborene Fähigkeit oder Neigung“, von der Wurzel des Wortes *gignere* (= zeugen). Der ursprüngliche Sinn „schützende Gottheit oder Geist, der ein Individuum im Leben führt und leitet“ führte zur Entstehung der Bedeutung von „charakterliche Disposition einer Person“ (spätes 16. Jahrhundert), was zur Bedeutung „die natürliche Fähigkeit einer Person“ und schließlich zu „außerordentliche natürliche Fähigkeit“ (Mitte 17. Jahrhundert) führte.

Immanuel Kant schrieb: *„Man sieht hieraus, daß Genie ein Talent sei, dasjenige, wozu sich keine bestimmte Regel geben läßt, hervorzubringen...“*. Genie hat mit Kreativität und Originalität zu tun. Wir erkennen an, dass jeder Mind einen einzigartigen Gesichtspunkt besitzt und der Schöpfer seines eigenen Universums ist.

Multi Genius

Multi Genius Technologie (MGT) ist unser Symbolismus für das System der multiplen Gesichtspunkte der Forschung und Entdeckung – viele Genies zu Rate zu ziehen – und für eine Technologie, die dazu in der Lage ist, viele Genies aufzuwecken.

Daher verwenden wir das Konzept von `Multi Genius´ auf zweierlei Weise:

1. Unsere Quellen sind viele geniale Individuen, die verschiedene Wege der Bewusstseinserforschung und Verbesserung originiert und entwickelt haben.

2. Unsere Bewusstseinstechnologie ist darauf ausgelegt, Genies zu produzieren, worunter wir verstehen, Individuen zu schaffen, die ihr angeborenes Potenzial und ihre innewohnenden Fähigkeiten frei zum Ausdruck bringen.

Walter Russell, ein Künstler, Philosoph und religiöser Mann, sagte das Folgende über das Genie:

„Jedes Genie denkt INWENDIG zu seinem Mind hin, statt nach außen gerichtet zu seinen Sinnen. Das Genie kann mit seinen inneren Ohren Klänge hören, die aus der Stille kommen. Er kann nicht-existente Formen mit seinem inneren Auge sehen und er kann die Rhythmen von Gottes Denken und dessen Wissen fühlen – was für den Menschen, der glaubt, dass ER sein Körper wäre, blanker Unsinn ist. Wenn ein Mensch zum erhabenen Zustand eines Genies emporsteigt, wird er ein Miterschaffer Gottes. Der Beginn des kreativen Ausdrucks im Menschen ist der erste Beweis des sich entfaltenden Lichts seines Genius', denn keiner, der nur von seinen Sinnen kontrolliert ist, kann erschaffen. Er kann sich erinnern und die Aufzeichnungen, die er in seinem physischen Gehirn eingeprägt hat, wiederholen, aber sein Gehirn besitzt kein Wissen. Daher kann er nicht erschaffen. Der Mensch kann nur mit seinem Mind erschaffen – und das Gehirn ist nicht der Mind. Das Gehirn ist lediglich der Sitz der Sinneswahrnehmung und der elektrische Rekorder dieser." – Walter Russell

Unserer Philosophie gemäß ist jeder ein Genie, wenn ihm erlaubt wird, seine inneren Tendenzen und angeborenen Fähigkeiten zu entwickeln. Multi Genius drückt ebenso unser Bestreben aus, bei der harmonischen Integration vieler Einzigartigkeiten des Menschen behilflich zu sein.

Multiple Quellen

Bei der Suche nach spiritueller Weisheit ist es nicht ungewöhnlich, einen einzelnen Weg oder Guru zu wählen, um zu forschen. Wir haben es auf die harte Tour gelernt, uns nicht auf eine einzige Quelle, wie z.B. auf einen Guru, zu verlassen. Man könnte sagen, wir wurden 'Guru-schlau'. Die Psychologie, die ich in den späten 1960ern studierte, stellte eine behavioristische und `Bewusstsein ist ein Nebenprodukt des Gehirns´-Perspektive zur Verfügung. Östliche Mystiker und die Bhagavad Gita zum Beispiel, obwohl inspirierend, empfanden wir dennoch als etwas vage; der Aufenthalt in einigen Scientology*-Stätten brachte uns aber auch nicht ins Nirvana. Einige Jahre lang dachte ich sogar, dass ein brillanter, einfacher und machtvoller Prozess die ganze Welt und jeden Menschen darin handhaben könnte. Aber… wir haben auf unserem Weg dazugelernt!

Nur um einmal einen Eindruck zu geben, das Folgende ist eine ungeordnete Auflistung von einigen Quellen und Themen, die wir zu Rate zogen und daraufhin verwarfen oder integrierten: Mainstream-Psychologie; Anthroposophie; Theosophie; Der Vierte Weg (G. I. Gurdjieff, J. G. Bennett, P. D. Ouspensky); die gnostische Tradition; Ken Wilber; Carl G. Jung; Scientologie nach Dr. Nordenholz; Hubbard'sche Scientology; Metapsychologie; Reinkarnationstherapie (Rückführungen); TIR; Spiritologie (A. Buttler); Buddhismus; Hinduismus; Sufismus; Christentum; Taoismus; die Philokalie; die Bibel; die Upanishaden; Yoga Patanjali; Vipassana; Sanatana Dharma; Yoga; Advaita Vedanta; Nisargadatta; Rupert Spira; Quantenpsychologie (Stephen Wolinsky); Thought Field Therapy [Gedankenfeld-Therapie] (TFT, Callahan); Emotionale Freiheit-Technik – Tapping (EFT, Craig); Quantum-Entertainment (QE, Kinslow); Quantenphysik; Objektivismus;

T. Bearden; Dr. Noel Huntley; Walter Russell; Esalen; Douglas A. White; transpersonale, humanistische, positive und integrale Psychologie; Time Perspectives [Zeitperspektiven] (P. Zimbardo); Focusing [Fokussieren] (Eugene Gendlin); Carl Rogers; The Worksvon Byron Katie und die Universität Utrecht (meine Alma Mater).

In all diesen kann viel Wahrheit gefunden werden, aber das ist nicht der Punkt. Wenn man sie alle nebeneinander stellt und vergleicht, kann man Gegensätze und mangelnde Perfektion erkennen, die bei der Einzelbetrachtung nicht so offen zu Tage treten. Was wir präsentieren, ist mehr als nur eine Sammlung vieler Gesichtspunkte. Es ist ein ehrliches, systematisches Bestreben, diese in ein vollständiges und akkurates Bild zu integrieren.

Viele Male waren wir davon überzeugt: Das ist es! Jetzt erklärt sich alles! Und jedes Mal stoßen wir auf andere Gesichtspunkte von gleichwertiger Gültigkeit, die jedoch unseren gesamten vorherigen Gewissheiten widersprachen. Daher mussten wir wieder von vorne anfangen, Dinge anzweifeln und weiter in Frage stellen. Aber so ist das Leben eines Wahrheitssuchenden oder ehrlichen Forschers nun mal, und wir haben letzten Endes einige gemeinsame Nenner gefunden.

Wie wir Bewusstsein sehen

Und es wäre eine Art Untertreibung zu sagen, dass Bewusstsein ein gemeinsamer Nenner ist, weil es der gemeinsame Nenner an sich ist.

Unserer Philosophie nach ist alles Erlebte im Bewusstsein eingebettet. Mit anderen Worten: Bewusstsein ist primär und kein Nebenprodukt des Gehirns. Zu leben ist eine spannende Erfahrung im Bewusstsein.

Wenn wir uns das Wort *Bewusstsein* etymologisch anschauen, finden wir das lateinische Wort *conscire*, aus com- (zusammen) oder + *scire* (wissen). „Gemeinsam wissen" ist eine Idee, die wir weiter hinten im Buch in vielerlei Hinsicht erneut aufgreifen werden – aber hier zeigt sich wieder einmal mehr das Konzept multipler Gesichtspunkte.

Obwohl viele Neurowissenschaftler zu beweisen versuchen, dass Bewusstsein ein Nebenprodukt des Gehirns ist, schließt dies nicht aus, dass viele interessante Beobachtungen aus diesem Gebiet hervorgehen. Der Neurobiologe Prof. Dr. Gerald Hüter[1] zum Beispiel gibt an, dass menschliche Gehirne aus dichten Netzwerken lebenslang programmierbarer Strukturen bestehen und Strukturen für unbegrenzte Programme sind. Dies deckt sich komplett mit unserer Sichtweise, dass Bewusstsein unendlich flexibel und programmierbar ist.

Wir beobachten, dass Physik, Religion und Wissenschaft beginnen, sich anzunähern, wie gerade durch Physiker, die über Gott* schreiben, gezeigt wird. Es ist jetzt leicht vorher zu sagen, dass das Rätsel des Bewusstseins dadurch gelöst werden wird, alle Gesichtspunkte zu integrieren.

Wir sind deshalb so sehr an Bewusstsein interessiert, weil wir glauben, dass wir durch das Studieren des Bewusstseins tatsächlich alle Geheimnisse des Universums entdecken werden. Das ist nicht so naiv, wie man vielleicht denkt, wenn man davon ausgeht, dass das Fragen danach, wie und warum etwas funktioniert, selbst eine Sache des Bewusstseins ist. Sogar nachdem der Gehirn-Wissenschaftler erklärt hat, wie die Neuronen und Synapsen aktiv Bewusstsein produzieren, wird er zugeben müssen, dass seine Wissenschaft innerhalb des Bewusstseins stattfindet.

1 The Compassionate Brain von Gerald Huther, Dr. med., (Trumpeter, 2006).

Wie ausführlich in diesem Buch erörtert werden wird, ist das Selbst ein zentraler Faktor des Bewusstseins, welcher wiederum die sogenannten Gesichtspunkte hervor bringt.

Wir glauben nicht nur, dass Bewusstsein primär ist, sondern auch, dass es fähig dazu ist, die Zustände der Existenz zu verändern. Es spielt eine ursächliche Rolle beim Glücklichsein sowie bei vielen anderen Dingen. Wir glauben fest daran, dass Bewusstsein dazu in der Lage ist, jegliches Problem, Kreation und unerwünschten Zustand zu lösen, das im Bewusstsein vorgefunden wird. Das ist es, was Grund zum Optimismus gibt, da man verzweifeln würde, wenn Dinge im Allgemeinen nicht offen für Veränderung wären.

Der Gesichtspunkt der Person

Es hat viele Versuche von Leuten gegeben, Bewusstsein, Ideen und das Denken anderer zu beeinflussen, sowohl in sozialen als auch in therapeutischen Situationen. Dies beginnt bei der elterlichen und schulischen Erziehung und setzt sich mit dem Fernsehen und anderen kulturellen Medien fort.

Die meisten von uns können sich mühelos an einige Male erinnern, als wir mit ausreichend Nachdruck davon überzeugt wurden, etwas zu glauben oder auf eine bestimmte Art und Weise zu handeln – weil sonst... Gehirnwäsche und das Einpflanzen von Ideen durch subtile Elektronik oder weniger subtile Mittel gehen tiefer und jenseits des sozial Akzeptierbaren. Wir haben unsere Technologie erfolgreich dazu genutzt, verschiedene Arten von schlechter Programmierung – schädlich für die Person – ungeschehen zu machen.

Bei der Arbeit mit Bewusstseinstechnologie halten wir uns an eine Reihe von ethischen Richtlinien; die wichtigste davon ist, nicht für die Person zu bewerten, die Informationen der Person nicht abzuwerten. Generell einen anderen Gesichtspunkt mit Respekt und Empathie zu behandeln.

Wir haben aus Erfahrung gelernt, dass Liebe und Fürsorge in einem therapeutischen Kontext bedeutet, eine neutrale Haltung zu haben und der Person volle Selbstbestimmung in Bezug auf das, was sie über Dinge denkt, zu erlauben, insbesondere in Bezug auf ihre persönlichen Erfahrungen. Der Sinn des Lebens besteht jeweils darin, was eine Person für sich selbst als Sinn des Lebens festlegt.

Bei der Bewusstseins-entfaltenden Aktivität, die wir *Prozessing oder Reprozessing** nennen, nutzen wir ein philosophisches Prinzip, das am besten mit dem Motto beschrieben wird: *`Kommunikation ist das universale Lösungsmittel´*. Aber da meinen wir wirkliche Kommunikation, die hohen Ansprüchen folgt; spezifische Gesetze der Kommunikation, die im Teil III beschrieben werden. Bei jeder Technik, die wir verwenden, sind die Ziele, Rollen usw. klar definiert und im Vorfeld übereingestimmt.

Verstehen & Einsichten

Wir denken, dass der Weg, die Welt besser zu machen, darin liegt, bei sich selbst anzufangen. Dies nennen wir Selbsterforschung. Weiters sollte man sich aber auch nicht zum Nachteil des Lebens vollkommen in mentaler Selbsterfoschung vertiefen.

Wir sprechen von *Verstehen* im Plural, da es viele Dinge, verschiedene Blickpunkte, Themen und Aspekte zu verstehen gibt. So etwas wie das eine große Verstehen, das alles abdecken wird, gibt es nicht, ebenso wie es auch keinen Guru oder Philosophen gibt, der alles verstanden hat. Wiederum das Multi-Genius- oder Multi-Gesichtspunkte-System. Es gibt eine weitere Sache, die man in Bezug auf unsere Verwendung des Begriffes 'Verstehen' (Plural) beachten sollte, und zwar, dass diese Verstehen nicht auf intellektuelle Einsichten limitiert sind. Ein plötzlicher Durchbruch – auch Satori genannt – während der Meditation, in welcher einem die wahre Natur der Realität offenbart wird, ist ein intuitives Verstehen.

Tatsächlich enden unsere Sitzungen stets in mindestens einem neuen Verstehen über das Leben oder über einen Aspekt des Lebens. Wir meinen es ernst damit, bei der Anwendung unserer Philosophie eindeutige subjektive und objektive Resultate zu erschaffen. Ernst genug, um die Bezeichnung Produkt zu verwenden.

Wertvolle Produkte

Technologie wird als die praktische Anwendung von Wissen in einem bestimmten Bereich definiert. In unserem Fall ist der bestimmte Bereich der Anwendung das Bewusstsein. Bewusstsein ist jedoch solch ein umfassendes Konzept, dass es sich gehört, dass wir zu erwartende Resultate in der Anwendung einer solchen Technologie zu spezifizieren haben.

Wir könnten die Resultate als zu harmonischerem-Leben-führend beschreiben, was auch wahr ist, aber das wäre eher zu allgemein. Bewusstseinstechnologie wie z.B. das *Universelle Imaginationsprozessing©** und viele anderen Prozessing-Techniken werden in strukturierten Sitzungen ausgeübt, die eine Form von Protokoll einschließen. In unserem Fall ist das wertvolle Produkt einer jeden Sitzung, zu einer neue Einsicht oder einem neuen Verstehen/Verständnis über das Thema, das im Prozess behandelt wurde, zu gelangen. Manchmal ist das Ergebnis aber auch eine wiedererlangte Fähigkeit. Aber ein frischer, neuer Gesichtspunkt kann immer erwartet werden. Auch wenn man vielleicht schon vorher einmal daran gedacht hatte, ist es gerade jetzt in Sitzung ein neues Verstehen. Dies wird manchmal *Aha-Erlebnis*, *Heureka (Ich hab's!)* oder *Erkenntnis* genannt.

» Das wertvolle Endprodukt von einem Bewussstseinstechnologie-Prozess oder einer -Sitzung ist immer ein oder mehrere **Verstehensweisen auf höherer Stufe**, die in direktem Bezug zum behandelten Thema stehen und von einer oder mehreren wiedergewonnenen Fähigkeiten begleitet sein können.

» Das zweite wertvolle Endprodukt eines Bewusstseinstechnologie-Prozesses ist wünschenswerte Veränderungen in der Qualität des Lebens, wie es von der Person erlebt wird.

» Das wertvolle Endprodukt eines jeden Kurses oder Moduls, der/das Teil des Ausbildungslehrplans ist, ist vermehrtes Verstehen über das Thema und die Fähigkeit, die Daten oder Techniken, die gelehrt wurden, anzuwenden.

» Das wertvolle Endprodukt der Bewusstseinstechnologie ist größeres Bewusstsein, das in verbesserten Lebenszuständen resultiert.

Werte & Ideale

Eine Philosophie, bei der sich alles darum dreht, Bewusstsein zu fördern und Bewusstheit zu vermehren, bringt normalerweise Werte, Prinzipien oder Leitlinien hervor. Daher teilen wir die Ansicht mit Ibsen, die in seinem Schauspiel Die Stützen der Gesellschaft geäußert wird:

„Der Geist der Wahrheit und der Geist der Freiheit, – das sind die Stützen der Gesellschaft.“

Wir würdigen alle Traditionen, die die grundlegende Freiheit des Menschen unterstützen, das zu glauben, was ihm beliebt und frei in Übereinstimmung mit seinen grundlegenden Recht der Selbstbestimmung auf Grundlage seines freien Willens zu handeln.

Wir sind uns ebenfalls darüber bewusst, dass ein Mensch in seiner Selbstbestimmung beschränkt werden sollte, wenn – und nur wenn – er versucht, seine Freiheit dahingehend zu nutzen, andere in ihrer Freiheit einzuschränken.

Wenn ein grundlegendes Gesetz, wie z.B.: *„Jedes Individuum ist vollständig verantwortlich für seine und die Selbstbestimmung anderer Individuen“* gelten würde, wären theoretisch keine weiteren Gesetze notwendig.

Wahrheit und Ehrlichkeit blühen in einem Klima der Freiheit auf, müssen jedoch zuvor diese Freiheit erschaffen.

Technologie als Produkt der Wissenschaft, die auf Philosophie basiert, verändert sich ständig in dem Maße, wie die Wissenschaft voranschreitet. Dies gilt auch für mentale und Bewusstseinstechnologien. Wir beabsichtigen, stets die beste, effektivste oder optimal anzuwendende Technologie gemäß dem zu verwenden, was wir erfahren, hören, lesen, entwickeln, lernen und/oder erleben. Daher sind wir gegenüber neuen Entwicklungen aufmerksam und prinzipiell immer für Vorschläge und Beiträge offen.

Wir ermöglichen und können Bewusstseinstechnologie gemäß verschiedener technischer Standards nach individuellen Wünschen liefern – vorausgesetzt, dass diese zu einem gesteigertem Maß an spiritueller Freiheit und Verantwortung führen.

Jede Technologie, alle Prozesse oder Techniken, die wir veröffentlichen oder auf die wir verweisen, mögen zur Diagnose, Behandlung oder Prävention einer Krankheit nützlich sein und könnten daher ebenfalls von Professionellen im medizinischen Bereich verwendet werden.

Wenn wir darum gebeten werden, bei der Lösung eines Problems behilflich zu sein, werden wir immer die Lösung suchen, die in Richtung von mehr Bewusstheit und mehr Wahrheit geht, nicht von weniger.

Unser Bestreben ist, dass das Individuum sein höheres Selbst erkennt und zu vollem Bewusstsein über die Einheit und Verbundenheit von allem gelangt, und nicht nur das, sondern auch, dass diese Bewusstheit wieder in das Zentrum seines Seins platziert wird.

Unsere Arbeit gründet sich auf das Prinzip, dass die *Gestalten** des Minds letztlich die Quelle dessen sind, was man im Leben erfährt. Das Ziel ist es, die eigentlichen Strukturen der Erschaffung freizulegen. Den unwissenden Erschaffer in einen Wissenden zu transformieren und in dem Prozess die pure Unendlichkeit des Potentials, das man als Geist oder höheres Selbst besitzt, wertschätzen zu lernen.

In Harmonie mit seinen eigenen Ideen, Zielen und Erfahrungen zu leben ist das Leitmotiv der Bewusstseinstechnologie.

In den philosophischen Traditionen gibt es eine Menge sich widersprechender Ideen und Gesichtspunkte in Bezug darauf, was Realität ausmacht. Im nächsten Kapitel werden wir beschreiben, was wir als stabile Daten in Bezug darauf gewählt haben, was die Beziehung zwischen Mind und Materie und so weiter ist.

Wir werden dieses Kapitel mit einer Bemerkung zum Thema Ausbildung schließen, welches dem Herzen des MGT Instituts für bewusstSEINs Erforschung sehr nahe steht.

Eine neue Art der Ausbildung

Die globale Vision ist nicht für die wenigen mit weitreichender Verantwortung reserviert – die Philosophen und Wissenschaftler. Jeder von uns kann die Dinge in Perspektive sehen. Wir müssen lernen, durch das Makroskop zu sehen, systemische Regeln anzuwenden, viel gründlichere mentale Modelle zu konstruieren und vielleicht das Spiel der gegenseitigen Abhängigkeit zu meistern. – übersetzt aus *The Macroscope* von Joël de Rosnay[2]

Es gibt einen neuen Trend, der auf einer ausgewogeneren Ausbildung besteht.[3] Das existierende Ausbildungssystem fördert eher eine den Mind einkapselnde Gesinnung, die nur gut etablierte (durch Medien und Schulen) Phänomene als real akzeptiert, besonders das, was mit den physischen Sinnen bewiesen oder getestet werden kann. Dies wird zu einem Glaubenssystem und das Unterbewusstsein wird sicherstellen, dass eine Person, die so geschult ist, auch nur das wahrnehmen wird. Daher bieten wir eine Form der Ausbildung, die, während sie ebenfalls aktuelle wissenschaftliche und andere Glaubenssysteme lehrt, gleichzeitig den Mind dazu ermutigt, Dinge zu hinterfragen und das Unwahrscheinliche, das Paranormale, Synchronizitäten* und Sämtliches, was geheimnisvoll oder unbekannt ist, zu untersuchen.

2 *The Macroscope, Joël de Rosnay, http://pespmc1.vub.ac.be/macrbook.html*

3 *Siehe New Education Series Noel Huntley, Ph.D. http://www.nhbeyondduality.org.uk/New%20Edu%20Page.htm*

Dies ist eine Ausbildung, die intuitive und kreative Fähigkeiten sowie die Fähigkeit, sogar Verwirrungen zu konfrontieren, fördert. Für uns ist es selbstverständlich, dass Ausbildung oder Studium eine lebenslange Aktivität ist und dies für Jung und Alt gilt.

Studenten sollten des Weiteren lernen, nicht nur Daten zu duplizieren, sondern auch zu bewerten und ihr eigenes Interesse, ihre eigene Intuition und ihr eigenes Wissen als den Hauptparameter für die Beurteilung heranzuziehen.

Um ein solch ausgewogenes Ausbildungsprogramm zur Verfügung zu stellen, präsentieren wir zwei Arten von Bewusstseinserforschungs-Routen*, welche sich einander ergänzen. Die erste Art ist intuitiv und besteht daraus, den inneren Raum zu entdecken – Selbsterforschung, und die zweite Art erfolgt durch Studium und Wissen (Extuition).

2. Philosophische Konzepte & Definitionen

Mind – Materie

Der *Kartesianische** Dualismus postuliert, dass der Mind – gemeint ist Bewusstsein – etwas Nichtphysikalisches und daher eine raumlose Substanz sei. Monismus, zum Beispiel Advaita Vedanta*, welcher Nicht-Dualität oder Einheit betont, besagt das Gegenteil. Ein mathematisches Argument gegen Dualismus führt aus, dass die Zwei dadurch entsteht, dass die Eins in der Hälfte geteilt wird, daher sei Eins grundlegender.

Unsere Position ist, dass aufgrund der Fortschritte in der Physik diese alte philosophische Diskussion keine Gültigkeit mehr hat. Sogar zu sagen, dass Bewusstsein Energie und alle Energie bewusst sei, stellt nicht in Abrede, dass zwischen Mind und Materie Unterschiede existieren.

Jemandes Logik könnte komplett versagen bei Aussagen wie:

Mind ist nicht materiell.
Mind ist materiell.

Ergo: Mind ist materiell und nicht materiell.

Aber solche Dinge sind es, die in der Physik auftauchen wie auch die Welle-Teilchen-Dualität, wenn Licht manchmal als Welle und unter anderen Bedingungen als Partikel wahrnehmbar ist. Es gibt etwas, das *Superposition* genannt wird, welches zwei Dingen erlaubt, denselben Raum einzunehmen. Solche Dinge scheinen einer neuen Logik zu bedürfen, in der der Aristotelische Satz vom ausgeschlossenen Dritten – der besagt, dass ein Lehrsatz entweder wahr oder falsch ist – nicht mehr länger Anwendung findet.

Ein weiteres philosophisches Problem, das es schon lange gibt, ist das sogenannte Mind-Körper-Problem. Wenn man den Mind und den Körper als jeweils zu zwei völlig verschiedenen Universen zugehörig erachtet, stellt sich die Frage, wie Dinge, die im Mind geschehen, eine Auswirkung auf physische Vorgänge haben können und umgekehrt. In unseren Auseinandersetzungen mit dem Universum eines Individuums, taucht dieses Problem überhaupt nicht auf. Die Person empfängt sowohl physische Wahrnehmungen als auch Gedanken auf der gleichen Projektionsfläche des Bewusstseins.

Seit der Antike haben sich Philosophen schon mit Fragen gequält wie: Was ist real? Was ist wahr? Ist die Realität der Welt unterschiedlich zu dem, wie wir sie in unserem Mind wahrnehmen und erfahren? Lassen Sie uns das näher ansehen...

Realität

Die gängige Ansicht zu Realität ist, dass physikalische Objekte in dem Sinne real sind, dass sie unabhängig von unseren Gedanken existieren, aber in der vedantischen Philosophie oder im westlichen Idealismus ist jede Realität subjektiv und besteht aus Ideen und Wahrnehmungen. Quantum-Realität gemäß der Kopenhagener Interpretation von Quantenphysik besteht aus zwei Teilen: 1. Es gibt keine Realität in Abwesenheit von Betrachtung; 2. Betrachtung erschafft Realität. *'Du erschaffst deine eigene Realität...'*

Auf Grundlage unserer Sichtweise, dass alles im Bewusstsein existiert, definieren wir Realität als das konzeptuelle Modell oder Konstrukt, das übereinstimmt mit den Phänomenen, die von einem oder mehreren Wesen erlebt werden.

Physikalische Realität wäre dann das konzeptuelle Konstrukt, das mit den Phänomenen übereinstimmt, welche in dem Mind aller existieren, und individuelle Realität wäre das, was mit den Phänomenen, die in *einem* Mind existieren, deckungsgleich ist. Letzteres ist, was mit *`Was für dich wahr ist, ist für dich wahr´* gemeint ist.

Intermediäre Realität wäre, was mit Phänomenen deckungsgleich wäre, die in mehr als einem Mind, aber nicht in allen, existieren. Dies würde `paranormale´ Beobachtungen und Phänomene einschließen.

Realität, insbesondere physikalische Realität, so sagen wir, ist das, was ist; und ein großes Stück Gewissheit ist damit verbunden, da wir alle darüber übereinstimmen beziehungsweise im Experiment zur Übereinstimmung gelangen können. Grob gesagt könnte man sagen: Realität ist das, was für existent gehalten wird. Was zu einem großen Grad durch Überlegungen, Überzeugungen, Glaubenssysteme oder die Persönlichkeit und ähnlichen mentalen Faktoren bestimmt wird.

Wahrheit

Realität* und Wahrheit* sind sehr eng verbunden und voneinander abhängig. Wir schließen uns nicht den Extremen des Relativismus' oder gewissen 'postmodernen' Ansichten an, die besagen, dass Wahrheit ist, was auch immer eine Person oder Gruppe entscheidet, dass es wahr sei. Jede Wissenschaft und Philosophie würde ohne das Bestreben nach Wahrheit enden.

Wahrheit ist adäquat definiert als Konformität mit einer Tatsache, als Übereinstimmung mit Realität. Das Wort

Wahrheit bezieht sich darauf, was real ist, während Falschheit sich darauf bezieht, was nicht real ist. Hinsichtlich der persönlichen Geschichte wird das zu dem, was wirklich passiert ist. Was waren die genauen Überlegungen, Entscheidungen, Aktionen und Schlussfolgerungen? Wer genau hat Ihnen das gesagt? Etc.

Wahrheit als hierarchisches Konzept – ein Thema, welches sehr eng verbunden ist mit der Beziehung zwischen dem Subjektiven und dem Objektiven – wird anderswo beschrieben.[1]

Kurz gesagt, Wahrheit entspricht der Stufe des Verstehens; je höher der Grad der Wahrheit, umso höher die Stufe des Verstehens. Daher erkennen wir eine Hierarchie von Wahrheiten basierend auf sich mehr und mehr weitenden Kontexten mit einer größer und größeren Integration von Daten. Die vollständige Wahrheit existiert nur auf dem Gipfel der Allwissenheit, dem Wissen zu allem, was ist.

Die absolute Essenz der Bewusstseinstechnologie ist die Entdeckung der nackten Wahrheit, mit dem wir die unveränderte Auffassung von dem, was ist, meinen. Das Erstaunliche ist, dass die Entdeckung der exakten Wahrheit über einen unerwünschten Zustand oder eine unerwünschte Situation diese zum Verschwinden bringen kann.

Das ist übrigens nicht, was die katholische Kirche glaubt, im Gegenteil:

„...In gleicher Weise werden immer auch die übrigen Beschwernisse auf dieser Erde wohnen, weil die Folgen der Sünde als bittere Begleiter an der Seite des Menschen bis zu seinem Tode haften. Leiden und dulden ist einmal der Anteil unseres Geschlechtes ...“ – Rerum Novarum Encyclical von Papst Leo XIII über Kapital und Arbeit[2]

1 *Artikel: 'Truth is hierarchical' http://weblog.mgtconcepts.com/?p=97*
2 *http://www.clerus.org/clerus/dati/2000-05/06-10/RerNov.html*

Wahrnehmung

Ein wichtiger Faktor bei Bewusstsein und Bewusstseinstechnologie ist die Wahrnehmung.

Wahrnehmung wird vom Wahrnehmenden und vom Kontext oder Hintergrund dessen, was wahrgenommen wird, beeinflusst. Wie ein Mensch ist, so sieht er. Viele professionelle Ausbildungen besteht darin, sehen zu lernen oder bestimmte sozio-kulturelle Wahrnehmungsgewohnheiten zu verlernen. Ein Facharzt, der als Kind gelernt hat, Menschen nicht direkt in die Augen zu sehen und, der sich das nicht schnell wieder abgewöhnt, würde beim Erlernen von Iris-Diagnosen nicht sehr weit kommen.

Wir haben uns bereits mit Mind versus Materie befasst, aber lassen Sie uns dies nun von der Wahrnehmungsseite her betrachten. Man könnte sagen: *Wenn ich die Welt wahrnehme, dann ist sie Materie, aber wenn ich sie projiziere, dann ist sie Mind.* Die nächste Frage lautet: *Und was geschieht, wenn ich beides tue?*

Sowohl Mind als auch Materie existieren innerhalb von Bewusstsein. Der Wahrnehmende ist eine individuierte Entität von Bewusstsein und ist per Definition weniger als das volle Bewusstsein, oder in anderen Worten: Es ist limitiertes Bewusstsein. Das könnten wir Wahrnehmungsfilter oder die menschliche Bedingung von binokularer oder binauraler Wahrnehmung nennen. Wir müssen dies bei Wahrnehmung beachten, aber um das Bild zu vervollständigen, müssen wir Bewusstsein als Projektor berücksichtigen. Und indem wir das tun, postulieren wir kollektives Unbewusstsein, welches uns das Panorama der physikalischen Welt zur Verfügung stellt.

Ursache

Wenn wir den Wunsch haben, Zustände zu verändern und die Welt zu verbessern, ist es notwendig, sich der Ursache der Dinge bewusst zu sein. Dies ist auf der physikalischen Ebene relativ einfach: Essen Sie heute etwas verdorbenes Fleisch und seien Sie morgen krank. Das ist lineare Ursache, klar in Zeit differenziert. Es gibt jedoch etwas, das nicht-lineare Ursache ist. Stellen Sie sich eine Unternehmensorganisation vor, die aus verschiedenen Hierarchiestufen besteht. Ganz oben ist der Präsident, direkt darunter ein paar Führungskräfte, auf der nächsten Stufe darunter finden wir einige Abteilungsmanager und Arbeiter auf der untersten Hierarchiestufe. Die Arbeiter verursachen direkt und ziemlich linear, dass Gegenstände bewegt, verändert und zu einem Produkt werden. Aber lassen Sie uns zur Stufe der Führungskräfte oder der Chefetage hochgehen: Hier ist die Verursachung weniger direkt und könnte die Form haben, eine Richtlinie darüber zu entwerfen, wie sich das Unternehmen in den Medien darstellen sollte. Dies wird keine direkte spezifische Aktion beim Pressevertreter auf einem niedrigeren Rang verursachen und ist ein Beispiel für nicht-lineare Verursachung.

Im Gebiet des Minds finden wir etwas Ähnliches. Eine Betrachtung ist die Entscheidung, dass etwas ist, oder ein Glaube, dass etwas so oder so ist. Eine Betrachtung oder ein Glaubenssystem könnte daher eine Vielzahl von Aktionen und Reaktionen im Leben eines Individuums verursachen. Jemand, der überzeugt davon ist, dumm zu sein, mag nicht immer dumme Dinge tun, aber hin und wieder wird er sicherlich dumme Fehler begehen, die dann seine Überzeugung bestätigen. Dies wäre wiederum nicht-lineare Ursache. Ein weiterer interessanter Aspekt der Verursachung wurde bereits von Aristoteles aufgezeigt: Letztendliche

Ursache im Hinblick auf das, was noch kommen wird, siehe Zwei-Weg-Verursachung*.

Aus dem Nichts heraus erschaffen

Aus Nichts etwas zu erschaffen ist kein Oxymoron. Aus Nichts etwas zu erschaffen ist der eigentlichen Natur des Erschaffens innewohnend, wie wir sehen werden. Was genau ist *'Nichts'*? Vielleicht haben Sie bereits etwas über die Quantenphysik gelesen? Wahrscheinlichkeitswellen, die außer in den Berechnungen nicht existieren. Daher könnten wir – unter uns Nicht-Mathematikern – sagen, dass sich dort *'Nichts'* befände.

Aus Nichts etwas zu erschaffen, fängt erst an, einen Sinn zu ergeben, wenn wir die Natur des `nicht Etwas´ in Betracht ziehen. Ein Ding ist eine in sich geschlossene Entität; es hat eine Definition und eine Identität und es hebt sich von anderem ab. Das ganze Konzept wird sofort klar, wenn wir die folgende Definition von Erschaffen annehmen:

Erschaffen ist die Handlung des Auswählens und Drückens der richtigen Tasten auf dem unendlichen Keyboard des Wahrscheinlichen, um die erwünschte Melodie zu produzieren – das DING.

Sie müssen vielleicht mehr über Quantenphysik lesen, um diese Ansicht zu schätzen. Man könnte es auch anders ausdrücken und dennoch dasselbe Ergebnis erhalten, wenn man Erschaffen als die Handlung des Komponierens definiert. In diesem Fall stehen die Töne vieler Oktaven zur Verfügung; es ist dann die Handlung, diese nach einem bestimmten Muster auszuwählen, das dieses Etwas, das

Konzert oder was auch immer es sein wird, erschafft. Sogar eine Kakophonie ist *Etwas*.

Absolutes Bewusstsein

„Ich kreiere einen göttlichen Gedanken in jedem Sein." – Claudia Moser

Absolutes Bewusstsein ist nicht Bewusstsein von etwas. Wir können nicht absoluter werden, als dass Bewusstsein sich seiner selbst bewusst wird. Bewusste Bewusstheit ist nicht nach außen, sondern nach innen zur eigenen Quelle gerichtet. Was ist deren Quelle? Diese Frage ist, als ob man sich selbst fragt, was die Frage sei. Die Antwort ist die Frage, die man stellte.

Tiefe Meditation über solchen Fragen wie der obigen haben erleuchtete Wesen hervorgebracht. Dies war der Fall bei dem indischen Ladenbesitzer, der später als Maharaj Nisargadatta weltberühmt wurde.

Daher kommen wir zu dem, was wir absolutes Bewusstsein nennen könnten, welches an sich relativ statisch sein müsste, nicht in Bewegung ist, jedoch fähig dazu, Gedanken und Bewegung zu beinhalten. In anderen Worten: Es ist eine Nicht-Bewegung voller Bewegung.

Wir können das Konzept von absoluter Bewusstheit zu unserem Vorteil verwenden. Stellen Sie sich dieses absolute Bewusstsein wie einen ruhigen Teich vor. Ein Kieselstein, der in den Teich geworfen wird, wird eine oberflächliche Störung der Ruhe in Form von sich kräuselnden Wellen verursachen. Aber bald wird der Teich des absoluten Bewusstseins das Kräuseln vollständig absorbieren und die gesamte Szene kehrt zu ihrer vorherigen Ruhe zurück.

Die Vorstellung ist, dass absolutes Bewusstsein, das Nicht-Bewegung ist, mit Bewegung umgehen kann, während es, wenn es Bewegung ist, mit Nicht-Bewegung umgehen kann; und so kann es jegliche dysfunktionale Zustände oder Aberrationen usw. auflösen oder beseitigen. Absolutes Bewusstsein wurde als Null und/oder Unendlichkeit beschrieben. Es gibt viel mehr, das über dieses Konzept gesagt werden könnte, wenn es vom Blickwinkel der Quantenphysik aus angeschaut wird, aber dies liegt außerhalb des Umfangs dieses Werkes und ist in der Literatur hinreichend dokumentiert.

Das Wichtigste, was sich über Absolutes Bewusstsein oder Unendlichkeit sagen lässt, ist – wie wir in Teil III erfahren werden –, dass es auf viele, äußerst praktische Weisen Anwendungen finden kann.

Absolutes Bewusstsein ist unsere Art, Gott oder die Unendlichkeit oder das zu bezeichnen, was tatsächlich die ultimative Quelle darstellt. Eine andere Methode, Gott zu definieren, fiele so abstrakt aus wie die universellste Universalie. (Universalien sind eine Kategorie von Entitäten, normalerweise gegenübergestellt zu Individuen oder so genannten 'Einzelheiten'. Apfel ist beispielsweise etwas, von dem wir annehmen, dass es als eine Kategorie von Früchten existiert, dies inkludiert Einzelheiten wie einen Golden Delicious, Granny Smith und Jonathan wie auch den Apfel in meiner Hand.

Holarchie

Holarchie[3] ist ein bevorzugter Begriff für eine mehrstufige Hierarchie von halb-autonomen Teilganzen, die sich in

3 *Die Prägung des Begriffes wird Arthur Koestler zugeschrieben, könnte jedoch auch von Dane Rudyar stammen.*

Teilganze niedrigerer Ordnungen verzweigen usw. Teilganze werden auf jeder Stufe der Hierarchie als Holons bezeichnet.

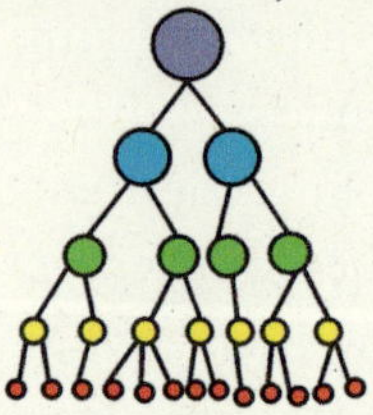

Das Teil kann nicht unabhängig vom Ganzen existieren. Es hat ohne das Ganze, dessen Teil es ist, keinerlei Bedeutung. Dies wird üblicherweise als der Kontext bezeichnet. Dies ist von Natur aus gültig. Wenn man ein Blatt oder einen Zweig von einem Baum abreist, wird es/er vertrocknen. Das war das Blatt als Teil. Aber das Blatt ist auch eine gesamte Einheit an sich und verfügt über sein `eigenes Nervensystem´.

Wie sieht dies bei einem menschlichen Wesen aus? Ein Individuum ist definitiv ein Ganzes. Kurzes Nachdenken wird zeigen, dass ein Individuum in Abwesenheit anderer Individuen und eines Lebensraumes, nicht überleben kann. Es braucht den Planeten und die darüber hinausgehende Holarchie.

Auf dem Weg vom Teil zum Ganzen überschreiten wir eine Grenze mit einer sehr eigentümlichen Eigenschaft. Direkt an der Übergangsstelle zwischen dem Teil und dem Ganzen bricht die Aristotelische Logik* zusammen, da wir dort gleichzeitig Teil und Ganzes sind (A = not A)[4].

Denken Sie mal genau darüber nach! Sie können an dieser Übergangsstelle leben, an der Sie nicht mehr länger nur ein Teil, sondern auch unendlich, heil(ig) und ganz sind.

---

4 *Diese Grenzflächenlogik wird von Lt. Col. Tom Bearden in der 2. Ausgabe von Excalibur Briefing gut erklärt.*

TEIL II

WISSENSCHAFT & THEORIE

Wenn wir eine Technologie von Bewusstsein präsentieren, tun wir gut daran, eine Übersicht über die Wissenschaft oder die Theorien zu geben, auf denen sie basiert, damit der Leser bereits aus dem konzeptionellen Rahmenwerk ahnen kann, worauf wir abzielen.

In unserer computerisierten Welt ist es relativ einfach, auf die Wissenschaft zu verweisen, die digitalen Operationen unterliegt, indem man sagt, es sei Elektronik und Logik; und diese sind solide Wissenschaften. Nicht so im Bereich des Minds und Bewusstseins. Hier hat traditionsgemäß die Religion einiges zu sagen und Psychologie ist nach wie vor in relativ armseliger Verfassung, wie wir noch sehen werden.

In diesem Teil des Buches werden wir versuchen, die folgenden Fragen oder Themen zu beantworten:

» *Gibt es eine Wissenschaft des Bewusstseins oder des Minds?*
» *Was ist über dieses Thema bekannt?*
» *Worüber können wir uns sicher sein?*
» *Was ist die Struktur des Bewusstseins und des Minds?*
» *Was wissen wir über Gedanken, das Selbst, das Unbewusste?*

Im Kapitel 5 bieten wir einen Blick auf einen idealen Zustand des Menschen. Im letzten Kapitel von Teil II werden wir die Theorie skizzieren, auf die sich unsere Technologie gründet sowie die Gründe von mentalem Stress und Disharmonie.

3. Eine Wissenschaft des Bewusstseins

„Psychologie hat nicht einmal wirklich die grundlegenden Bausteine einer kohärenten Wissenschaft, welches ein funktionsfähiges konzeptuell-semantisches System wäre, auf das sich die Praktizierenden dieser Wissenschaft einigen können." – Psychology Today[1]

Das obige Zitat fasst die missliche Lage dessen zusammen, was die Wissenschaft* der Seele sein sollte. Ein kürzlich durchgeführter Versuch, eine einheitliche Psychologie zu konstruieren, besagte, dass es das Studium der neuronalen Netzwerke, des mentalen (animalischen) Verhaltens und von Tiergruppen (Gregg Henriques) sei.

Das Problem mit der akademischen Psychologie ist sein Glaube an eine `vereinbarte´ so genannte wissenschaftliche Methode[2], die nur das im Experiment verifizierbare, quantifizierbare, 'doppelblinde' und physikalische Befunde zulässt. Das lässt nicht viel Raum für Seelen und Geister, sofern es nicht ein Poltergeist ist, der physikalisch messbaren Schaden erzeugt.

Außerhalb der Mainstream-Psychologie jedoch gibt es Schulen der Psychologie – die analytische (Jung'sche), integrale, transpersonale Psychologie und Metapsychologie, um ein paar wenige zu nennen – die durchaus eine `Seele´ anerkennen.

Es gibt, nebenbei gesagt, keinen wirklich allgemein anerkannten Namen für eine Bewusstseinswissenschaft. Es kann erwartet werden, dass Wissenschaft und Religion irgendwann fusionieren werden. Theologen werden die

---

1 *Psychology Today: https://www.psychologytoday.com/blog/theory-knowledge/201202/why-unified-theory-psychology-is-impossible*

2 *Artikel: `The Scientific Method': http://weblog.mgtconcepts.com/?p=55*

Tatsache konfrontieren müssen, dass Mathematiker und Physiker ihnen etwas zu sagen haben. Sobald man sich anschaut, was zu diesem Thema erhältlich ist, findet man das ausgiebigste Material aus östlichen Quellen.

Wenn man an kognitivem Prozessing und Gehirnkorrelationen interessiert ist, findet man solche Daten vorherrschend im Westen. Es wird die Aufgabe der Theologen, Psychologen, Physiker und Wissenschaftsphilosophen und vielen anderen sein, sich der babylonischen Aufgabe zu widmen, das Vokabular im Feld des Minds und des Bewusstseins zu ordnen.

Lassen Sie uns nach diesen paar Bemerkungen zum Stand der Dinge in der Abteilung Bewusstseinswissenschaft kurz einen knappen historischen Hintergrund zum Thema skizzieren.

Zusammengefasste Geschichte einiger Versuche, eine Geisteswissenschaft zu konstruieren

Betrachten wir einen Moment lang, was eine Bewusstseinswissenschaft umfassen sollte, wenn wir die vielen genialen Beiträge in der Geschichte berücksichtigen. Das würde bedeuten, dass sie zumindest einschließen sollte, was von Platos Eidologie, Freud, Jungs analytischer Psychologie, Gestalttheorie, Metapsychologie und, transpersonale, humanistische Psychologie – um ein paar wenige zu nennen – gelernt wurde.

Plato

Wir reisen ein bisschen um die Welt und besuchen Athen, Griechenland; wir finden, dass es gemäß Platons Eidologie oder Theorie der Ideen und Formen eine einzelne, ewige, unveränderliche, unsichtbare und nicht durch die Sinne wahrnehmbare Form gibt, die mit jedem Prädikat oder jeder Eigenschaft korrespondiert. Platonische Vorstellungen und Formen sind die noumena*, und Phänomene sind Dinge, die sich selbst durch die Sinne abbilden. Dies ist annähernd äquivalent zum hinduistischen Brahman und Maya. Brahman als metaphysisches Konzept ist die einzige Verbindungseinheit zwischen der Diversität in allem, das im Universum existiert. Maya ist die Erscheinung (illusionär) von Existenz.

Freud

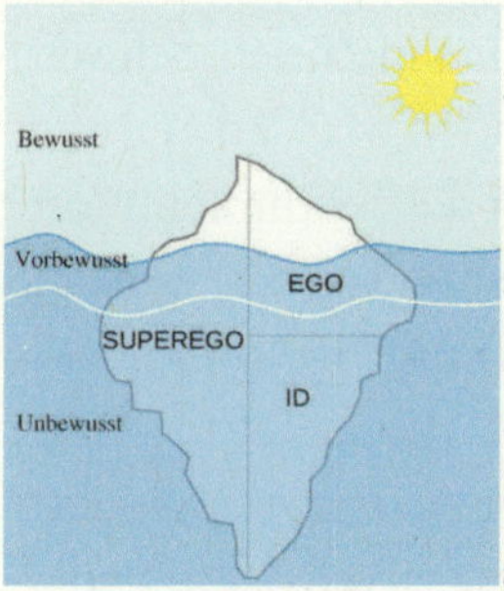

Wir reisen weiter nach Österreich, Wien, in die Berggasse 19 im 9. Bezirk und treffen Sigmund Freud, den Vater der Psychoanalyse. Freud befasst sich mit Problemen und Schwierigkeiten mittels Analysierens und Reduzierens der Schwierigkeiten des Individuums auf traumatische Erfahrungen oder sexuelle Konflikte in der Kindheit.

In der Freud'schen Tradition gibt es drei Ebenen von Bewusstsein: das Bewusste, das Vorbewusste und das Unbewusste.

Das Bewusste befasst sich mit täglichen Funktionen wie unseren Gefühlen, Erinnerungen oder Phantasien zu jedem bestimmten Zeitpunkt. Das Bewusste ist das, was wir benutzen, wenn wir vollständig wach und uns der Dinge um uns herum bewusst sind.

Das Vorbewusste existiert als Mittelfeld zwischen dem Unbewussten und dem Bewussten. Wir haben hier unser gespeichertes Wissen, vergangene Erinnerungen und andere

Daten, auf die wir leicht Zugriff erhalten und in unser Bewusstsein bringen können.

Das Unbewusste ist ein Ort in unserem Mind, in dem wir beschämende Erfahrungen, sexuelle Wünsche, Ängste, gewalttätige Motive, verdrängte Erinnerungen und andere dunkle Gedanken speichern.

Abgesehen von diesem traditionellen Modell gibt es mehrere andere Herangehensweisen und Ansichten zu Seins- oder Bewusstseinszuständen.

Jung

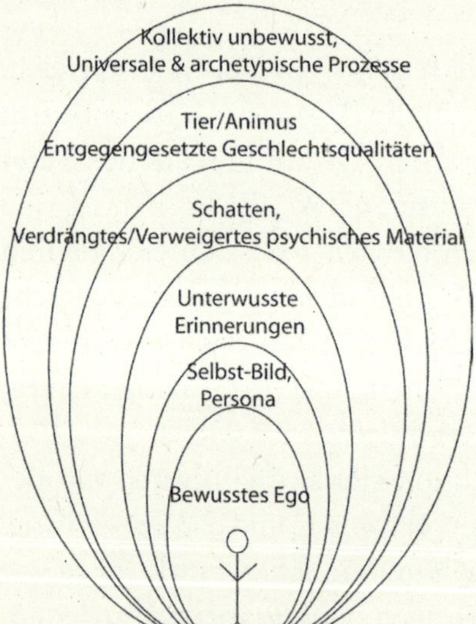

Jungs Model des Minds

In Burghölzli und später in Zürich, Schweiz, finden wir Carl G. Jung, der die berühmten Wort-Assoziations-Experimente durchführt und die Assoziationen und Arten der Antworten notiert, die Zeitverzögerung dieser wie auch die emotionalen und physiologischen Reaktionen misst. (Letzteres mit einem Psychogalvanometer*, gemessen, welches den elektrischen Hautwiderstand erfasst).

Dies führte ihn zur Entdeckung dessen, was er Komplexe nannte: Verwandte Gruppen von emotional signifikanten Ideen, die vollständig oder teilweise verdrängt sind und die einen psychischen Konflikt verursachen, der in abnormalen mentalen Zuständen oder Verhalten resultiert.

Er war der Ansicht, dass Komplexe nicht nur der Architekt von Träumen und Symptomen waren, sondern sich als Unter-Persönlichkeiten verhalten konnten, die er wie folgt beschrieb: *„...es hat einen relativ hohen Grad an Autonomie, so dass es der Kontrolle des Minds nur zu einem begrenzten Ausmaß unterliegt und sich daher wie ein belebter Fremdkörper in der Sphäre des Bewusstseins verhält."* – C. G. Jung, Gesamelte Werke, Band 8, Absch. 201

Jung entwickelte die *Aktive Imagination*, um zu helfen, die Inhalte von Träumen und kreativen Kunstwerken zu erweitern, zu interpretieren und zu integrieren. Sie ermöglichte es, bewusste Kritik beiseite zu lassen, während dem Unrationalen Platz zum Spielen oder für die Phantasie eingeräumt wird. Ebenfalls entwickelte er eine Theorie von Persönlichkeitstypen *(Extraversion und Introversion)* und beschrieb die Hauptfunktionen des Bewusstseins.

Es gibt zu Jung viel mehr zu sagen, als wir hier behandeln können, aber kurz gefasst: Das Selbst, den Schatten, die Persona und das kollektive Unterbewusstsein – in dem wir die Archetypen finden.

Spirituelle Psychologie

In humanistischer und transpersonaler Psychologie sind wir weit vom Behaviorismus entfernt. Jetzt haben wir es mit Konzepten wie z.B. Selbstverwirklichung (Maslow) und nicht-direktiver Therapie (C. Rogers), die zu Selbstwahrnehmung und Achtsamkeit ermutigt, zu tun. In der transpersonalen Psychologie (Stanislav Grof, Ken Wilber) sehen wir Studien zu Bewusstseinszuständen, zu höheren oder ultimativen Potentialen, zum Transzendieren des Egos oder des persönlichen Selbsts und zum Spirituellen. Und Charles Tart untersucht das Paranormale.

In Berlin stoßen wir auf die Gestaltpsychologie mit ihrem Totalitätsprinzip – die bewusste Erfahrung muss global angeschaut werden (indem man alle physischen und mentalen Aspekte des Individuums gleichzeitig berücksichtigt), weil die Natur des Minds verlangt, dass jede Komponente als Teil eines Systems von dynamischen Beziehungen erachtet wird.

Wir werden später sehen, wie viele dieser Forschungsergebnisse jener Wissenschaftler uns zu Terminologie und Einsichten verhalfen, die wir noch immer benutzen. Bislang haben wir hauptsächlich Psychologen diskutiert.

Dr. Nordenholz

In den 1930ern gab es vom argentinisch-deutschen Philosophen namens Anastasius Nordenholz eine Herangehensweise, die nicht vom Verhalten ausging, sondern vom Bewusstsein selbst. Er schrieb ein Buch mit dem Titel: *Scientologie – Wissenschaft von der Beschaffenheit und der Tauglichkeit des Wissens* . In seinem Werk präsentierte er einen Entwurf einer Bewusstseinswissenschaft. Es sollte nicht mit der Hubbard'schen Scientology verwechselt werden – Nordenholz publizierte lange zuvor.

Nordenholz sah Bewusstsein und Wissen (Knowingness) in den dualen Rollen von Ursache und Wirkung. Ursache in der Rolle des `Erschaffers', der die 'Welt' hervorbringt als eine 'Bewusstseinskreation'. Wirkung in der Rolle des 'Erfahrenden', in welcher das Wissen in der Welt gesehen und erfahren wird.

„Die Quelle des Bewusstseins", sagte er, „liegt jedoch außerhalb von Wissen und der Welt, weil Bewusstsein, das zum Schöpfer der Welt ernannt wurde, eine Quelle voraussetzt, aus der es schöpfen kann; ein Sein, dass irgendwie und auf irgendeine Weise vom Bewusstsein erreicht werden kann, die jedoch aus sich selbst heraus vor und unabhängig von Bewusstsein existiert...

...Die Annahme einer Schöpferaktivität des Bewusstseins ist abhängig von der Verfügbarkeit eines autonomen, primordialen, freien, losgelösten, absoluten Seins, ein Sein-aus-sich-selbst-heraus."[3]

Dieser letzte Absatz ist interessant dahingehend, dass von einer neuen Bedeutung ausgegangen wird, wenn es von der Everett's *Viele-Welten-Interpretation*[4] der Quantenphysik her betrachtet wird. Diese nimmt eine Unendlichkeit an potenziellen Welten an, die auf die Auswahl durch den Wahrnehmenden – der von Nordenholz Schöpferbewusstsein genannt wird – warten.

In unserem Umgang mit Bewusstsein werden wir definitiv das Bewusstsein in diesen beiden Rollen, dem aktiven und schöpferischen Bewusstsein und dem beobachtenden, empfangenden Bewusstsein, behandeln.

---

3 Dr. Nordenholz: Scientologie – Wissenschaft von der Beschaffenheit und der Tauglichkeit des Wissens, S. 10

4 Viele-Welten impliziert, dass alle möglichen alternierenden Geschichtsschreibungen und Zukünfte real sind und jede eine tatsächliche 'Welt' (oder 'Universum') repräsentiert.

Hubbard'sche Scientology

In den 1950ern konnten wir die Anfänge einer spirituellen Selbsthilfebewegung in Amerika beobachten, die sich in ähnlicher Natur wie die Bewegung des Neuen Denkens (New Thought Movement) im 19. Jahrhundert gestaltete. Sie degenerierte mittlerweile zur berüchtigten Scientology-Sekte. Hubbard war ein überaus produktiver Science-Fiction-Autor, Geschichtenerzähler, aber auch auf dem Gebiet des Minds sachkundig – er erhielt etwas Unterweisung in Psychoanalyse und war ein Universalgelehrter. Ein früher Whistleblower in Sachen Gedankenkontrolle, die er als Implanting bezeichnete, veranlasste ihn, Verfahren auszuarbeiten, die jeder verwenden könnte, um die Auswirkungen, die heute noch im Einsatz sind, rückgängig zu machen.[5]

Neben all den Misserfolgen, die unter der Überschrift Scientology berichtet worden sind, gab es einige brillante Entwicklungen entlang des Weges. Eine davon ist eben jenes Konzept, dass jeder auf einfache Weise ein 'psychologischer Berater' für seine Freunde werden könne, wobei dies nach nur ein paar Monaten Ausbildung möglich sei und dabei sogar Jungs Psychogalvanometer in einer modernisierten Version verwendet. Die Hubbard'sche Scientology war der Inbegriff von populärer spiritueller Psychologie und er hatte damit Erfolg, viel altes Wissen und psycho-spirituelles Know-how in Lehrbüchern der breiten Öffentlichkeit leicht zugänglich zu machen.

---

5 *Dies wird in einem später zu veröffentlichenden Buch zum Thema der Neo-Hubbard'schen und Post-Hubbard'schen Scientology behandelt werden, welches weitere Entwicklungen aufzeigen wird und beabsichtigt, einiges zu beleuchten, was anfänglich so viele inspiriert hatte. Ebenso wird das Thema auf die Essenz heruntergebrochen werden, wobei der Persönlichkeitskult und anderer Kirchen-Scientology-Nonsense ignoriert werden. Viele Menschen trugen zur frühen Forschung in Scientology bei, welche Hubbard, der sich selbst 'Source' [Quelle] nannte, unter seinem eigenen Namen zusammenstellte.*

In den 1950ern, in denen sich nur die Reichen Psychoanalyse leisten konnten, veröffentlichte er *'Selbstanalyse'*, ein Verfahren, welches zu Hause unentgeltlich durchgeführt werden konnte. Hubbard brachte viele Menschen, junge und alte, dazu, ihr spirituelles Leben in die eigene Hand zu nehmen, ihre vergangenen Leben zu erforschen, ihre Intelligenz zu erhöhen, ihr Konfrontiervermögen und ihr Kommunikationsfähigkeit zu verbessern und inspirierte sie dazu, nach den höchsten Bewusstseinsebenen zu greifen.

Metapsychologie

In Ann Arbor, Michigan, finden wir Frank Gerbode, den Psychiater, der ebenfalls ein Jahrzehnt lang aktiv die Hubbard'sche Scientology studierte, die ihn dazu inspirierte, die Metapsychologie zu entwickeln. In seinem Buch *'Beyond Psychology – An introduction to metapsychology'* [Über die Psychologie hinaus – Eine Einführung zur Metapsychologie] definiert er diese wie folgt: Das Studium der Person und seiner oder ihrer Fähigkeiten, der Ursprung, die Struktur und Funktion des Minds und die Beziehung zwischen Person, Mind und physikalischem Universum.

Spiritologie

Die Buttler'sche Scientology (Spiritologie) war eine kurzlebige Neo-Hubbard'sche Weiterentwicklung, die fast ausschließlich Vorstellungs-Konzept-Prozessing verwendete. Es basierte auf der Doktrin, dass alles, was Sie wahrnehmen und erleben, exakt das ist, was Sie, aus sich selbst heraus und durch Ihr eigenes kausales Denken jetzt gerade erschaffen. Das Konzept bestand darin, Adepten eine hochkarätige Wahrheit unter Hochdruck zu vermitteln, auf welche manche mit großartigen Resultaten reagierten.

Dies ist natürlich eine sehr flüchtige Reise durch die Geschichte und wir hatten uns noch nicht einmal in den Osten gewagt, der selbstverständlich mit einer Fülle an Weisheit zum Thema Bewusstsein von den Rig-Veden zu Zen und alles dazwischen aufwarten kann.

Wo wir jetzt stehen

Wir lernten von allem obigen und von vielen anderen weisen Menschen und integrierten in unser Arbeitswissen, was wir für nützlich erachteten, um Bewusstsein zu untersuchen und auszuweiten. Teil dieses Lernprozesses war ebenso, gewisse Herangehensweisen abzulehnen, z.B. sind wir nicht dazu übergegangen, LSD oder andere Drogen zur Bewusstseinserweiterung, wie es von Dr. Stanislav Grof getan wurde, oder irgendwelche der merkwürdigen Praktiken der Scientology-Sekte zu verwenden.

Da wir das anwenden werden müssen, was uns in Gestalt der Wissenschaft des täglichen Lebens zur Verfügung steht – worin unsere Zielsetzung besteht – sollten wir die Daten lieber strukturieren und uns einen Überblick verschaffen, wo wir heute stehen. Bei all dem drängt sich die Frage auf, was wir wirklich über Bewusstsein wissen.

Wir sprechen hier von Wissenschaft und damit meinen wir `ein konzeptuelles System des Verständnis verschiedener Aspekte der Realität´.[6] Dies würde mit Definitionen beginnen müssen, wobei als erstes der Begriff Bewusstsein selbst zu definieren ist.

---

6 *Wissenschaftsdefinition http://weblog.mgtconcepts.com/?p=5*

Bewusstsein bedeutet im Allgemeinen: Der Zustand des Gewahrseins von Sinneseindrücken, Gefühlen, Gedanken und der Welt um einen herum. Das bezeichnet lediglich den Umstand des Gewahrseins. Aber da gibt es mehr dazu, wenn wir die Frage stellen: *„Kann Bewusstsein sich selbst wahrnehmen?“* Der Advaita Vedanta-Lehrer Rupert Spira diskutierte dies in aller Länge und kam zu folgender grundlegenden Definition: Bewusstsein ist *das, was präsent und wahrnehmend ist.* Auf schöne Weise ausgedrückt, sehen Sie sich das Video[7] an. Das ist das, worauf wir uns als grundlegendes oder absolutes Bewusstsein im Teil I *Philosophie* bezogen haben.

Für unsere Zwecke müssen wir weiter hineinschauen in das, was wir \`im´ endlichen Bewusstsein finden. Dies ist eigentlich das Thema des nächsten Kapitels, aber lassen Sie uns auf eine allgemeinere Art hineinschauen. Wir können unmittelbar sehen, dass jede Betrachtung eine duale Erfahrung beinhaltet; es gibt ein Konzept eines Wahrnehmenden oder Wissenden, das separat ist von dem, was gewusst oder wahrgenommen wird. Welche Unterscheidungen wir auch immer machen, es sollte klar sein, dass diese immer noch im Bewusstsein existent sind.

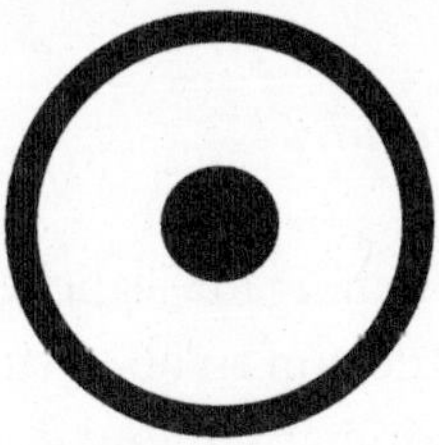

Der zentrale Punkt ist das Ego, wohingegen das Selbst beides umfasst: das Ganze und den zentralen Punkt.

Dazu haben die Psychologen Freud, Jung & Co. ihre Aussagen getroffen. Wir aber werden ihre Ergebnisse aus einer anderen Perspektive betrachten. Wenn Freud sagt, dass der Mind aus *Ego, Über-Ich* und dem *Es* besteht, würden wir sagen, dass Freud in seinem Bewusstsein einige Phänomene

7 *Vortrag von Rupert Spira: The New Science of Consciousness http://www.scienceandnonduality.com/the-new-science-of-consciousness/*

erlebte, über die er in Folge nachdachte und Theorien entwickelte, um sie schließlich anderen erklären zu können. Er bezeichnete diese Erscheinungen so, als wären es Entitäten. Kein Zweifel, für Freud und viele andere existierten diese in ihren Minds.

Wenn Jung sagt, dass das Ego und das Selbst vereint werden sollen, bedeutet das die Vereinigung von Bewusstheit und Unbewusstheit in einer Person, die dann die Psyche als Ganzes darstellt. Das Selbst wird nach Jung als Produkt der Individuation erkannt, die seiner Meinung nach der Prozess der Integration der eigenen Persönlichkeit ist.

Was wir hier lernen, beobachten und dazu unsere eigenen Überlegungen anstellen können, ist, dass Bewusstsein einfach auf verschiedene Arten unterteilt werden kann und dass dies uns Strukturen und Zusammenhänge zeigt.

Axiome

Es mag überraschen, dass wir von Axiomen sprechen, wenn es nicht einmal eine richtige Wissenschaft des Bewusstseins gibt, aber lassen Sie uns sehen, wo es uns hinführt. Wir ziehen diese Grundannahmen heran:

» ***Bewusstsein existiert und ist primär.***

Dies zu beweisen ist daher nicht notwendig, da jegliche Beweisführung Bewusstsein erfordern würde, um zu überzeugen. Das Bewusstsein primär ist, ist daher axiomatisch und grundlegend selbstbeweisend. Unsere Position steht klar im Kontrast z.B. zum Objektivismus (Peikoff, Rand), die argumentierten, dass Existenz primär sei, und da es kein Bewusstsein ohne Existenz gäbe, Bewusstsein gemäß deren Philosophie sekundär sei. Viele moderne Wissenschaftler sehen Bewusstsein ebenfalls als Nebenprodukt gewisser Gehirnprozesse.

» ***Bewusstsein existiert ebenfalls hierarchisch.***

Bewusstsein existiert in Ebenen und Intensitätsstufen. Eine Besonderheit ist, dass eine Bewusstseinsebene sich nicht immer jeder anderen Ebene an Bewusstsein gewahr ist, aber es gibt eine Ebene, die absolutes und unendliches Bewusstsein hat und jedes andere Bewusstsein weiter unten auf der Skala beinhaltet. Ein Beispiel ist unser Hund Anouk, der ziemlich bewusst ist und Türen schließt usw., aber sie ist sich nicht unserer Weihnachtsvorbereitungen bewusst, da wir uns nicht mit ihr auf einer 'Stufe' befinden. Sehen Sie auch die Analogie vom fraktalen Baum im nächsten Kapitel.

» ***Das Absolute oder Unendliche ist diehöchste Ebene in einer Hierarchie von Bewusstsein.***

Auf Postulate von der Art *'Gott'*, *'erster Beweger'* oder *'erste Ursache'* kann immer mit dem Einwand gekontert werden: *„Aber wer erschuf Gott oder den Schöpfer?"* oder: *„Was verursachte die erste Ursache?"* und das würde zu einer unendlichen Regression führen.

Das, was alles umfassen würde, müsste dieses Bewusstsein per dem ersten Postulat sein. Das Absolute definiert auch eine wahre Null in dem Sinne, dass wenn nichts definiert ist, die Möglichkeiten unendlich sind. Das Absolute oder die Unendlichkeit könnte man mit Konzepten von Gott assoziieren.[8]

---

8 *Artikel: The God Connection & Physics, Dr. N. Huntley http://weblog.mgtconcepts.com/?page_id=147*

4. Funktionen & Strukturen im Bewusstsein

Dieses Kapitel wird nicht allzu systematisch sein, da es beabsichtigt, nichts weiter zu bewirken, als etwas Licht in die Vielfalt an Inhalten, Funktionen und Strukturen des Bewusstseins zu bringen, ohne zu versuchen, vollständig oder sogar vollständig kohärent zu sein.

Bewusstsein ist zunächst einmal ein zusammengesetzter Begriff und als solcher umfasst er eine Menge von Aspekten der menschlichen Erfahrung, die unterschiedlich sind. Gedanken, Intentionen, Entscheidungen, Annahmen, Vermutungen, Unterstellungen, Vorhersagen sind alles unterschiedliche Arten von Gedanke. Und was ist mit Gefühlen, Emotionen und Anstrengungen? Diese sehen ebenfalls unterschiedlich aus.

In unserem Sprachgebrauch beziehen wir das Unbewusste, das Unterbewusste, das Überbewusste, Vorbewusste und alles, worüber sich jemand bewusst sein oder werden kann, unter der Überschrift 'Bewusstsein' mit ein. In anderen Worten: Alles zuvor Genannte besitzt eine gewisse Bewusstseinsebene, wenn auch nicht die Art von Bewusstsein, die unsere wache, auf die Gegenwart gerichtete Bewusstheit charakterisiert.

Um etwas zu definieren, ist es manchmal nützlich, es etwas gegenüber zu stellen, das es nicht ist. Bewusstsein ist kein gegenständliches Ding, es ist ein immaterielles Gefäß für Dinge. Es ist jedoch auch nicht einfach nur ein Gefäß, es ist wie der Bildschirm plus der Filme, plus der Produzenten, plus der Zuschauer – alles in einem.

Was Bewusstsein am nächsten kommt, scheint für uns daher Folgendes zu sein: Unsere Gedanken, Wahrnehmungen,

Ideen, Vorstellungen, Konzepte, Erkenntnisse, Abstraktionen, Ziele, Pläne, Einschätzungen, Werte, Vergleiche, Bewertungen, Träume – und das wirklich nächste ist wahrscheinlich das Bewusstsein vom Bewusstsein.

Am entferntesten von Bewusstsein wären somit Festkörper, wie Felsen, Berge, die Erde, Planeten und Galaxien. Dazwischenliegend könnte man Pflanzen und Tiere einordnen, welche uns als bewusste Wesen wiederum etwas näher sind.

Diese Festkörper und lebende Organismen sind die Bewusstseinsobjekte im Bewusstsein. Im weitesten Sinne bestehen sogar Festkörper aus Bewusstsein. Dies wird offensichtlicher, wenn man sich bestimmte Kristalle ansieht, die man als `lebendig´[1] betrachten könnte.

Dies ist auch ein Beispiel für multiple Gesichtspunkte. Es ist offensichtlich, dass nicht jeder zustimmen wird und viele werden das gesamte Konzept von sprechenden Steinen pauschal zurückweisen. Wir unterbreiten dies auch nicht als erforderlichen Glaubenssatz.

1 Teal Swan, http://tealswan.com/ könnte Ihnen einfach einmal eine andere Sicht auf Kristalle vermitteln, hierzu gibt es ein Video unter: https://www.youtube.com/watch?v=bZ9nLV33ET4#t=668 Rupert Sheldrake, bezeichnete in 'Science Delusion' die Idee, dass Materie unbewusst sei, als wissenschaftliches Dogma.

Ebenen des Bewusstseins

Gemäß des Axioms, das im letzten Kapitel vermittelt wurde, existiert Bewusstsein ebenfalls in hierarchischer Form, dies birgt die Frage in sich, worin dann diese Ebenen bestehen. Es gab verschiedene Kartierungen, Skalen und ähnliches des Bewusstseins, die alle davon ausgehen, dass Bewusstsein nicht nur etwas Flaches ist, sondern auch in vertikaler Richtung besteht. Wiederum besteht kein Konsens darüber, was diese Stufen sind und woraus sie bestehen. Wir werden ein paar Ansätze der Darstellung einer solchen Hierarchie der Bewusstseinsebenen präsentieren.

Das System, das dem Mainstream am nächsten kommt, wird auf Grundlage des Werks von Clare W. Graves[2] Spiral Dynamics [Spiralförmige Dynamiken] genannt. Die wichtigsten Ebenen werden in der untenstehenden Tabelle gezeigt.

Innerhalb dieses Systems reichen die Bewusstseinseigenschaften von instinktiv, automatisch bis holistisch, global. Dort wird der Begriff „Mem“ verwendet, was als eine Struktur des kollektiven (Un)Bewusstseins angesehen werden könnte. J. P. Barlow definiert es als:

„...selbstreplizierende Informationsmuster, die sich über die Ökologien des Minds verbreiten, ein Muster der Reproduktion ähnlich dem der Lebensformen... Sie reproduzieren sich selbst, sie interagieren mit ihren Umgebungen und passen sich an sie an. Sie mutieren, sie bestehen fort. Sie entwickeln sich, um die leeren Nischen ihrer lokalen Umgebungen zu füllen, die in diesem Falle die umgebenden Glaubenssysteme und Kulturen ihrer Wirte sind, nämlich uns.“

2 *http://www.clarewgraves.com/theory_content/compared/CGcomp2.htm*

1 BEIGE	Überleben; biogene Bedürfnisbefriedigung; Reproduktion
2 LILA	Geborgenheit/Sicherheit; Schutz vor Unheil; Familienbande
3 ROT	Kraft/Aktion; sich selbst behaupten, um andere zu dominieren; Kontrolle
4 BLAU	Stabilität/Ordnung; Gehorsam, um später eine Belohnung zu verdienen; Bedeutung
5 ORANGE	Gelegenheiten/Erfolg; im Wettbewerb stehen, um Ergebnisse zu erzielen; Einfluss
6 GRÜN	Harmonie/Liebe; Zusammenschluss für gemeinsames Wachstum; Bewusstheit
7 GELB	Unabhängigkeit/Selbstwert; zu einem lebendigen System passend; Wissen
8 TÜRKIS	Globale Gemeinschaft/Lebenskraft; das Überleben der Erde; Bewusstsein

Es gibt dazu auch eine *Skala des Bewusstseins*, die auf der Grundlage der angewandten Kinesiologie von Dr. David R. Hawkins entwickelt wurde. Sie kann online zum Beispiel unter http://www.stankovuniversallaw.com/2012/01/the-map-of-consciousness-hawkins-scale/ gefunden werden.

Ich habe die unten abgebildete Tabelle ausgearbeitet, um verschiedene System miteinander zu vergleichen, wobei der wesentlichste Zweck darin liegt, darzustellen, dass es Ebenen der Bewusstheit oder des Bewusstseins gibt. Weitere Einzelheiten können Sie Kursmaterialien des MGT Instituts entnehmen.

Clare W. Graves	Integration	Denken	Bewusstheit	Mind
1 Automatik	Indoktrination	Automatisch	Erkennen Kommunikation Wahrnehmung	Reaktion
2 Magic	Probleme	Autistisch	Orientierung Verstehen Erleuchtung	
3 Kraft	Aktionen Unterlassungen	Egozentrisch	Energie Anpassung Körper	
4 Befehle-Regeln	Veränderung	Absolutistisch	Vorhersage Aktvität Produktion	
5 Erfolg	Innovation	Multiplikativ	Ergebnis Korrektur Fähigkeit	Emotional
6 Harmonie-Liebe	Harmonie	Relativistisch	Zwecke Realization Aufklärung	Mental
7 Selbst-Integration		Systemisch	Zustände Existenz	
8 Holistik	Einheit	Holistisch	Quelle	Höhere

Emotionen

Es könnte von Interesse sein, darauf hinzuweisen, dass die zuvor erwähnte Kinesiologie-Skala des Bewusstseins in manchen Aspekten mit der sogenannten Tonskala der Hubbard'schen Scientology übereinstimmt. Diese hat bei 2.0 einen Wendepunkt von negativ zu positiv und setzt die höchste menschliche Emotion bei 4.0 an.

(Letzendlicher Erfolg – Loslösung)
Begeisterung
Enthusiasmus
Fröhlichkeit
Selbstzufriedenheit
Zufriedenheit
Ambivalenz
Antagonismus
Wut
Groll
Versteckte Feinseligkeit
Furcht
Angst
Gram
Apathie
(Letztendliches Versagen – Loslösung)

Metapsychologische Skala der Emotionen

Emotion wurde von David Sanders in *Oxford companion to Emotion and the Affective sciences* [Oxfords Begleiter für Emotionen und affektive Wissenschaften] wie folgt definiert: Vorrübergehende bio-psychosoziale Reaktionen, die so ausgelegt sind, dem Individuum zu helfen, sich an Ereignisse anzupassen oder mit ihnen umzugehen, die für sein Überleben und Wohlbefinden Auswirkungen haben.

Die Mainstream-Psychologie hat nach meiner Kenntnis nicht viel oder überhaupt irgendetwas wie eine Skala der Emotionen veröffentlicht. Es gab die alten Studien der Manisch-Depressiven von Prof. Kraepelin, der Übergangsstufen der Emotionen zwischen diesen beiden Extremen erwähnt hatte.[3]

In der Metapsychologie (F. Gerbode) gibt es eine Skala der Emotionen, wie hier gezeigt wird, welche er definiert als *„… ein Kontinuum der Emotionen, geordnet in aufsteigender Rangordnung bezüglich Anpassungsfähigkeit und Erfolg, zwischen dem endgültigen Versagen und dem endgültigen Erfolg…“*. Diese spezielle Reihenfolge der Emotionen stammt übrigens aus Beobachtungen emotionaler Kurven, die sich in Sitzungen zeigten, wenn traumatische Vorfälle adressiert wurden.

Eine Vielzahl an Strukturen & Funktionen

Wir haben bereits gesehen, dass zwischen dem persönlichen und dem kollektiven Unbewussten eine Unterscheidung gemacht werden kann. Letzteres würde aus den Archetypen oder bestimmten Mustern bestehen, die alle Menschen gemein haben (Jung).

3 *Es gab einige Versuche, so eine Kurve darzustellen. Kübler-Ross postulierte eine Serie emotionaler Stufen, die von Hinterbliebenen erlebt wurden. Die 5 Stufen: Ablehnung, Zorn, Handeln, Depression und Akzeptanz. Die umfassendste Skala der Stufen des Bewusstseins, der Emotion und Erkenntnis = Tonskala von L. R. Hubbard, erstmals in „Wissenschaft des Überlebens“ beschreiben.*

Es gibt auch kreatives Bewusstsein und rezeptives (automatisches) Bewusstsein. Ersteres ist die kreative Intelligenz, die Dinge entwickelt und produziert, das zweite ist der passive Umgang mit Informationen über Dinge. Wie wir in der *Universellen Imaginationstechnik** (Kapitel 9) sehen werden, kann kreatives Bewusstsein dazu genutzt werden, unerwünschte Aspekte des automatischen Bewusstseins zu eliminieren.

Das Konzept des Bewusstseins umfasst außerdem die kollektiven Unbewusstheiten wie ethnische Zugehörigkeit, Nationalität, Gruppe, Kultur, Subkultur sowie persönliche und zellulare Unbewusstheiten.

Struktur des Minds

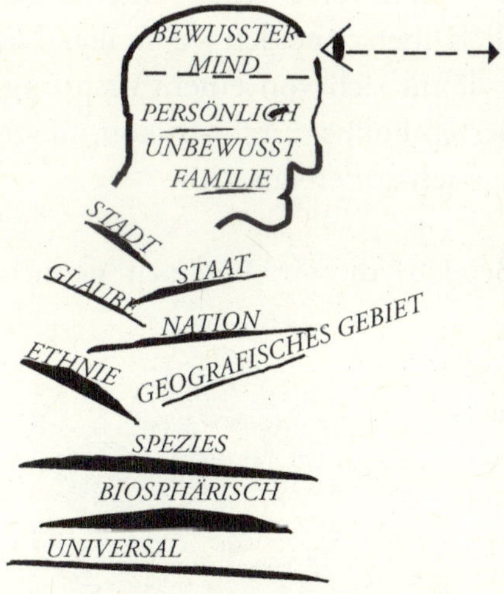

Layers of Unconsciousness [Schichten des Unbewussten]
Ref. T. E. Bearden, Excalibur Briefing, 2. Ausgabe

Der bewusste Mind ist wie ein linearer Prozessor angelegt (bewusstes Konzentrieren auf jeweils nur eine Sache), wobei der unbewusste Mind (trotz seiner Bezeichnung vollkommen bewusst) ein Multi-Kanal-Parallel-Prozessor (simultan) ist und über eine weitaus größere Arbeitskapazität verfügt.

Mit den Worten von Tom Bearden:

„Alles ist im Wesentlichen Mind. Dieser bildet eine Schicht nach der anderen von sich überschneidenden Bereichen von immer flacher werdendem Unbewussten (vielfaches simultanes Bewusstsein) die ganze Bandbreite vom universellen Allessein bis hin zur persönlichen Unbewusstheit und gipfelt ähnlich einer Dolchspitze in jedem bewussten Mind."

Genau das wenden wir in der Bewusstseinstechnologie an.

Domänen

In unserem Ehrfahren des Lebens gibt es ebenfalls eine Struktur.

Man könnte das menschliche Dasein, so wie es erfahren und sichtbar manifestiert wird, in verschiedene Interessensbereiche – die sich eigentlich überschneiden – einteilen. Die Aufmerksamkeitsspanne dehnt sich von einem ursprünglich engen, (selbst-)zentrierten Fokus durch ein kontinuierlich wachsendes Interesse nach außen aus.

Wir unterscheiden sechs Bereiche, die wir Domänen* nennen.

1. persönlicher Wirkungskreis
2. Partnerschaft & Familie
3. Gruppe(n)
4. Menschheit oder Arten
5. Leben
6. physikalisches Universum

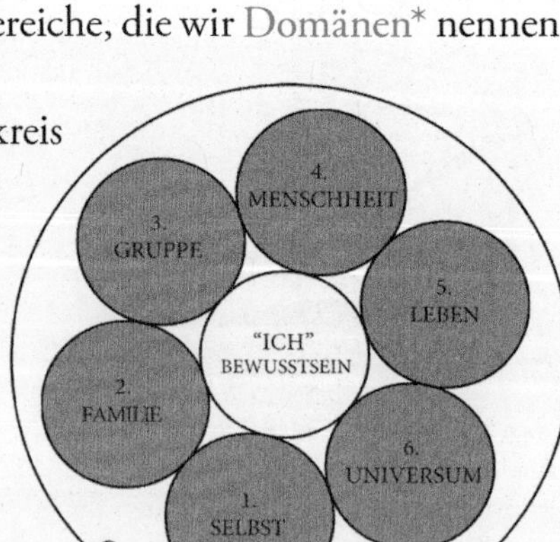

Die separaten Domänen im Bewusstsein

Obwohl das physikalische Universum die Sterne beinhaltet, sollten wir nicht vergessen, dass alle sechs Domänen im Bewusstsein eingebettet sind oder sogar vom Bewusstsein projiziert werden.

Dies könnte als sechs Kreise dargestellt werden, die die verschiedenen Domänen symbolisieren und einen Kreis umrunden, der für den Gesichtspunkt des individuellen Geistes oder dem *Ich** innerhalb eines großen Kreises, der das Bewusstsein von allem verkörpert, steht.

Die Domäne des allumfassenden Bewusstseins nennen wir die Null-Domäne. Dies schließt das *Ich*-Bewusstsein im mittleren Kreis ebenso ein, wie das erweiterte Bewusstsein des Ganzen – der Unendlichkeit, das ultimative Bewusstsein von Allem oder Gott, wenn man so will – welches von dem großen Kreis dargestellt wird.

Die Null-Domäne ist allgegenwärtig und manifestiert sich in jeder der sechs Domänen als die unsichtbaren, intellektuellen, emotionalen und spirituellen Aspekte. Schaut man sich eine Pflanze mit schönen Blüten an oder betrachtet man die anmutigen Bewegungen eines Löwen, würde man nicht leicht auf den Gedanken kommen, dass diese Formen das Ergebnis puren Zufalls wären. Es ist eher üblich, in einer Art Ehrfurcht versetzt zu werden und ein Wunder darin zu sehen und Respekt vor dem zu bekommen, der es erschaffen hat, wer auch immer es war. (Dies nannte C. G. Jung *Numinosität*, von *numen* = „göttliche Gegenwart".)

1. Die persönliche Domäne

Die persönliche Domäne beinhaltet den Körper, den man besitzt, dessen Kleidung, die Werkzeuge, die man benutzt und anderen persönlichen Besitz – Dinge, bei denen man dazu neigt, sich mit ihnen zu identifizieren. Sie beinhaltet das, was das niedrigere Selbst oder das verkörperte Selbst genannt wird. Die Rollen und Identitäten, die man annimmt, was man subjektiv fühlt, liegen im Bereich dessen, was man direkt kontrolliert und als sein Eigentum betrachtet. Wie zu erwarten war, wird man feststellen, dass ein Teil der Null-Domäne sich mit der persönlichen Domäne deckt. Das meinen wir gewöhnlich mit dem Mind, jemandes eigenem Mind oder dem, was man das Selbst nennt, im Sinne von dem eigenen Bild von sich selbst; es beinhaltet die eigenen Gedanken, Hoffnungen, Fähigkeiten und gedanklichen Bilder. Eine selbstsüchtige Person ist jemand, der lediglich Verantwortung für das Selbst übernimmt.

Man mag sich an dieser Stelle wundern, warum das *Ich* nicht Teil der persönlichen Domäne ist, obwohl der eigene Mind Teil davon ist. Der Grund dafür, dass das *Ich* als außerhalb der persönlichen Domäne angesehen wird, ist, dass es einen Beobachter oder irgendeine Entität geben muss, der/die die erste Domäne wahrnimmt oder erlebt; diese(r) kann daher nicht mit der ersten Domäne identisch sein. Sie sind nicht ihre erste Domäne.

2. Familie und Partnerschaften

Die meisten Menschen haben sowohl eine Familie, in die sie hineingeboren wurden, wie auch eine Familie, die sie mit einem Sexualpartner erschaffen haben, und diese ist die erste Domäne, die über die persönliche hinausgeht. Sie ist der Bereich oder das Umfeld, in dem man aufwächst und Erfahrungen im Umgang mit anderen und Erwartungen sammelt. Das menschliche Leben in Domänen aufzusplitten, ist lediglich ein Verfahren, es zu analysieren, da man das persönliche Leben niemals gänzlich vom Familienleben trennen kann. Beide laufen simultan ab.

Essgewohnheiten, sexuelle Einstellungen, Sicherheitsüberlegungen, Moral und Respekt vor anderen oder der

Mangel daran, entwickeln sich aus individuellen, genetischen, wie auch aus familiären und gesellschaftlichen Faktoren.

Nicht jedes Individuum entwickelt eine Partnerschaft. Das mag von verschiedenen Faktoren abhängen, einer davon ist das Geschlecht. Wir unterscheiden die Geschlechter in männlich, weiblich und `benutzerdefiniert´ wie bei Facebook. Sexuelle Vorlieben würden die Arten autosexuell, heterosexuell, homosexuell, bisexuell, omnisexuell und asexuell beinhalten. Partnerschaften werden in fast jedem Alter gebildet. Partnerschaften haben meist auch eine sexuelle Komponente, aber das muss nicht der Fall sein, da es auch absolut normale Menschen gibt, die man als asexuell klassifizieren könnte. Es bedeutet also nicht, dass etwas mit ihnen verkehrt ist, sondern könnte einfach nur bedeuten, dass kein oder kein momentanes Interesse an sexuellen Beziehungen oder Aktivitäten vorhanden ist.

3. Soziales Leben

Die Domäne des sozialen Lebens ist die Domäne der Gruppen, und die Person, die nicht irgendeiner Gruppe zugehörig ist, ist ein seltenes Exemplar. Niemand kann irgendwo angestellt sein, einen Job haben, in einer Stadt oder einem Dorf, in einem Lager oder Stamm leben, ohne Teil einer Gruppe zu sein. Man müsste wie ein Eremit leben – und selbst dann wäre man immer noch Teil der Gruppe der Eremiten auf Planet Erde. Daraus wird ersichtlich, dass jemand Teil einer Gruppe sein kann, ohne sich dessen vollkommen bewusst zu sein. Es ist eine Kunst an sich, in einer Gruppe oder für eine Gruppe zu arbeiten oder zu leben.

Jemandes Privatleben könnte von einer starken Führungspersönlichkeit beherrscht werden oder man könnte eine ganze Gruppe durch die eigene Persönlichkeit überschatten und beeinflussen. Es ist klar, dass diese Domänen komplett miteinander verknüpft sind. Dies ist offensichtlich, sobald man sich mit dem Konzept des Einsseins anfreundet.

Wir könnten uns eine Gruppe vorstellen, die aus Individuen besteht, die mit der Gruppe vollständig im Einklang sind. Dies wäre ein Idealfall, wo die Gruppe so gut koordiniert ist, dass sie eine in sich kohärente *`Gestalt´* ist.

Es wäre interessant, es mit der Koordinierung eines Vogelschwarms zu vergleichen, die dort offensichtlich auftritt. Hier ist der einzelne Vogel, der in Formation fliegt, unterwegs augenscheinlich in seiner Entscheidungsfreiheit eingeschränkt. Bei menschlichen Gruppen können wir manchmal beobachten, wie die Gruppe als Einheit handelt, oftmals bei beruflichen Aktivitäten.

Wir nennen das normalerweise Teamwork, wobei Team eine kohärente Gruppe aus Individuen bezeichnet, die wissen, was die anderen machen und sich damit und darauf einstimmen. Meistens bereitet es ihnen große Freude, das, was auch immer sie dort vollbringen, als Team gemeinsam zu erschaffen. Die Gruppenbestimmung ist hier der Selbstbestimmung übergeordnet, sie ist jedoch nicht notwendigerweise für diese nachteilig.

Dann gibt es den Bereich der Interaktion zwischen Gruppen, der Schauplatz für die Welt der Geschäfte, Politik, Nationen und Kriege ist. Dies beinhaltet Wettbewerb und Zusammenschlüsse von Gruppen gegen andere Gruppen, mit anderen Worten das riesige und dynamische Aktionsfeld. Und hier kommt die Menschheit oder die Gattung Homo sapiens mit ins Spiel.

4. Menschheit

Wenn sich die einzelnen Mitglieder der menschlichen ethnischen Gruppen und die verschiedenen Gruppierungen, aus denen die Menschheit besteht, der wechselseitigen Abhängigkeit und der gemeinsamen Erschaffung vollkommen bewusst wären und wenn ihnen klar wäre, was ihre jeweiligen Aktionen vor Ort für die Menschheit insgesamt bewirken, dann gäbe es keinen Grund mehr für Auseinandersetzungen. Es könnte immer noch Kampf zum Vergnügen geben, aber er wäre nicht mehr für das *Überleben* notwendig.

Mit der Kommunikation, die mittels Internet und Telekommunikationsmedien global ständig erweitert wird, könnte diese Ebene des Bewusstseins bald erreicht werden.

Es könnte noch Einmischung durch fremde Arten geben, wie beispielsweise Außerirdische, die für die Erde andere Absichten hegen oder Hilfe was das anbelangt von außerirdischen Wesen mit freundlichen Absichten. Dies bringt uns zur nächsten Domäne.

5. Lebende Organismen

Diese Domäne schließt alle anderen Arten ein, genau genommen jegliche lebenden Organismen und somit auch alle Lebewesen auf anderen Planeten und in anderen Galaxien. Tiere und Pflanzen hier sind unsere engen Weggefährten und sind dabei ein weiterer Ausdruck von Bewusstsein. Dies kann auf einfache Weise beobachtet oder vielmehr empfunden werden. Unsere Beziehungen sind wichtig!

Die negative Ladung in dieser Domäne loszuwerden, ist Teil der Angelegenheit und wird insbesondere auf der Route *Transzendieren des Selbst* angesprochen.

6. Das physikalische Universum

Die Erde ist das hauptsächliche Spielfeld, obwohl bereits Stimmen laut werden, die behaupten, dass es menschliche Wesen auch auf anderen Planeten gibt.

Es ist kein Geheimnis, dass unsere Gegenwart die Erde beeinflusst. Und ich spreche jetzt nicht von der `globalen Erwärmung´, die anscheinend auf anderen Planeten in unserem System ebenso stattfindet. Es gibt Aspekte wie das elektromagnetische Feld, Elektrosmog, schwindende Regenwälder und chemische Umweltbelastungen, die unsere Lebensbedingungen und Umgebungen in Mitleidenschaft ziehen.

Man könnte dies als einen Lernprozess ansehen, bei dem die Menschheit als Art entdeckt, dass ihre Aktionen Konsequenzen haben und worin diese bestehen.

Über unsere heimatliche Erde hinaus werden wir uns unserer kosmischen Umgebung mehr bewusst und vielleicht sogar der Gegenwart anderer Lebewesen von anderen Systemen. Dies führt zu Vorhersagen über die Zukunft unseres Sonnensystems und des Einflusses anderer himmlischer Vorkommnisse und wir könnten schon bald interplanetarische oder intergalaktische Reisen bewerkstelligen. Die Domäne des Kosmos' stellt uns eine schier endlose Perspektive an möglichen Erforschungen zur Verfügung.

Mehr über die Null-Domäne

Um nun unser Domänen-Modell zu vervollständigen, lassen Sie uns nun eine andere Richtung einschlagen, ja, schließen Sie Ihre Augen und lassen Sie die fünf oder mehr Sinne los, die Bewusstheit der *`äußeren Domänen´* limitieren. Sie treten nun in den Innenraum ein, in ein Reich, mit dem man durch Meditation in Berührung kommt. Hier ist der Bereich anzutreffen, der nicht nur allen sechs oben genannten Domänen zu Grunde liegt, sondern von der persönlichen Domäne aus kontaktierbar ist. An dieser Stelle wollen wir nicht mehr tun, als kurz zu skizzieren, woraus das Modell besteht. Es gibt zwei Arten, dieses Modell darzustellen. Die eine ist ein Doppelwirbel und die andere ist ein Fraktalbaum.

Das Modell des Doppelvortex':

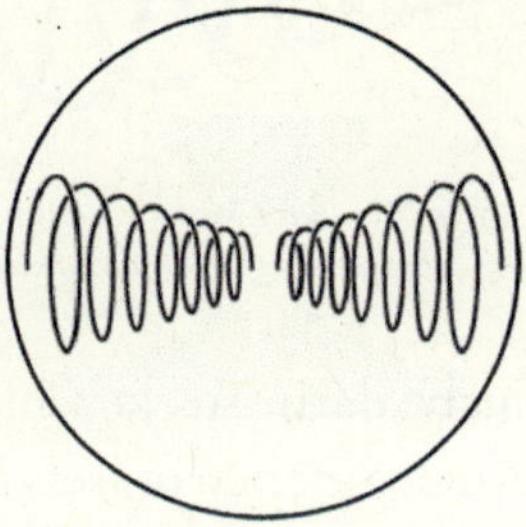

Doppelvortex Modell

Der Vortex, der sich spiralförmig nach außen rechts dreht, stellt die sechs äußeren Domänen dar. Dies ist der sichtbare dreidimensionale Teil der Welt. Es wäre korrekter von dreieinhalb Dimensionen zu sprechen, da es auch noch eine in Richtung Zeit gibt. Aber spiralförmig nach außen drehend, geht es über das physikalische Universum in die Unendlichkeit hinaus.

Der linke Vortex, stellt den Innenraum dar und enthält die spirituelle Welt mitsamt den höheren Dimensionen. Im Zentrum des Doppelvortex ist nichts. An diesem freien Platz finden wir das individuelle Bewusstsein, wo sich die beiden treffen werden. Die Spirale links ist ebenfalls in Richtung Unendlichkeit offen, was wir als die Ebene des völlig ausgeweiteten Bewusstseins, des kosmischen Bewusstseins oder des Bewusstheit des Einsseins* bezeichnen könnten. Die sich vergrößernden Spiralen stellen die graduelle Erweiterung des Bewusstseins dar. Beide Spiralen enden in der Unendlichkeit.

Der Kreis um den Doppelvortex herum symbolisiert, dass alles – wenn man es so ausdrücken möchte – innerhalb des absoluten Bewusstseins stattfindet. Dies wäre die

Gottes-Ebene, das Einssein, indem weder Raum, Zeit noch Separation existiert, aber innerhalb dem alles vonstattengeht.

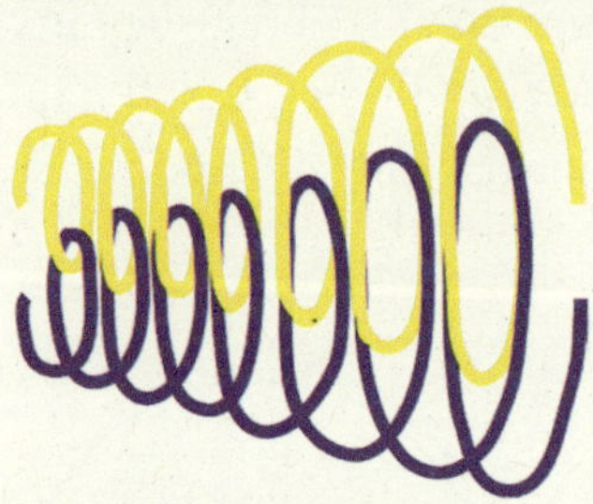

Wie Mind und Materie sich vermischen und sogar überschneiden.

Der Doppelvortex ist ein Ausdruck der erkennbaren Kartesianischen Dualität, welche ausdrückt, wie wir diese Domänen erleben. Die äußeren Domänen sind tatsächlich Bewusstseinsstrukturen, da Raum und Zeit (3D) vom Innenraum projiziert wird (siehe Baumstamm in der nächsten Analogie). Damit wir nicht darin stecken bleiben, was uns gerade als Modell oder Analogie oben präsentiert wurde, lassen Sie uns nun die beiden Vortices parallel und verknüpft abbilden, um zu zeigen, dass sie nicht wirklich getrennt sind, sondern sich überschneiden.

Man könnte sich die enorme harmonisierende Kraft leicht vorstellen, die aus der Verbindung des unendlichen Potenzial der Ursacheebene mit der gesamten Sphäre der manifestierten Domänen fließt, die vom *Ich*-Punkt des einzelnen Geists beobachtet werden. Dies wird im nächsten Fraktal-Modell weiter ausgeführt.

<u>Das Modell des Fraktalbaumes:</u>

„Das Fraktalbaum-Modell wurde mit der Absicht erstellt, bei den folgenden grundlegenden Themen umfassende Hilfestellung zu bieten:

» *Versöhnung zwischen Wissenschaft und Religion*
» *Das geistige Wesen*

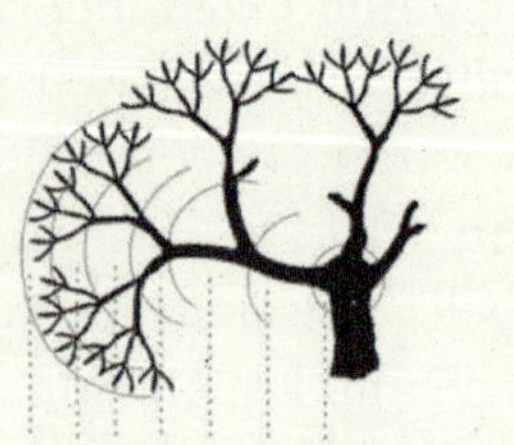

Fraktalbaum Analogie

» *Höhere Aspekte des menschlichen Bewusstseins*
» *„Das Innen" (gemäß biblischem Begriff „within")*
» *Innenraum und ein fraktakes System von Universen*
» *Der wahre Pfad der Evolution*
» *Die Bedeutung von „Aufstieg"*
» *Die Grundlagen von Fraktalen, und mehr*

Es ist nicht erforderlich, bereits ein Verständnis über Fraktale zu haben. Das einfache Baum-Modell erklärt sich von selbst.

Zunächst sollten wir uns der Einfachheit halber den Baum ohne Blätter vorstellen, einen, der über eine dichte Struktur aus Ästen und Zweigen verfügt. Wir werden nun sehen, dass der Baum mehr als eine Analogie ist, sondern ein ideales Modell aller Kreationen.

Die erste Eigenschaft, die wir erkennen müssen, ist, dass wir – von der Ebene der Zweige in Richtung Stamm – sehen, dass im verästelten System eine Zusammenführung auftritt.

Zum Beispiel sind vielleicht drei Zweige an einem Ast; ähnlich mögen mehrere Äste zu einem jeweils größeren Ast führen, so wie sie das System integriert und letztlich in einer einzigen Sache im Mittelpunkt mündet: dem Baumstamm.

Dies ist eine fraktale Konfiguration.

Lassen Sie uns die Zweige als erste fraktale Ebene ansehen, dann ist die zweite fraktale Ebene der Ast, an dem sich die Zweige befinden. Dieser Vorgang widerholt sich mit den Ebenen 3, 4, 5... Für einen durchschnittlichen Baum gibt es ungefähr sieben fraktale Ebenen.

Als nächstes stellen wir uns vor, dass unsere Zivilisation in derjenigen evolutionären Phase ist, die von der ersten fraktalen Ebene, den Zweigen, repräsentiert ist.

Unser gesamter externer dreidimensionaler Raum, den wir als unser Universum identifizieren, wird ausschließlich durch die Zweigebene repräsentiert, d.h. die Ansammlungen aller Zweige eines Baumes repräsentieren den Raum unseres dreidimensionalen Universums.

Im Übergang des Zweiges zum Ast geht es in Richtung Innenraum; also within [Innen], so wie Jesus Christus darauf verwies[4]*. Daher sehen wir ein zunehmendes Integrationsausmaß, wenn wir von vielen Zweigen zu einer kleiner werdenden Anzahl an Ästen und weiter zu einer einzigen Quelle, dem Stamm, kommen."*

Das Obige ist ein Auszug aus dieser Broschüre:

THE FRACTAL TREE
– A Simple Model of all Creation [Der fraktale Baum – Ein einfaches Modell für jede Schöpfung], N. Huntley, Ph.D.
November 20, 2009

Laden Sie die vollständige Broschüre zum Lesen hier herunter.[5]

4 *„Within", biblischer Begriff, den Jesus verwendete, King James Bibel, Lukas 17, 20-21*

5 *Fractal Tree Booklet in englischer Sprache:*
http://www.nhbeyondduality.org.uk/Fractal%20Tree%20BK.htm

Das Fraktalbaum-Modell vermittelt einem eine Vorstellung darüber, wohin wir uns bewegen, wenn wir die höheren Dimensionen des Bewusstseins erforschen. Es verdeutlicht sehr anschaulich, wo wir ankommen werden, sobald wir die Erforschung bis zur ultimativen Ebene dessen vornehmen, was wir zuvor als das Einssein bezeichnet haben. Wir nutzen das Obige als Arbeitsmodelle. Es besteht weder ein Konsens noch gibt es standardisierte Begriffe und Bedeutungen auf dem Gebiet des Minds und des Geistes, ganz zu schweigen von dem der höheren Geistesebenene (oft auch als Dimensionen bezeichnet).

Wir werden als Vorbereitung der Arbeit, der wir uns mit den Gedanken im Abschnitt Technologie widmen werden, nun einige der Strukturen untersuchen, die wir in den Gedanken vorfinden.

Was ist ein Gedanke?

„War nur so ein Gedanke ...“ wird verwendet, um eine Idee oder einen Vorschlag zu unterbreiten. Zum Beispiel: *„Du musst uns nicht begleiten. Es war nur ein Gedanke.“*

Das ist eine Bedeutung des Wortes Gedanke, aber Gedanke ist ein Wort, das eine weitreichende Komplexität an Bewusstseinsphänomenen kennzeichnet. Mit Sicherheit ist Bewusstsein übergeordnet, denn wir können uns Gedanken bewusst sein. Es scheint nicht nur eine Vielzahl an Gedankenarten zu geben, es hat außerdem noch den Anschein, dass es innerhalb der Gedanken eine Hierarchie gibt.

Lassen Sie uns kurz einige Arten von Gedanken anschauen, ohne diese vorzusortieren...

Wir könnten folgende Gedanken haben: Betrachtungen, Postulate, Vermutungen, Einschätzungen, Mutmaßungen, Absichten, Ideen, Meinungen, Tatsachen, Vorschläge,

Gesetze, Prinzipien, Annahmen, Dogmen, Urteile, Überzeugungen, Hypothesen, Thesen, Glauben, Wissen, Vorstellung, Einsichten, Realisation, Konzepte… und wahrscheinlich könnten hier noch viele weitere aufgelistet werden.

Was sagt das Wörterbuch (MacMillan) darüber, was Gedanke ist?

» *ein Wort, eine Idee oder ein Bild, das Ihnen in den Sinn kommt*
» *die mentale Bemühung, die Sie machen, um etwas zu verstehen, um Entscheidungen zu treffen oder um Probleme zu lösen*
» *eine Idee oder eine Meinung zu etwas*
» *ein Plan oder Wunsch, etwas zu tun*
» *ein System von organisierten Ideen zu einem bestimmten Thema, oder das eine bestimmte Personengruppe hat*

Im Oxford Advanced Learner's Dictionary [Wörterbuch für Fortgeschrittene Lernende] finden wir ein paar weitere oder anders formulierte Definitionen:

» *die Macht oder der Prozess des Denkens*
» *die Handlung, ernsthaft und sorgfältig über etwas nachzudenken; Synonym: 'Betrachtung'*
» *Gedanke (an jemanden/etwas), ein Gefühl der Sorge oder Fürsorge*
» *eine Absicht oder eine Hoffnung, etwas zu tun*
» *Ideen in der Politik, Wissenschaft etc. in Verbindung mit einer bestimmten Person, Gruppe oder geschichtlichen Epoche*

Und was meinen die Philosophen?

Weder die Stanford Enzyklopädie der Philosophie, noch das Oxford Wörterbuch der Philosophie führt eine Definition für Gedanke auf.

Wikipedia erklärt Folgendes: *„Obwohl ein Gedanke eine fundamentale menschliche Aktivität ist, die jedem vertraut ist, gibt es keine allgemein akzeptierte Übereinstimmung darüber, was ein Gedanke ist oder wie er erschaffen wird."*

Erkenntnis ist ein Wort, das ins 15. Jahrhundert zurückgeht, als es Denken und Gewahrsein bedeutete. Schauen Sie sich Folgendes an, ebenso aus Wikipedia entnommen:

> *„Erkenntnis ist die Menge aller mentalen Fähigkeiten und Prozesse, die zu Wissen in Bezug stehen: Aufmerksamkeit, Gedächtnis und aktive Erinnerung, Beurteilung und Bewertung, Nachdenken und 'Berechnung', Problemlösung und Entscheidungsfindung, Verstehen und Erzeugung von Sprache usw. Menschliche Erkenntnis ist bewusst und unbewusst, konkret und abstrakt, wie auch intuitiv (wie das Kennen einer Sprache) und konzeptionell (wie das Modell einer Sprache). Kognitive Prozesse verwenden existierendes Wissen und generieren neues Wissen."*

Aus obigen Wörterbuch-Definitionen können wir ersehen, dass das Wort Gedanke für den Prozess des Denkens verwendet wird sowie als Substantiv für die Inhalte oder Produkte dieses Prozesses plus dass es im Mind stattfindet plus dass Gedanken spontan oder entschiedenermaßen stattfinden können.

Wir definieren *Gedanke* daher wie folgt: *Gedanke ist der allgemeine Ausdruck für die verschiedenen Aktivitäten des Bewusstseins und für die Produkte dieser Aktivitäten.*

Gedanke beinhaltet Denken über einen Gedanken, Denken über das Selbst. Letzteres stellt das knifflige Rätsel des Gedankens dar, der sich selbst reflektiert. Wenn er über das eigene Selbst nachdenkt und das Selbst ein

Gedankenkonstrukt ist, dann ist dies verstehbar. Wenn es Bewusstsein ist, das über sich selbst nachdenkt, dann benötigen wir das Konzept, das wir in Kapitel 2 *absolutes Bewusstsein* genannt haben.

Die beste Beschreibung der Beziehung zwischen Bewusstsein und Gedanke ist die Ozean-Analogie. Absolutes Bewusstsein ist wie ein Ozean, wobei Gedanken wie die Strömungen in diesem Ozean sind. Aber so wie die meisten Analogien ihre Grenzen haben, so auch hier: Der Ozean ist in etwas eingebettet, absolutes Bewusstsein jedoch nicht.

Hierarchien der Gedanken

Es gibt höhere und niedrigere Ebenen des Denkens. Die Ebenen könnten Ebenen der Abstraktion sein. Zum Beispiel könnte man sagen, dass der Gedanke *`Meine Schuhe sind weg´* einer niedrigeren Ebene angehört als der Gedanke *`Schuhe sind eine Art Fußbekleidung´*.

Hier finden wir Universelles versus Bestimmtes, wobei das Universelle einen höheren Rang in der Hierarchie einnimmt. Die Kategorie von Früchten z.B. würde im Rang höher stehen als Äpfel.

Aristoteles und Kant boten verschiedene Beschreibungen der Kategorien von Sein. Diese Philosophen versuchten, die fundamentalsten und weitesten Klassen an Entitäten zu bestimmen. Die Kategorien, die sie fanden, waren hochrangigen Konzepte wie z.B. Substanz, Quantität, Qualität, Relation und Modalität.

Wenn alles Existierende Energie ist, dann ist auch der Gedanke eine Energie und würde eine Wellenfunktion aufweisen, wenn wir es vom Gesichtspunkt der Quantenphysik betrachten. Gedanken hätten eine unterschiedliche Frequenzsignatur, selbst wenn diese mit unseren wissenschaftlichen Geräten (noch) nicht messbar wären. Der Wellenaspekt allein mag Dinge wie Telepathie und andere `paranormale´ Phänomene erklären.

Objekte könnte man dann als solidifizierte Gedanken betrachten und würden eine niedrigere Ebene in der Hierarchie einnehmen, ebenso wie die gesamte sichtbare, dreidimensionale Welt.

Die Gesetze des Lebens würden einen hohen Rang einnehmen, wie auch die Gesetze der Physik, da diese Abstraktionen sind.

Konzepte wie Ehrlichkeit, Freiheit, Unendlichkeit, alles Abstraktionen, gehören zu einer hohen Ebene, wobei die Konzepte von spezifischen Lügen, Sklaven und Definitionen, die konkreter sind, zu einer niedrigeren Ebene gehörten.

In den gnostischen Lehren finden wir den Ausdruck `*wie oben so unten*´, was sich auf die holografische, fraktale Natur des Universums bezieht. Ganz kurz hierzu: Holografisch bedeutet, dass das gesamte *Abbild* des Kosmos in jedem Punkt im Kosmos enthalten ist, in anderen Worten: Das Ganze ist überall präsent. Fraktal bezieht sich auf die Wiederholung der Muster in allen Skalen von mikro zu makro.

Wie wir noch sehen werden, ist all dies für unsere übergeordneten Zwecke, die Zustände und die Qualität des Lebens zu verbessern, relevant. Wir können leicht sehen, dass wir von oben nach unten arbeiten müssen.

Dies wird uns auch im Imaginations- oder Konzept-Prozessing begegnen, wo wir merken, dass ein spirituelles Wesen, welches sogar nur beansprucht, von der höchsten Ebene als ein unendlicher und freier Mind zu agieren, sehr viel effektiver im Prozessing sein wird als eines, das sich selbst als eine sehr limitierte Bewusstseinseinheit ansieht.

Ebenso gilt: Je höher die Ebene des Gedankens oder der Betrachtung oder des Gedankenmusters ist, die jemand im Prozessing benutzt, umso größer ist der Bereich der potentiellen Ladung, die jemand adressiert. Betrachtungen und Gedanken einer höheren Ebene decken im Vergleich zu dieser untergeordneten Ebene viel mehr Details ab. Sie sind weniger fest und haben eine höhere Frequenz. Diese zu erkennen und zu verändern, ist sehr viel effizienter, als an ganz konkreten, bestimmten Manifestationen zu arbeiten.

Gedankenmuster

Eine der Charakteristika von einem Gedanken ist, dass es immer ein Gedanke über oder zu etwas ist. Das ist genau das, womit wir es im Prozessing zu tun haben. Wenn wir beabsichtigen, etwas zu handhaben oder etwas zu verändern, finden wir besser heraus, welche Gedanken, Glaubenssätze, Annahmen, Überzeugungen wir zu diesem etwas haben.

Wenn wir Probleme mit Männern haben, dann schauen wir uns z.B. lieber die Idee an: *'Männern kann man nicht vertrauen'*, bevor wir erwarten können, dass sich Probleme lösen. Aber es mag weitere, damit verbundene Muster geben, die eine gewisse Solidarität aufweisen: *'Männer lügen immer'* könnte ein anderes Mitglied einer ganzen Gedankenfamilie sein und alle diese müsste man angehen.

Diese geladenen Gedanken oder Gedankenmuster, die die bestimmenden Faktoren dessen wären, die dem Verhalten, den Lebensumständen, Situationen und Komplikationen, die wir zu verändern versuchen, zugrunde liegen, können angegangen und verbessert werden und daher wird sich die Erfahrung des Lebens verändern.

Glaubenssätze & Glaubenssysteme

Wir haben in diesem Abschnitt eingangs den Begriff *'nur ein Gedanke'* erwähnt. Glaubenssätze stehen im Gegensatz zu dieser Art Gedanke. Glaubenssätze unterscheiden sich darin, dass sie relativ stabil und robust sind. Überzeugungen sind sogar noch stärker als Glaubenssätze.

Charakteristisch für Glaubenssätze ist, dass sie in sich stabil sind, sogar wenn in gedanklichen Prozessen über sie nachgedacht wird. Man hat sich mit ihnen auseinandergesetzt und jetzt werden sie als der neue Stand der Dinge angesehen.

Annahmen und Vermutungen können zum Beispiel sich leicht verändern oder verändert werden. Glaubenssätze sind notwendig für einen Mind, um in der Balance zu bleiben. Glaubenssätze werden nur dann zur Quelle von Problemen und Unglücklichsein, wenn sie negativ, gegen das Leben eingestellt oder komplett fixiert sind.

Wir differenzieren unterschiedliche Arten von Glaubenssätzen. Diese treten auch in Bündeln auf, die wir dann aufgrund ihrer gegenseitigen Abhängigkeit und Konsistenz mehrerer verwandter Glaubenssätze Glaubenssysteme nennen.

Die erste Art basiert auf gesundem Menschenverstand oder dem, was jeder weiß, was oft wertfrei ist. Beispiele lauten: *'Irren ist menschlich'*, *'Richte dich immer nach dem Gesetz'*, *'Wir können nicht ohne eine Regierung leben'*, *'Du musst Geld haben, um leben zu können'*, *'(Keine) Steuern zu zahlen ist eine moralische Pflicht als Bürger'*.

Dann gibt es Glaubenssätze, die tiefsitzende, emotional verankerte Überzeugungen sind; diese sind oft persönlicher Natur. Diese sind die eher offensichtlich geladenen Betrachtungen, oft aus einem vergangenen Trauma. Beispielsweise solche: *'Es ist unmöglich, Deutsch zu lernen'*, *'Ich kann nicht schlafen, wenn eine Katze in der Nähe ist'*, *'Beim Gedanken an Spinat muss ich mich übergeben'* usw.

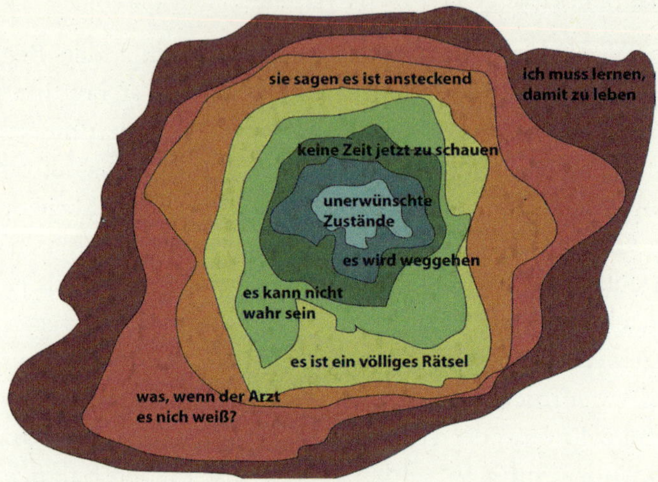

Vernebelte Gedanken und Betrachtungen decken einen unerwünschten Zustand zu.

Eine bestimmte Art von Glaubenssystem ist eines, das uns am Hinschauen hindert. Es dient als Nebelwand und Vermeidungs-Palette von Betrachtungen, dessen Resultat es ist, dass ein bestimmter unerwünschter Zustand niemals direkt konfrontiert wird. Es ist sehr wichtig, dies zu erkennen, besonders für Supervisoren. Schauen Sie sich das obige Bild an.

Es gibt diejenigen Glaubenssysteme, die sich auf Fakten oder Beweise stützen und mit guten Argumenten versehen sind, wie z.B. Glaubenssätze wissenschaftlicher Art. Z.B.: *`Das menschliche Bewusstsein ist eine Illusion, die vom Gehirn erzeugt wird´, `Sehen heißt glauben´, `Bewusstsein existiert nur in Menschen und Tieren´, `Für alle paranormale Phänomene, wie z.B. ASW oder Telepathie gibt es eine normale Erklärung´.*

Zuletzt gibt es die bewusst erschaffenen Glaubenssätze, die im Spiel des Lebens verwendet werden und die unter der willentlichen Kontrolle des Glaubenden stehen, der sich selbst dazu bringt, diese zu glauben, und der sie auch willentlich erweitern, korrigieren oder fallen lassen könnte.

Beispiele: *`Es wird alles klappen´, `Man kann aus jeder Erfahrung lernen´, `Es gibt so viel Schlechtes in den Besten von uns und so viel Gutes in den Schlechtesten von uns, dass es sich für keinen von uns ziemt, über den Rest von uns zu sprechen´.*

Das Angriffsziel jedes Prozessings oder jeder Hilfestellung sind diese Glaubenssätze und/oder -systeme, die unserer Harmonie in der persönlichen Domäne, in der Gesellschaft, wie auch in allen anderen Domänen im Weg stehen.

Archetypen

Das Konzept der Archetypen geht bis auf Plato zurück. Platos Konzept lautet, dass sie angeborene Schablonen sind, die sich in der Seele befanden, noch bevor sie in die Welt hineingeboren wurde.

Archetypen, gemäß Jung, sind universale Bilder und Ideen, die seit Menschengedenken existieren, die in den unbewussten Ebenen der kollektiven Psyche gespeichert sind und von Generation zu Generation als Teil des psychischen Erbes aller Menschen weitergereicht werden. Ein Archetyp strukturiert unsere Erfahrungen in der Gegenwart im Voraus. Ein Archetyp mag verändert werden, wenn er ins Bewusstsein des Individuums vordringt und mag dann gemäß der mentalen Filter dieses Individuums interpretiert werden.

Archetypen wurden durch urtümliche Stammesüberlieferungen und -mythen ausgedrückt, wobei sie an diesem Punkt das Bewusstsein darüber in den verschiedenen Traditionen manifestiert haben.

Wissenschaftler wie z.B. Rupert Sheldrake haben den Anschluss gefunden und das Konzept des kollektiven Gedächtnisses gestaltet sich nunmehr für Biologen und andere weitaus sinnvoller, wenn man es aus dem Blickwinkel morphischer oder morphogenetischer Felder angeht.

Archetypen sind wichtig für uns, da sie uns einen Eingangspunkt in die Domäne der unbewussten Gedankenmuster und Bilder bieten, die einen Teil unserer Veranlagung ausmachen.

Imaginationssprozessing wird solches Bildwerk auf natürliche Weise hochbringen, aber man kann bewusst entscheiden, einige dieser Archetypen als Material, das in der Sitzung angegangen werden soll, auszuwählen.

Um den Leser dazu zu ermutigen, selbst zu forschen, listen wir hier 12 der bekannteren Archetypen auf, die man unter Verwendung eines GSR-Meters* auf relative Belastung hin beurteilen könnte.

1. Der Unschuldige; 2. Der Jedermann 3. Der Held; 4. Der Betreuer; 5. Der Entdecker; 6. Der Rebell; 7. Der Liebende; 8. Der Schöpfer; 9. Der Narr; 10. Der Weise; 11. Der Zauberer; 12. Der Herrscher [6]

Man könnte jede Version von Archetypen verwenden, darunter auch diejenigen von den Tarotkarten.

In der Theorie der Hubbard'schen Scientology bildeten die so genannten *Ziele-Problem-Massen* das Fundament, auf dem der unbewusste oder reaktive Mind im Sinne von Aktion versus Reaktion konstruiert war.

Die Idee bestand darin, wenn ein Ziel hingesetzt wird, sein Gegenteil gleichzeitig auftaucht und somit ein Problem ergibt. Das Ziel wäre verkörpert durch eine Identität (ein Archetyp). Masse (eine energetische Kumulation, Blockade) bildete sich, sobald man als diese Identität die Probleme bezüglich des eigenen Ziels nicht lösen konnte. Teil des

6 *Mehr unter: http://www.soulcraft.co/essays/the_12_common_archetypes.html Für weitere Archetypen, siehe die gesammelten Werke von C. G. Jung.*

Phänomens ist, dass man durch das Scheitern in Bezug auf das Ziel graduell verliert und die Charakteristika der Gegenseite annimmt.

Wie z.B. der raue amerikanische Individualismus scheiterte und sich mehr und mehr zum Kollektivismus wandelt (Gesundheitswesen, Lobby für Schusswaffen-Kontrolle etc.) Typische Beispiele für derartige potentielle Identitäts-Verschiebungen sind Polizist – Krimineller, Herr – Sklave, König – Untergebener, Weiser – Dummkopf, Gewinner – Verlierer, Krieger – Pazifist etc.

Ironischerweise scheint dies Hubbard selbst zu seinen Lebzeiten passiert zu sein, der mit dem Ziel begann, den Menschen zu befreien und auf der gegenüberliegenden Seite des Spektrums damit endete, Menschen zu kontrollieren.

Man kann leicht erkennen, dass derartige archetypische Identitäten und deren Gedankenmuster eine Vielzahl an Material fürs Prozessing liefern.

Ich-Gedanken

Lassen Sie uns mit ein paar Beispielen beginnen: *'Ich bin oft krank'*, *'Ich traue mich nicht, meine Liebe zu auszudrücken'*, *'Ich kann es mir nicht leisten…'*, *'Ich tue, was ich kann'*, *'Ich bin eine tolerante Person'* etc. Dies sind alles Gedanken, die die Lage oder den Zustand des Selbst betreffen. Auf die negativen davon zielt das Prozessing ab. Ein weiteres Beispiel: *'Ich habe heute Nachmittag einen Termin, aber ich fühle mich nicht danach, hinzugehen.'* In diesem Fall gibt es zwei *Ich*-Gedanken, die einen Konflikt erzeugen. Die Person muss sich dann mit sich selbst absprechen. Ein Teil von ihm denkt, dass er gehen sollte und der andere Teil sagt, dass er nicht gehen möchte, jedoch nennt er beide Teile *Ich*. Interessant…

Solche Konflikte und geladene Gedanken, Glaubenssätze und Überlegungen werden als Teil der *Erforschung des Selbst-Route* untersucht und behandelt. Hierauf werden wir später noch eingehen. Die Technik, die verwendet werden kann, um alles Obige im Prozessing zu bearbeiten, ist relativ einfach und kann von jedem mit ein wenig Ausbildung getan werden, vorausgesetzt, dass er die Theorie, die wir in diesem Buch bisher erörtert haben, erfasst hat.

Lebendige Gedanken-Entitäten

Schließlich haben wir hier eine der interessantesten Bewusstseins-Strukturen, denen wir hin und wieder begegnen. Sie sind im Verlauf der Geschichte unter den verschiedensten Begriffen wie Geister, Dämonen, Engel, Schaltkreise, Valenzen oder abgespaltene Teile der Persönlichkeit bekannt geworden. Wir sprechen hier nicht nur von Strukturen, sondern auch von Funktionen, da diese manchmal derartig stark auftreten, dass das *Ich* völlig unter deren Kontrolle unterjocht zu sein scheint.

Hier beobachten wir auch, dass effektive Kommunikation, wie sie routinemäßig im Prozessing zur Anwendung kommt, die Antwort ist.

5. Der ideale Zustand des Menschen

Die meisten Menschen wollen glücklich sein, oder verständnisvoll, klug, effektiv, mitfühlend und möglicherweise noch viele weitere wünschenswerte Charakteristika des Seins haben. Wer möchte nicht lieben und geliebt werden? Wer möchte nicht in Harmonie mit seiner eigenen Person oder mit Familienmitgliedern leben, seine eigene Arbeit oder seinen Beruf lieben und in Harmonie mit seinen Mitmenschen leben? Wer liebt Krieg, Chaos und Disharmonie?

"Frieden kann nicht durch Gewalt erzielt werden, erlangt werden kann er nur durch Verstehen." – Ralph Waldo Emerson.

Das wäre nicht nur für die internationale Szene gültig, sondern auch innerhalb der Familie oder sogar für den inneren Frieden. Frieden und Harmonie können nicht erzwungen werden. Die Verdrängung von Gefühlen wird letztlich nicht effektiv sein und sich selbst kontinuierlich dazu zu zwingen, Dinge zu tun, die man wirklich nicht tun will, wird nicht zu guten Produkten oder Glücklichsein* führen.

Harmonie ist nicht ein langweiliger – Ruhe in Frieden – oder statischer Zustand, sondern vielmehr das Ergebnis dynamischer Interaktionen. In Musik kennen wir das als wechselnde Kombinationen verschiedener Töne, bekannt als Akkorde.

Harmonie und Harmoniken sind ähnlich und geben allein für sich ein interessantes Studienobjekt ab. Dieses Thema wurde in den Tagen von Pythagoras bereits im südlichen Italien gründlich studiert.[1]

1 *Pythagoras http://www.aboutscotland.com/harmony/harmony.html*

Eine der Charakteristiken von einer in Harmonie befindlichen Person ist die Fähigkeit, wieder auf die Beine zu kommen (Resilienz).[2]

Das ist dem ähnlich, was bei der einfachen harmonischen Bewegung, wie es in der Mechanik bezeichnet wird, vor sich geht (siehe das im obigen Bild gezeigte Pendel).

Eine andere Facette ist die Anwesenheit einer Polarität. Die Bewegung findet innerhalb zweier Grenzen statt. Dies findet auf viele Dinge Anwendung, beispielsweise auf den menschlichen Körper, der extreme Temperaturen nicht verträgt und nur innerhalb einer eher limitierten Bandbreite von Temperaturen existieren kann.

Also was passiert, wenn das Gleichgewicht gestört ist? Nichts außer einem gleichen, jedoch gegenläufigen Impuls, der die Balance wiederherstellen soll. Man kann Harmonie nicht auf einer Skala platzieren und von mehr oder weniger Harmonie sprechen. Harmonie ist ein dynamischer Zustand, der seine Elemente, aus denen er besteht, stets verändert, kontinuierlich im Fluss ist und dennoch homöostatisch. Harmonie bezeichnet auch Einheit und Integrität.

Persönliche Harmonie

Das Ideal der persönlichen Harmonie ist attraktiv, weil es dort weder anhaltenden Schmerz, Wut oder Furcht noch irgendeinen Grund, gegen unerwünschte Lebensbedingungen zu protestieren, gibt. Also was genau ist nun dieser harmonische Zustand einer Person? Bitte beachten Sie, dass dies nicht den zu erreichenden höchst möglichen Zustand eines individuellen Menschen oder Bewusstseins

2 *Psychologen haben einige der Faktoren identifiziert, die jemanden belastbar machen, darunter finden sich positive Haltung, Optimismus, die Fähigkeit, Gefühle zu steuern und die Fähigkeit, Fehlschläge als eine Form hilfreichen Feedbacks zu sehen (Psychology Today).*

darstellt, da dies etwas wäre, was Göttern zugeschrieben wurde. Worum wir uns hier bemühen, ist ein nachhaltiger, flexibler, dynamischer und relativ stabiler Grundzustand.

Selbstliebe

In seiner extremen Form wird Selbstliebe Narzissmus genannt, was bedeutet, dass man ein übermäßiges oder erotisches Interesse an sich selbst und der eigenen körperlichen Erscheinung hat; von Narzissus, dem mythologischen Jäger, der sich in sein eigenes Spiegelbild verliebt hatte. Synonyme sind Eitelkeit, Eigenliebe, Selbstbewunderung, Egozentrik, Egomanie, Arroganz, Selbstsucht, Selbstverliebtheit, Egotismus, Selbstgefälligkeit, Egoismus; umgangssprachlich: Aufgeblasenheit. Ein anderes Extrem ist Selbstverachtung oder Selbsthass. Dazwischen finden wir alles mögliche.

Wenn wir von persönlicher Harmonie sprechen, reden wir nicht von Extremen oder etwa vom Schwanken zwischen diesen extremen Punkten. Weitaus wichtiger ist, sich nicht in einer unangenehmen Position zu verfangen oder darin stecken zu bleiben. Stellen Sie sich beispielshalber folgendes vor: Jemand baut gutgelaunt ein paar neue Regale auf. Die sind sehr nützlich. Man … *aua!* … der Schraubenzieher rutscht ab und dringt ins Fleisch der anderen Hand oder des Fingers ein. Jetzt ist es ganz normal, zu sagen: *„Wie blöd, dumm von mir!“*, oder welche verurteilenden Worte auch immer man für solche Notfälle programmiert hat. Wenn jemand einige Dinge mit ähnlichem Ausmaße an Missgeschick tun würde, vielleicht eben sogar schmerzvoll oder beschämend, und das für einen ausreichend langen Zeitraum anhaltender Anstrengung, würde das eventuell dazu führen, sich selbst zu hassen.

Aber macht man die Dinge wieder richtig, ändert man seine Einstellung und man fühlt sich besser über einen selbst, nicht wahr? Das gleiche geschieht, wenn man etwas sehr gut gemacht hat, man staunt einen Moment lang über die eigene Leistung und Fähigkeit.

Eines sollte klar sein, die Liebe zu sich selbst muss keine Persönlichkeitsstörung sein. Eine gesunde Anerkennung, ein gutes Gefühl und Affinität sich selbst gegenüber, ist wohl das Richtige.

Ich fand folgendes Posting im Internet:

„Sei egoistisch, denn für mich ist das der einzige Weg zu sein in dieser Welt. Und wenn jedermann egoistisch ist, wird die Welt sehr sehr schön sein. Ich gehe sehr selbstsüchtig an die Dinge heran. Erstens, schau auf dich selbst. Erstens, lass dort Licht sein. Erstens, lass dort Liebe sein.“ – Vickram Aadityaa, intuitivevicky.com

Ayn Rand schrieb ein ganzes Buch darüber, *Die Tugend des Egoismus*, und machte es zu einer politischen Philosophie, die \`Altruismus´ als schändlich und Kapitalismus als heroisch darstellte, jedoch war das, worüber sie sich beklagte, ein unreal erzwungener Altruismus, bei dem der Verantwortliche zugunsten des Unverantwortlichen Opfer bringen musste etc.

Aber gibt es wirklich eine Wahl zwischen Egoismus und Altruismus? Nein, jenen in Not oder Schwierigkeiten zu helfen, kann ebenfalls aus Liebe und Verständnis heraus getan werden, was die intelligente Betrachtung der möglichen Auswirkungen auf einen selbst durch die Vernachlässigung anderer beinhaltet.

Hinsichtlich des Zusammenlebens mit anderen gibt es viel mehr mögliche Kombinationen und Lösungen und vielleicht sind es die Folgenden:

» Wer sich selbst hasst, aber andere liebt – nervt
» Wer sich selbst hasst und andere hasst – gefährlich
» Wer sich selbst liebt, aber andere hasst – Vorsicht
» Wer sich selbst liebt und andere liebt – gibt Energie

Die Selbstliebe ist Teil der persönlichen Harmonie und wir werden in den weiteren Ausführungen der Bewusstseinserforschungs-Routen noch viel mehr von der zentralen Rolle des Selbst erfahren.

Harmonie & Fähigkeit

Wir werden genau wissen müssen, was der wünschenswerte Zustand der persönlichen Harmonie ist, bevor wir Wege, Methoden oder Technologien beschreiben können, derartige Zustände zu erreichen.

Persönliche Harmonie ist daher als ein genauer Zustand oder eine Reihe von Fähigkeiten definiert:

Der Zustand einer Person, die im Allgemeinen eine gute Gesundheit aufweist, ausgeglichen ist und mit ihrer unmittelbaren Umgebung in Kommunikation ist, die keine ungelösten (oder unlösbaren) persönlichen Probleme hat, keine Aufmerksamkeit auf Schuld oder Karma in der Vergangenheit hat, die gemäß ihrer eigenen Standards ethisch ist, keine bleibenden persönlichen Verstimmungen oder anhaltende negative Emotionen hat und keine fixen Ideen über sich selbst hat und meist fröhlich ist.

Wir könnten sagen, dass persönliche Harmonie ein Geisteszustand ist, der einem Wesen erlaubt, in seiner persönlichen Domäne genauso zu leben, wie sie es für sich entschieden hat. Man könnte sagen, dass es die richtige Einstellung dem Leben gegenüber ist, die vollständige Kontrolle über das eigene Leben erlaubt, ohne dass man jedoch immer darauf bestehen muss. Es ist frei von Selbstsabotage, von pessimistischen Monologen oder frei von schlechten Absichten in Bezug auf das eigene Leben. Eine religiöse Person könnte sich dazu entscheiden, persönliche Harmonie zu empfinden, so lange sie sich im Willen Gottes befindet.

Der eigene Mind

Die spirituellen und verstandesmäßigen Aspekte sind in der Textur aller Domänen wahrnehmbar. Die sechs Domänen sind ein Ausdruck oder eine Projektion der Bewusstseins-Matrix (Form oder Spektrum der Frequenzen), die im Inneren der Null-Domäne des Bewusstseins aufgefunden wurden. Die persönliche Domäne ist außerhalb des *Ich*-Bewusstseins, da alles in der ersten Domäne vom *Ich* erfahren wird. Da wir die sechs Domänen als Teil des physikalischen Universums definiert haben (siehe die Grafik der konzentrischen Kreise), sollten wir nun das Gegenstück der persönlichen Domäne im inneren Raum betrachten; lassen Sie uns dieses mentale Konstrukt das innere Selbst nennen. Dies bedeutet, dass ein interner Zustand von Harmonie, Gleichgewicht oder sogar Gleichmut (inneres Selbst) sichtbar in der äußeren persönlichen Domäne reflektiert werden wird.

Da ich beim Schreiben einige fachsprachliche Ausdrücke verwende, habe ich, – um es für den Leser leichter zu machen – einige seltene Wörter oder möglicherweise unbekannte Fachbegriffe im Glossar am Ende des Buches definiert, obwohl ich nicht oft polysyllabische Xenologismen* gebrauche.

Genau an dieser Stelle kann ich mir vorstellen, dass beim Leser aufgrund dieses verdammt dummen Wortes gerade eben eine leichte Irritation entsteht. Aber lassen Sie mich die Gelegenheit nutzen, etwas darzulegen, das mit dem Geisteszustand oder der inneren Harmonie von jemandem passieren könnte, wenn man ein solches Wort, das einem überhaupt nicht vertraut ist, übergeht.

Ganze Ketten an Gedankengängen mögen sich ergeben, man könnte z.B. denken, dass der Autor arrogant sei und das Material schwer zu verstehen. Wenn man ein paar weitere dieser Wörter oder Phrasen, mit denen man nicht vertraut ist, übergeht, kann man das Interesse am ganzen Thema verlieren. Auf dieses Phänomen werde ich später unter der Überschrift *Studiertechniken* nochmals eingehen.

Was ich hier versuche zu sagen, ist, dass innere Harmonie ein mentaler Zustand ist, der aus einer bestimmten Einstellung stammt, sich um Details zu kümmern. Wenn man zum Beispiel Sinnesfreuden frönt, aber früher einen starken Entschluss gefasst hat, dass dies nicht gut sei, so kann man sehr wohl das Vergnügen gemischt mit einem Grad an Unbehagen erleben. Aus Phänomenen dieses Charakters können wir viel lernen, wenn wir sie näher untersuchen.

Wenn man Faktoren der internen Disharmonie gewohnheitsmäßig ignoriert, sollte man nicht sehr überrascht sein, äußere Disharmonie vorzufinden. Der innere Zustand wird im äußeren reflektiert. Dies tritt zum Beispiel auf, wenn die innere Disharmonie Wut hervorruft; das Auffassungsvermögen ist dann reduziert und man verstimmt leicht andere Bereiche seiner Umgebung. Dies kann sich in Form von Bluthochdruck äußern, einem Herzinfarkt oder Schlaganfall oder auch in körperlichen Kämpfen, die, in Abwesenheit von Schusswaffenkontrolle, zu desaströsen Folgen führen können. Aus Obigem wird klar, dass wir uns in diesem Buch hauptsächlich mit den Faktoren des Innenraums befassen werden.

Es bedarf eines fähigen Geistes, seinen Körper und Mind zu kontrollieren, um einen zufriedenstellenden Zustand von Harmonie in seiner persönlichen Domäne und darüber hinaus aufrecht zu erhalten. Lassen Sie uns nun anschauen, welche Fähigkeiten es dazu benötigt.

Fähigkeiten

Wenn wir mit dem Körper beginnen, ist die erste Fähigkeit, die körperliche Gesundheit zu erhalten. Mehr und mehr Menschen nehmen die Gesundheitsvorsorge in ihre eigene Hand. Im Kapitel 12 werden ich mehr darüber sagen.

Wir betrachten ein Selbst als eine Zweiteilung des Bewusstseins, bestehend aus einem inneren (idealen) und einem äußeren (realen) Selbst. Das *Ich* ist die vermittelnde zentrale Bewusstheit der Bewusstseinseinheit, die die Fähigkeit wahrzunehmen, zu beabsichtigen und zu projizieren besitzt plus Bewusstsein über sich selbst besitzt. Diese Selbst (da es mehr als eines gibt) sind, womit sich das *Ich* potentiell und variabel identifizieren kann.

Das *Ich* beabsichtigt, in Kontrolle zu sein und strebt danach, das Reale mit dem Idealen in Einklang zu bringen. Es sollte optimalerweise sich seiner selbst bewusst bleiben und nicht als das eine oder andere verharren.

Eines der ersten Dinge, die man zu kontrollieren lernen sollte, ist die Aufmerksamkeit. Das ist das, was man in den meisten meditativen Praktiken gelehrt bekommt. Jetzt ist im Westen Achtsamkeits-Meditation populär. Diese Praktik führt zu erhöhter Bewusstheit über das Jetzt und über das, was sich in Sachen Denken und Gefühlen abspielt.

Je mehr wir uns der mentalen Zustände und Prozesse des inneren Raums und deren Beziehung zu dem, was wir in den äußeren Domänen erleben, bewusst werden, umso mehr werden wir dazu fähig, die Qualität unserer Lebenserfahrung subjektiv zu steuern. Dies inkludiert unterbewusste und unbewusste Prozesse. Man könnte das Unbewusste als diejenigen Bewusstseinsbereiche ansehen, die momentan nicht erreichbar oder ausgeblendet sind.

Wenn man in einem menschlichen Körper lebt und sich mit diesem identifiziert, ist Bewusstsein sehr begrenzt, genau genommen begrenzt auf die fünf Sinne oder die dreidimensionale Welt. Mit so viel Einschränkungen – die Augen nehmen nur eine limitierte Bandbreite an Frequenzen auf – sollte es nicht sehr überraschen, dass das Leben wie ein Rätsel erscheint. Aber das ist nur so lange der Fall, sofern man sich der inneren Domänen nicht bewusst ist.

Die Richtung der Entwicklung im spirituellen Sinn muss sich in Richtung des inneren Raums bewegen, da sich die physikalische Welt lediglich am Effekt-Ende dessen befindet, was sich in den inneren Welten abspielt.

Bewusstseinstechnologie stellt Wege zur Verfügung, die Fixierungen aufzulösen und Bewusstsein zu erweitern, um graduell mehr und mehr vom Innenraum einzunehmen. Auf diese Weise kann die Konditionierung (implantierte Bewusstseins-Restriktionen) rückgängig gemacht werden und wir sind auf dem Weg, uns schlussendlich vollkommen und bewusst wieder mit der Quelle zu verbinden.

Lassen Sie uns nun auf die dazu benötigten Fähigkeiten, eine nach der anderen, einen Blick werfen:

- » Wohlbefinden und Gesundheit, oder wenn ein körperlicher Zustand vorhanden ist, dazu fähig zu sein, diesem mit Gleichmut zu begegnen
- » Bereitwillig und fähig zu kommunizieren
- » Bereitwillig und fähig Probleme zu lösen
- » Leidet nicht länger daran, was einem in der Vergangenheit angetan wurde, noch an Schuldgefühlen bezüglich dessen, was man selbst gemacht hat
- » Fähig, mit negativen Emotionen und Verstimmungen umzugehen
- » Frei von fixierten Ideen oder Gewohnheiten, die für das eigene Überleben schädlich sind
- » Bewusst über die eigene spirituelle Natur und darüber, dass Betrachtungen, Glaubenssätze und Gedankenmuster die Qualität des eigenen Lebens erschaffen und über das eigene Glücklichsein entscheiden
- » Ein persönliches Ziel haben und verfolgen

Die erste Fähigkeit dieser Liste bezüglich Gesundheit wird in Kapitel 12 erörtert. Die zweite, die wir jetzt aufgreifen werden, ist die Fähigkeit zu kommunizieren.

Fähigkeit zu kommunizieren

Es wurde gesagt: *„Eine Person ist so lebendig, wie sie fähig ist zu kommunizieren.“* Um zu leben, muss man fähig sein zu kommunizieren. Kommunikation ist gewöhnlich definiert als das Mitteilen oder Austauschen von Informationen oder als die erfolgreiche Übermittlung oder das erfolgreiche Teilen von Ideen und Gefühlen. Das Wort Kommunikation enthält das Konzept vom englischen *common* = gemeinsam oder *commmunion* = Gemeinschaft.

[Frühes 16. Jhd, lateinisch `communicat-´, Partizip Perfekt von `communicare´ = „(mit)teilen" `communis´ „gemeinsam"]

Kommunikation wird mit verschiedenen Mitteln erreicht wie zum Beispiel mit Worten, Klängen und Symbolen, die bestimmte Bedeutungen repräsentieren. Da Kommunikation mithilfe des Körpers, der Stimme oder verschiedener Hilfsmittel stattfindet, sogar durch Kunstwerke, ist sie anfällig für die Schwächen der darin involvierten Mechaniken. Kommunikation kann halbherzig ausgeführt werden – wie in diesem Comic online bei dilbert.com/strip/2010-06-23 gezeigt wird.

Dies zeigt, dass Wörter missverstanden werden können, besonders, wenn der Kontext nicht klar ist. Der Kontext ist essentiell, da Wörter – die gewöhnlich mehr als eine Bedeutung haben – auch völlig missverstanden werden, Dinge ungesagt geblieben sein können oder die Aussprache so schlecht sein kann, dass es nur mit reinem Raten ein Anschein von Verstehen möglich ist.

Man kann also leicht sehen, dass es für korrekte und effektive Kommunikation einige Fertigkeiten, um nicht zu sagen Techniken, braucht. Wenn man einige Zeit als Berater arbeitet, wird man schnell davon überzeugt werden, dass Kommunikation nicht automatisch einwandfrei ist und sich viele persönliche Probleme auf die Unfähigkeit zu kommunizieren zurückführen lassen. Und ich meine damit einfache Dinge, wie nicht zu sagen, was man denkt, wenn es nötig wäre, oder keine weitere Frage zu stellen, die nötig gewesen wäre, um zu bestätigen, was gemeint oder beabsichtigt ist. Sie können sich das sicher vorstellen, besonders, wenn Sie als Kind einmal in ein Geschäft geschickt wurden, um ein Set Himmelshaken zu beschaffen.

Eine Reihe von Prozessen ist speziell dafür gemacht, um die Kommunikation im Allgemeinen zu verbessern.

Die Fähigkeit, mit Problemen umzugehen

Die erste Voraussetzung, um mit Problemen umgehen zu können, ist wiederum die Fähigkeit zu kommunizieren. Aber es gibt etwas, das in der Natur von Problemen liegt, das oft zu verhindern scheint, sie mit einfacher Kommunikation zu lösen. Dies wird in einer anderen Reihe von Prozessen angegangen, die sich mit allen Aspekten des Erschaffens und der Lösung von Problemsituationen befassen, was ein weiterer Schlüsselfaktor ist, den es zu bewältigen gilt, wenn man ein harmonisches Leben führen möchte.

Verantwortung – Die Fähigkeit, ohne Bedauern Wirkungen zu erzeugen

Leben zu leben bedeutet zu handeln und Dinge zu tun, die vernünftig oder dumm sein können. Sobald etwas getan wurde, gibt es keinen Weg zurück und das ist manchmal der Grund dafür, dass eine Person wegen des Bedauerns und der Schuldgefühle darüber in der Vergangenheit festhängt Es ist nicht nur das, was man getan hat, man kann auch stark von dem beeinflusst sein, was einem angetan wurde. Das Resultat von Verantwortungsprozessing besteht darin, nicht mehr darunter zu leiden, was einem in der Vergangenheit angetan wurde oder Schuldgefühle bezüglich dessen zu haben, was man getan hat.

Fähig, mit negativen Emotionen & Verstimmungen umzugehen

Die meisten von uns haben mindestens einmal in ihrem Leben entschieden, den Kurs oder das Abenteuer in ganz neue Richtungen zu lenken. Solche Veränderungen mögen erfolgreich sein oder auch nicht. In vielen Fällen haben solche Zeiten der Veränderung bleibende Konsequenzen; mit denen man unter Umständen nicht harmonisch umgegangen sein mag. Einige Veränderungen, wie gut sie anfänglich auch immer ausgesehen haben mögen, könnten zu einer anhaltenden Quelle von Verstimmungen geworden sein. Dies ist das Angriffsziel von Veränderungsprozessing, der Punkt ist, jemanden dafür zu wappnen, große Veränderungen auszuhalten, ohne das Gleichgewicht zu verlieren.

Die Fähigkeit, frei über die Gestaltung des eigenen Lebens Entscheidungen zu treffen

Manche Gewohnheiten mögen nützlich sein, aber fixierte Ideen können einem in heimtückischer Weise im Weg stehen. Man mag nicht einmal bemerkt haben, wie fixiert gewisse Ideen und Überzeugungen geworden sein mögen. Wir meinen hier nicht die moralischen Prinzipien oder die stabilen Richtlinien, die man verwendet, um eine persönliche Richtung einzuhalten. Wenn ein bestimmter Glaubenssatz über einen selbst einen negativen Geschmack hat, wird er auf die Leistung und den eigenen Zustand von Glücklichsein abfärben. Zum Beispiel könnte man die Idee haben, nicht lernen zu können. Und man hätte nicht nur die Idee, sondern es hätte sich so in der tatsächlichen Erfahrung in der Schule bestätigt. Manchmal ist es wirklich erstaunlich und eine große Erleichterung für eine Person, herauszufinden, dass diese ganze Überzeugung nur aus einer Zeit stammt, in der eine Person in der Nähe war, die sich darauf spezialisiert hatte, andere schlecht zu machen. Solche einschränkenden Glaubenssätze über sich selbst können ganz einfach im Prozessing entbunden werden.

Gewahrsein über die Macht der Gedanken

Große Reichtümer, eine Villa, ein protziges Boot und ein extravagantes Auto werden Sie nicht notwendigerweise glücklich machen, ebenso wenig ein Leben ohne Arbeit oder ohne eine sinnvolle Aktivität. Wenn Glücklichsein eher ein Geisteszustand als ein Besitz ist, wäre es möglich, den Schalter zu finden und ihn angeschaltet zu lassen.

Erinnern Sie sich daran, als Sie jünger waren und Sie voller Freude nach Hause geeilt sind, einfach nur, weil die Schule aus war? Wenn Sie daran denken, was Sie als Kind glücklich gemacht hat, dann werden Sie möglicherweise feststellen, dass es der kurze Moment war, in dem Sie die Sonnenstrahlen in einer kupfernen Regenrinne reflektieren sahen und Sie nichts anderes zu tun hatten. Diese Momente sind es eher als diese großen wundersamen Erfahrungen, nach denen wir suchen, wenn wir älter werden.

Limitierende Glaubenssätze und Gedanken saugen Energie ab. Zu lernen wie man diese im Prozessing behandelt, ist der Weg zu unbegrenzter persönlicher Macht. Wenn alle Prozesse in allen Bereichen der persönlichen Domäne gemacht wurden, werden Sie den inneren Riesen befreit haben!

Was ist Harmonie ohne eine Melodie

„Das wahre Ziel der Musik – ihr eigentliches Vorhaben – ist Melodie. Alle Teile von Harmonie haben als ihren ultimativen Zweck nur schöne Melodie…" – Johann Philipp Kirnberger (1771)[3]

Man könnte sagen, dass jedes Individuum versucht, eine schöne Melodie zu spielen, ein schönes Lied des Lebens.

Was eine Person glücklich macht, liegt letztlich doch darin, eine Art Ziel zu verfolgen oder einen Zweck zu haben und erfolgreich Barrieren zu überwinden, um dieses Ziel oder den Zweck zu erreichen.

Es könnte eine große Hilfe für jemanden sein, der nicht wirklich seinen Weg gefunden hat, damit zu beginnen, sich über sein Ziel im Leben klar zu werden. Nachdem das Ziel einmal im Bewusstsein etabliert ist, kann alles im persönlichen Leben darauf ausgerichtet werden. Das ist die Quelle von Gewissheit.

Es gibt eine Vielzahl an Techniken in Bezug auf Ziele, die verwendet werden können, um jemandem zu helfen, sein/ihr Ziel zu finden oder sogar eines zu erschaffen. Sich seines Ziels oder seiner Ziele bewusst zu sein, mag abgedroschen erscheinen, aber es kann für jemandes allgemeine Perspektive und Glücklichsein einen großen Unterschied machen. Die Untersuchung dieses Bereichs entlarvt manchmal, dass die Ziele, die man meinte zu haben, gar nicht die eigenen Ziele waren. Dies ist oft genug vorgekommen. Manchmal ist es ein Schock herauszufinden, dass die Jahre anhaltender Propaganda, Werbung, des Fernsehens und der (religiösen) Unterweisung einen größeren Einfluss hatten, als man sich je hatte träumen lassen.

---

3 *Ref. Forte, Allen (1979). Tonal Harmony in Concept & Practice, S. 203*

Die obigen Punkte sind die hauptsächlichen, mit denen man sich auseinandersetzen muss, wenn man wünscht, in Harmonie zu leben. Um es hier nochmal zusammenfassend zu sagen: Dies ist die vollständige und präzise Definition des Zustands persönlicher Harmonie, welches lediglich den Grundzustand darstellt. Der ganze Punkt und Nutzen davon ist, dass jemand ein schönes Lied spielen kann.

Persönliche Harmonie ist ein Geisteszustand, in dem ein Wesen weder bewusst noch unbewusst seine eigene persönliche Domäne gegenerschafft (z.B. durch negative Glaubenssätze bezüglich des eigenen Wertes, durch Pessimismus, Selbstmordabsichten usw.).

In anderen Worten ist dies ein Geisteszustand, in dem ein Wesen keine Ladung gegen irgendeinen Teil seiner persönlichen Domäne erschafft, solange es nicht wünscht, solchen Effekt zu erzielen. Dies wird erlebt als mit seinen eigenen Entscheidungen und Erfahrungen im Leben in Harmonie zu sein.

Die Selbsteinschätzung der persönlichen Domäne eines Wesens wird keine Einwände, Nichtübereinstimmungen oder irgendwelche Disharmonien offenbaren, abgesehen von vorübergehenden Fluktuationen.

In einem positiven Sinn ist dies ein Wesen, das dazu fähig ist, ohne übermäßige Anstrengung mental alles in oder für seine persönliche Domäne zu erschaffen.

Um diesen Zustand irgendwie permanent zu machen, damit er auch dem weiteren Verlauf der Zeit standhält, müssen auch Situationen und Herausforderungen in diesen

Vorbereitungen beinhaltet sein, denen ein Individuum bisher noch nicht begegnet sein mag. Das ist deshalb nötig, weil das Individuum für jegliche Eventualitäten in seinem persönlichen Leben vorbereitet sein sollte, so dass es mit allen erdenklichen Umständen umgehen kann und immer dazu fähig sein wird, das Gleichgewicht des Zustands der persönlichen Harmonie wiederherzustellen.

Das Angriffsziel der ersten Bewusstseinserforschungs-Route, der Erforschung des Selbst, ist persönliche Harmonie wie oben definiert. Die Tatsache, dass Bewusstsein im Selbst zentriert ist, macht die Erforschung des inneren Selbst zu einer Aktivität, die man auf dem Weg zu höherem Bewusstsein nicht übersehen oder überspringen kann.

Daher wurden alle Arten von Prozessen und Checklisten dazu entwickelt, um alle Bereiche der persönlichen Domäne zu verbessern und zu überprüfen. Dies werden wir im dritten Teil des Handbuchs aufgreifen. Da die Gesundheit und der körperliche Zustand eine wichtige Rolle beim Erreichen persönlicher Harmonie spielt, wird diesem Thema ein separates Kapitel gewidmet.

Wir haben jetzt abgedeckt, was es benötigt, sich als Person dahingehend zu entwickeln, in einer Verfassung anzukommen, dass man sich sicher über die persönliche Sphäre hinausbewegen kann.

Eine Domäne ist das, wo man lebt. Sie ist die eigene oder umgibt unmittelbar die eigene. Sie ist die Sphäre potentieller Aktion. Wie wir im letzten Kapitel gesehen haben, gibt es sechs Domänen: das Selbst, Partner & Familie, Gruppe, Menschheit, Leben und das physikalische Universum, welches die Erde und den Kosmos umfasst.

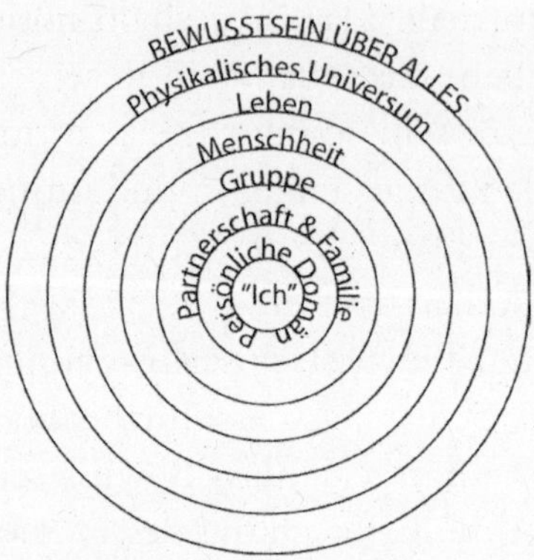

Sich überlappende Domänen. Das 'Ich' von den anderen Domänen umgeben.

Diese Domänen nehmen aufsteigend an Umfang zu und können durch konzentrische Kreise oder sogar Sphären innerhalb von Sphären repräsentiert werden; jede aufeinanderfolgende Domäne beinhaltet die vorhergehenden, mit dem Selbst als die innere Sphäre und dem *Ich* im Zentrum. Alle Domänen sind Unterteilungen des Bewusstseins und Bewusstsein durchdringt alles.

Lassen Sie uns rekapitulieren, womit wir uns in der persönlichen Domäne befassen müssen: Sie ist offensichtlich ein Bereich von Verantwortung, da niemand anderer für Sie entscheiden kann. Sie ist der Bereich, in dem ein Individuum seine persönliche Ethik entwickeln wird und kreative Lösungen für die Probleme des Lebens findet und Glücklichsein beim erfolgreichen Umsetzen der Dinge entsprechend seines Lebenszweckes erleben kann.

Das Wichtigste, das man in der persönlichen Domäne kontrollieren muss, ist die Schnittstelle mit der Umgebung, dies ist der Körper. Selbstbestimmung wäre vollständige Verantwortung für ein Selbst, und die beste Art, dies zu erreichen, wäre völlig gewahr und in Kontrolle über die gesamte persönliche Umgebung zu sein.

In der persönlichen Domäne sprechen wir von dem Teil der äußeren Welt, mit der wir uns identifizieren und die wir besitzen, unsere eigene Identität. Im Gegensatz dazu gibt es das innere Selbst, unser Konzept von dem, wer und was wir sind oder sein sollten, bekannt als der Ego-Teil des Bewusstseins, der auch die Erinnerungsansammlung unserer Erfahrungen als jene Identität umfasst.

Was im Allgemeinen unter Individuum verstanden wird, ist eine Kombination des inneren und äußeren Selbsts, wie sie von der *Ich*-Bewusstseinseinheit erlebt wird. Es wurde in vielen spirituellen Praktiken erkannt, dass die persönliche Domäne in seiner gesamten Ego-Zentriertheit gemeistert werden muss, bevor viel Fortschritt gemacht werden kann. In der Meditation beispielsweise muss man fähig sein, still zu sitzen. Eine Person mit Restless-Legs-Syndrom [unruhige Beine] wird dazu nicht in der Lage sein.

Um viele Interessen und Aufmerksamkeitseinheiten frei zu haben, um sich fruchtbar in erhabeneren Sphären als solchen Dingen wie Essen, Schlafen, Sicherheit und sexuelle Befriedigung betätigen zu können, muss sich eine Person als allererstes in Harmonie mit sich selbst befinden. Dies fasst die erste Domäne zusammen.

Ein idealer Zustand – der spirituelle Mensch

Stabil in jenem Zustand zu leben, den wir persönliche Harmonie nennen, ist für ein menschliches Wesen ein großer Schritt über den Normalzustand des Menschen hinaus. Der Normalzustand des Menschen kann in Zeitungen und andernorts wie z.B. den sozialen Medien studiert werden; wenn man dem Verhalten und den Überlegungen von Politikern, Bänkern und Finanzbeamten folgt, bekommt man schnell eine Vorstellung.

Der Zustand eines glücklichen Menschen mag für ein spirituelles Wesen, das einen menschlichen Körper hat, jedoch nicht ganz zufriedenstellend sein, das will ausdrücken, dass die meisten von uns einen Drang verspüren, ‹uns auszuweiten›, nicht nur, um für die weiteren Domänen einen Beitrag zu leisten, sondern auch bezüglich der inneren oder spirituellen Welt zu expandieren.

Das Selbst ausweiten

Es ist schwer vorstellbar, wie man im Leben für immer in Balance sein kann, ohne die ganze Reichweite der Existenz und nicht nur den persönlichen Gesichtspunkt einzunehmen. Andererseits ist das Persönliche wiederum im Sozialen und im Umfeld reflektiert. *`Wie oben, so unten, wie unten, so oben ist'*, wie das Hermetische Sprichwort lautet.

Es sollte nicht überraschend sein, dass in einem Handbuch für Selbsterforscher das Wort Selbst oft in diesem Text verwendet wurde. Wir haben es angetroffen bei Selbst-Gewahrsein, Selbstgespräche, Selbstbestimmung und Selbst-Aktualisierung, um ein paar zu nennen. Hier ist eine präzise Definition:

Das *Selbst* ist das, womit Sie sich identifizieren und das Ihnen hilft, sich von dem gesamten Umfeld zu unterscheiden.

Das einzige Problem mit dieser Definition ist, dass es irgendwie eine Art Zirkelschluss ist. Man kann fragen: Aber wer ist dieses Du? Ist es denn nicht einfach ein anderes Wort für das Selbst?

Lehrer der Advaita Vedanta (Nicht-Dualität) werden Ihnen dazu einen ganzen Vortrag halten und erklären, dass es – das Selbst – eine Illusion ist. Knowingness (~Wissen) ist alles, was es gibt, werden sie sagen. Damit ist nicht der Wissende gemeint, nicht das Gewusste, sondern die fortwährende Erfahrung zu wissen.

Die Essenz des Konzepts eines Selbst ist Trennung. Es ist eine Aufteilung des Bewusstseins in *Ich/Nicht-Ich*, Subjekt und Objekt.

Die Etymologie des Wortes Selbst (Linguisten werden dem widersprechen) kommt höchstwahrscheinlich aus dem Holländischen 'sellif' und von dort zurück zum Lateinischen 'se'- (weg/getrennt) + Alt-Nordisch 'lif' (Leben, Körper), in anderen Worten: 'getrennt leben'.

'Sein oder Nichtsein …?' ist eine der grundlegenden Fragen, mit denen man sich früher oder später auseinandersetzen muss. Identifikation ist Etwas-Sein, sein Pendant ist Erkennen.

Absolutes Bewusstsein ist von solch einer Natur, die selbst nicht identifizierbar ist. Die Sprache, die Pronomen, sind inadäquat dafür, die subtilen Unterschiede zwischen Du und Du zu beschreiben. Auf der menschlichen und physikalischen Ebene unterscheiden sich unsere Körper; auf einer höheren spirituellen Ebene unterscheiden sich unsere energetischen Signaturen. Auf der höchsten Ebene gibt es nicht einmal getrennte Energie, und doch ist dieses ungeteilte Ganze in Essenz das, was wir sind.

Ein Selbst ist auf der untersten Ebene (niedrigeres Selbst) tatsächlich ein Körper, auf der anderen Seite hat es eine geistige Ebene, und darüber hinaus wahrscheinlich höhere geistige Ebenen und eine Geist-Essenz, die an irgendeinem Punkt reines Bewusstsein wird. Schlussendlich auf der höchsten Ebene der Bewusstheit des Einsseins, was das Absolute oder Gott genannt wird, wird sich die Trennung und Dualität auflösen.

Das ist es, worum es beim Abenteuer der Selbsterforschung, was wir die CE-Routen (Consciousness Exploration, die Bewusstseinserforschung) nennen, geht. Sobald die Selbsterforschung bezüglich der ersten Domäne (innere und äußere) ausgeschöpft ist, geht es bei den nächsten Stufen oder Routen darum, das Selbst zu transzendieren, die Selbst zu integrieren und schließlich das Selbst zu lösen.

In Teil III dieses Buches werden die dabei benötigten Routen und Techniken näher erläutert. Noch so viele Beschreibungen werden jedoch nie die Erfahrung ersetzen können, da diese höchst individuell sind.

Bewusstseinserforschung

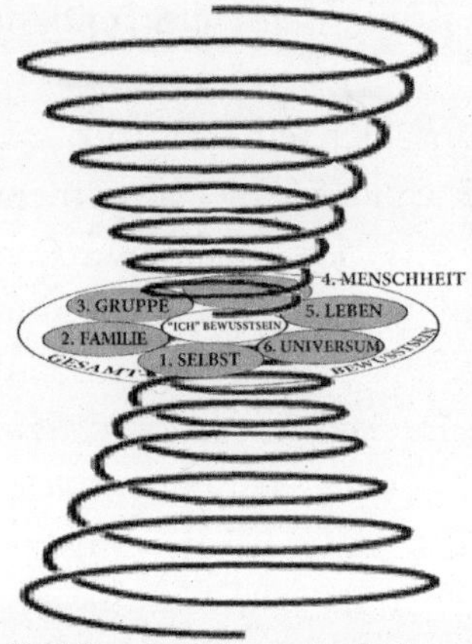

Multi-dimensionale Bewusstseinserforschung

Eine weitere Analogie: Die Grafik unten in der mittigen Ebene zeigt die potenzielle Expansion des *Ich*-Bewusstseins ins gesamte oder unendliche Bewusstsein. Dies wäre das Ziel der Bewusstseinserforschungs-Route *Das Transzendieren des Selbst.*

Der Doppelwirbel im rechten Winkel zur Ebene zeigt die potenzielle Expansion des *Ich*-Bewusstseins in zwei Richtungen – eine Multi-dimensionale Bewusstseinserforschung in eine zusätzliche Dimension. Die Erforschung des Innenraums in die eine Richtung und die Erforschung des Außenraums in die andere.

Da man eigentlich den inneren und äußeren nicht wirklich trennen kann, stellen Sie sich die Domänen als in Sphären expandierend vor, die sich aus den zwei Aspekten der unsichtbaren und unberührbaren Gedankenstrukturen auf der einen Seite und den korrespondierenden sichtbaren und berührbaren Manifestationen auf der anderen Seite zusammensetzen.

Dies würde man in der Bewusstseinserforschungs-Route *Das Integrieren der Selbst* entdecken.

In dieser dualen Struktur ist auch der Grund zu finden, warum wir zwei Hauptrouten der Bewusstseinserforschung unterscheiden: Die eine Spirale könnte die introspektive Bewusstseinserforschungs-Route repräsentieren und die andere umfasst die äußere Wissenserforschungs-Route. Wir erwähnten bereits, dass wir versuchen, Bildung auszubalancieren, und das hier ist der Grund dafür.

Der ultimative Zustand oder ideale Zustand des Menschen

Eine Möglichkeit, einen theoretischen idealen Zustand des Menschen zu beschreiben, besteht darin, es unter dem Aspekt der Gewissheit des Selbst zu tun. Dinge dieser Art: Ich bin, ich weiß, ich verursache, ich bin wahrhaftig, ich vertraue, ich bin zeitlos, ich nehme den Raum vollkommen ein, ich bin jeder, ich besitze alles, ich habe Recht, ich bin frei und ich bin vollständig verantwortlich.

Wir bevorzugen es, den idealen Zustand mit dem Begriff Harmonie auszudrücken. Wir formulieren ihn wie folgt:

Der Zustand, Leben als einen Fluss des Bewusstseins zu erleben, ohne irgendeine Notwendigkeit oder einen Drang zu verspüren, in die Erschaffung dessen einzugreifen. Die Gewissheit zu haben, dass es sich alles so zutragen wird, wie es betrachtet wurde (wie man es erschaffen oder entworfen hat) und in vollständiger Harmonie mit den universellen Realitäten zu leben, sowie sie sich entfalten.

Dies ist viel mehr als gelegentlich in Topform zu sein. Um mit den Begriffen von Mihaly Csikszentmihalyi zu sprechen, würde es das Meistern der Prinzipien, die zu einem permanenten Zustand von FLOW [Fließen] führen, inkludieren.

6. Eine Theorie von (beinahe) Allem

In diesem Kapitel werden wir jetzt versuchen, das essentielle theoretische Wissen zu skizzieren, das wir aus dem kollektiven Bewusstsein wie auch aus unseren eigenen Beobachtungen herauskristallisiert haben und welches für unsere Aktivitäten relevant erscheint. Der ehrgeizige Titel soll betonen, dass die Aussage in Fettdruck, die unten folgt, vielerlei Tests standgehalten hat und obwohl es immer noch eine Theorie ist, sind wir zuversichtlich, dass sie sich weiterhin bewahrheiten wird. Wenn sie es tut, dann haben wir eine Erklärung und ein Lösungskonzept für alles.

Dieses Kapitel präsentiert zunächst die wichtigsten Prinzipien, die die Theorie erklären, die unserer Technologie zu Grunde liegt. Dann im letzten Teil werden wir uns die Gründe anschauen, warum die Welt nicht in Harmonie *singt*.

In allen Wissenschaften können neue Fakten durch logische Folgerungen von bereits etablierten Fakten oder aus direktem Experimenten oder einer Kombination dessen entdeckt werden.

In diesem Handbuch präsentieren wir eine experimentell etablierte Tatsache, die sich auch von bereits anerkannten Fakten und Erfahrungen ableiten lässt. In seiner reinen Form kann diese Tatsache wie folgt formuliert werden:

Die Verwendung von Imagination in Gegenwart von direktem Bewusstsein und im richtigen Rahmen ist fähig dazu, jegliche limitierenden, mentalen Zustände aufzulösen und das Bewusstsein selbst unendlich zu expandieren.

Was wir mit *richtigem Rahmen* meinen, wird Thema des dritten Teils des Buches sein.

Die essentiellen Bestandteile

Wie wir später sehen werden, wird Meditation und Prozessing nicht auf irgendeine althergebrachte Art gemacht, sondern erfordert, in einem richtigen Format ausgeführt zu werden. Also, was sind die essentiellen Bestandteile unserer Herangehensweise? Diese sind:

1. Die Absicht, Verstehen und Verantwortung zu erhöhen,
2. die Gegenwart von reinem Gewahrsein oder direktem Bewusstseins,
3. die Kraft des kreativen Gedankens oder der Imagination zu nutzen.

Es gibt eine grundlegende Wahl, die ein Wesen treffen muss: Zu beabsichtigen, sein Verstehen und Bewusstsein zu vergrößern, oder sein Gewahrsein zu verringern, indem man etwas nicht konfrontiert oder die Realität von etwas, dem es sich gegenübersieht, durch etwas anderes zu ersetzen. Es muss ein großer Drang nach Wahrheit vorhanden sein, um die Absichten und Fakten zur Thematik genau kennen zu wollen. Die Wahlmöglichkeit besteht darin, aufzuwachen oder weiterzuschlafen oder zu vermeiden, Dinge als das anzusehen, was sie sind. Es ist die Wahl zwischen völliger Lebendigkeit oder dem graduellen Zurückziehen vom bewussten Leben und davon, das Leben zu erleben.

Reine Bewusstheit ist genau das: Eine reine Wahrnehmung und Erfahrung dessen, was ist, ohne dem Mind zu erlauben, die tatsächliche Erfahrung zu verwischen oder zu stören. Es ist das direkte Konfrontieren der Wahrheit zu diesem Thema. Dies wird oft als nicht-wertend oder ZEN beschrieben (in der holländischen Sprache heißt das Verb *sein* ZIJN), was wir als EINFACH DA SEIN übersetzen.

Bewusstes Dasein mit einer Sache in seiner reinen Form hat einen beinahe magischen, transformierenden Effekt. Die exakte Theorie davon lautet, dass jeder unerwünschte Zustand oder jede Manifestation genau zwei Bewusstseins-Vektoren hat, die in einem 180 Grad-Winkel in entgegengesetzter Richtung platziert sind. Dieser Zustand ist im Bewusstsein erschaffen worden und wird im Bewusstsein empfangen. Unerwünschte Zustände existieren nur, weil Teile dieser zwei Bewusstseins-Vektoren von *Bewusstlosigkeit* überdeckt oder überlagert sind. Deshalb kann man, indem man sich der Situation vollständig bewusst wird, eine Vereinigung im Bewusstsein der zwei Vektoren erreichen, was in der Auflösung des unerwünschten Zustands resultiert.

Die Kraft der Imagination im Allgemeinen wurde von vielen bestätigt; weniger bekannt ist jedoch die Kraft, die zustande kommt, wenn man reines Gewahrsein mit der Imagination kombiniert, um die Bereiche von unterbewusster Aktivität und Bewusstlosigkeit in höherem Maß konfrontieren zu können.

Es gibt einen weiteren Faktor, der die Effektivität aller obigen Bestandteile um weitere Myriaden multipliziert. Es ist, was manche Menschen die Gott-Verbindung nennen, obwohl dies irreführend sein kann, wenn man es als eine religiöse Hoffnung zur Rettung durch einen externen Gott versteht. Andere drücken es als ein Wiedererkennen von Unendlichkeit in sich selbst aus oder als auf der gleichen Wellenlänge mit absolutem Bewusstsein zu sein. Jung bezeichnete es als das Numinose – (aus dem Lateinischen: *numen* „Wink, Geheiß, Zustimmung, Wille, göttlicher Wille"). Man könnte es am besten beschreiben als vollständigen Glauben in EINEN selbst zu haben in Übereinstimmung mit der wahrhaftigen Annahme dessen, dass wir EINS sind. Jedes Wesen ist in seinem innersten Selbst Unendlichkeit, das Einssein.

Im Prozessing übersetzt sich dies zur Annahme vollständiger Verantwortung, Ursache-Wirkung für ALLES.

Die Wahrheits-Verbindung

Die Wahrheit zu finden, kann so einfach sein, wie herauszufinden, warum das Baby schreit. Sogar, wenn es nicht die volle Windel ist, kann man weitersuchen und nur wenn die tatsächliche Wahrheit, nämlich die im Po steckende Sicherheitsnadel, gefunden ist, kann eine effektive Handhabung stattfinden und das Baby wird aufhören zu schreien.

Es ist sehr wichtig, das Obige zu verstehen. Es ist nicht damit getan, zu erklären, nach Gründen zu suchen, herauszuarbeiten oder mental zu repräsentieren, was ist. Das Wunder, einen unerwünschten Zustand zum Verschwinden zu bringen, hängt vollständig von der perfekten Duplikation des genauen energetischen Musters dessen ab, was es IST, und liegt demzufolge gänzlich an der Abwesenheit irgendeiner Änderung.

In anderen Worten ist es schlicht und einfach die Wahrheit und nicht eine Repräsentation (Modell) von der Wahrheit. Etwas zu diagnostizieren oder zu benennen ist daher nicht genug.

Ich würde gerne aus dem Werk von Dr. Noel Huntley zitieren, was dies nochmal erklärt:

„...der `Fehler' ist die menschliche Art und Weise, eine Repräsentation zu kreieren, welche – einschließlich intellektuellen Denkens – indirekt ist. Wir benennen Dinge, wie zum

Beispiel einen Gegenstand, mit einem Etikett. Es wird durch den Namen repräsentiert, welcher keinen immanenten Bezug zum Gegenstand hat …

… Um etwas mit dem Mind aufzulösen, muss damit in Resonanz gegangen werden, was bedeutet, dass man es mit seinem eigenen Bewusstsein dupliziert und es mit dem gewünschten Aspekt ersetzt. Irgendetwas anderes, irgendein anderer Geisteszustand, wird sonst einfach nur hinzugefügt, speziell ein negativer, was eine Gegenaktion kreiert, und es an Ort und Stelle festhält.

Um ein Beispiel auf menschlicher Ebene zu geben: Psychoanalytiker waren berüchtigt dafür, dem Patienten den ‚Grund' ihrer Krankheit zu sagen. Dies richtet den Mind des Patienten darauf aus, eine intellektuelle Repräsentation des Problems zu erhalten, auf welche er oder sie sich nun fokussieren. Dies legt die Aufmerksamkeit des Patienten auf einen externen Modus, um es zu lösen, was die Chance reduziert, die Region mental (geometrisch) zu finden und zu duplizieren. In anderen Worten: Jegliche Erkenntnis, die subjektiv und nicht objektiv sein muss, wird verhindert. Es kann nicht intellektuell gelöst werden. Das Problem des Patienten ist kein Rätsel, das gelöst werden muss. Es muss vom Bewusstsein (wieder-)erlebt werden …" – The Emerging New Science [Die entstehende neue Wissenschaft], N. Huntley

Kommunikation – Das universelle Lösungsmittel

Kommunikation ist eine feine Kunst und muss vollständig verstanden werden, um den Wert dessen, wie Bewusstseinstechnologie tatsächlich funktioniert, schätzen zu können. Deren erstes Werkzeug ist Kommunikation, wie wir später sehen werden.

Kommunikation ist etwas, bei dem wir dazu neigen, es als etwas Selbstverständliches zu sehen, aber das ist nicht, was wir im Prozessing oder in irgendeiner Bewusstseinstechnologie tun sollten. Ein Beispiel sollte dies klarmachen. Kommunikation ist das (Mit-)Teilen von Gedanken (wodurch Realität erschaffen wird). Nehmen wir einmal die folgende Szene: Alice beginnt, ihrem Mann zu erklären, wie sie sich über das Abendessen fühlt, dass sie mit den Schmidts gestern Abend hatten und warum die Bemerkung von Frau Schmidt verfänglich war. Ihr Mann, der aus irgendeinem Grund nicht ganz bei der Sache ist, hört nur, wie sie sagt, dass Frau Schmidts Bemerkung verfänglich war und unterbricht dann, hört auf zuzuhören und sagt sogar: *„Könnte sein, Liebling, aber kümmere dich nicht darum."* Was er nicht mitbekommen hatte, ist die Wahrheit, dass Alice ihm eigentlich gerade beichten wollte, dass sie früher einmal – vor Jahren – eine Affäre mit Herrn Schmidt hatte. Man könnte sich vorstellen, dass Alice eine starke Persönlichkeit ist und sofort einwirft: *„Aber ich war noch nicht fertig"*, und so die Kommunikation davor bewahrt, verloren zu gehen, ohne abgeschlossen zu werden.

Eine schwächere Alice hätte ihre Gedanken unterdrückt und hätte sich gedacht: *„Warum sollte ich es ihm überhaupt sagen, wenn er sowieso nicht zuhört."* Oder hätte komplett vergessen, was sie zu sagen beabsichtigte oder hätte aufgebracht reagiert und gesagt: *„Du dummer … bist immer bla, bla, bla …"*

Nun gut, jetzt übertragen wir diese Art von Situation auf ein therapeutisches Gespräch oder in eine Sitzung. Sie werden sehen, dass ein Praktizierender, der nicht sehr genau, sehr beobachtend und interessiert ist, einen wichtigen

Hinweis übersehen könnte. Teil einer hochqualitativen Kommunikation der Art, die zur erfolgreichen Auflösung mentaler Probleme und Zustände führt, ist der Faktor, gut aufzupassen, ob die Person alles gesagt hat, was sie zu sagen beabsichtigte oder zu sagen hatte. Deshalb liefert das MGT Institut spezielle Trainings-Workshops, um die Kommunikationsfertigkeiten zu verbessern.

Bestätigung ist ein weiterer Schlüsselfaktor

Bestätigung im Kontext von Kommunikation ist eine Form, die andere Person wissen zu lassen, dass ihre Kommunikation erhalten wurde. Sie ist ebenso ein Mittel, die Flussrichtung der Kommunikation zu kontrollieren, z.B. wenn man *„Danke!“* oder *„In Ordnung!“* sagt, kann man klar ausdrücken, dass die Kommunikation jetzt zu Ende ist.

Aber *Bestätigung* hat eine noch umfangreichere Bedeutung. Bestätigung ist eine Form von Anerkennung und als solche knüpft es wieder an die Geschichte in dem Absatz oben an, die ein Beispiel für vorzeitige Bestätigung war. Was in unserem Kontext notwendig ist, ist volles Gewahrsein über die Natur der Kommunikation als eine anhaltende Übertragung von Gedanken und Vorstellungen und dass an einem bestimmten Punkt diese Übertragung vollständig ist und als solche anerkannt werden muss. Es gibt andere Faktoren, die genauso wichtig sind, die ich hier nicht erwähnt habe; alles, was ich an dieser Stelle darlegen möchte, ist die Wichtigkeit von Kommunikation in jeglichen Anwendungen der Bewusstseinstechnologie. Kommunikation und Bestätigung knüpfen an den zweiten oben aufgelisteten essentiellen Bestandteil an und bilden den sprachlichen Ausdruck dieses Bewusstseins.

Betrachtung

„Der Beginn der Dinge ist eine Betrachtung …" – Plotin: 6. Enneade, 8. Traktat: Über die Freiheit und den Willen des Einen, Abschnitt 5

Das ist es, was wir in Bewusstseins-Anwendungen tun: Die ursprüngliche Überlegung, Betrachtung oder den ursprünglichen Gedanken finden, welche am Grunde der Manifestation liegen, die wir aufzulösen versuchen. Der unerwünschte Zustand ist gewöhnlich umgeben von einer Nebelwand an Vermeidung oder rechtfertigenden Gedanken oder irgendetwas, das den tatsächlichen Zustand verändert, wie wir im vorletzten Kapitel gesehen haben. Dies wird durch eine einfache repetitive Herangehensweise gehandhabt. Die Anweisung ist einfach denselben Bereich von Bewusstlosigkeit weiter zu adressieren, indem man die Teile, die hervorstechen und derer man sich bewusst ist, nimmt, bis alles ans Licht gekommen ist.

Das Bemerkenswerte daran ist, dass beim gründlichen Ansprechen eines Bereichs von verwickelten Gedanken oder Ladung man einen Punkt erreicht, an dem der Prozess der quantitativen Erleichterung – wie wir diesen repetitiven Prozess nennen könnten – jegliche Ladung oder Hinzufügungen ausgeschöpft hat und an dem dieses Thema zu einem Zustand von keinerlei Bedeutung zurückgekehrt ist.

Der Zustand, den wir auflösen wollten, war das Produkt kreativer Gedanken. Indem wir das Werkzeug der Imagination (kreativer Gedanken) benutzen, sind wir dem ziemlich nahegekommen, was Bewusstsein die ganze Zeit tut. Während wir mit vollem Gewahrsein anschauen, was mit Hilfe unserer Imagination offenbart wird, stoßen wir auf den exakten Ursprung des Zustands, der in der ursprünglichen Überlegung liegt.

Mehr über die Natur des Selbst

Wir haben das Selbst als das definiert, womit Sie sich identifizieren und das dazu dient, sich selbst vom ganzen Umfeld zu unterscheiden. Wenn wir diese Definition sehr streng und konsequent nehmen, bedeutet dies jedoch, dass wir nicht mehr länger vom wahren Selbst sprechen können. Wir können immer noch über ein höheres Selbst reden, welches in der Hierarchie der Selbst einen hohen Rang einnehmen würde.

Das wirkliche *Ich* geht darüber hinaus, identifiziert zu werden, weil es das ist, das die Fähigkeit hat, sich in jedem Sinn des Wortes zu identifizieren. Man könnte sagen, dass das tatsächliche *Ich* alles SEIN kann, einfach nur in dem es entscheidet, es zu sein.[1]

Das Konzept des Selbst weist abgesehen davon, dass es ein Archetyp ist, noch andere Eigentümlichkeiten auf – Es ist ein ziemlich philosophisches Thema. Lassen Sie uns ein wenig spekulieren und schauen, ob es Sinn ergibt. Das wird jetzt wild...

Das Selbst könnte als eine Dreieinigkeit betrachtet werden und ebenfalls als die elementarste Struktur im spirituellen, falls nicht sogar dem gesamten Universum.

Dies bedarf vielleicht einiger Erklärung. Das Selbst ist eine Dreieinigkeit, weil es eine Dualität plus eine Einheit ist (1+2=3). Als eine Dualität beinhaltet es ein aktives und ein passives Prinzip. Das Selbst kocht nicht nur das Abendessen, sondern isst es auch. Es ist ruhend und in Bewegung, es ist ein Zustand und ein anhaltender Prozess und das ist dual; sogar, wenn jemand seine Haut von weiß auf gebräunt ändert, bleibt er dennoch sich selbst. Es ist eine

---

1 Der andere Grund, weswegen wir das Wort `I´ [eng.: Ich] für das grundlegende Bewusstsein gewählt haben, ist, dass es als Buchstabe mit der Nummer 1 korrespondiert. Dies symbolisiert wiederum `Einssein´.

duale Einheit, so wie die oberste Hindu-Gottheit Brahman, welche Nirguna Brahman (passiv) ist, genauso wie Saguna Brahman (aktiv). Die Dualität des aktiven und passiven Teils vom Selbst wird vom *Ich*-Bewusstsein überwacht und vereint – das ergibt die Dreieinigkeit. Das Selbst hat immer eine Vervollkommnung, die das Nicht-Selbst ist, aber das ist eine andere Dualität.

Warum wäre das Selbst eine fundamentale Struktur oder sogar Partikel? Ein Selbst ist eine ganze Einheit oder ein Holon (aus dem Griechischen; ein Ganzes, das Teil eines anderen Ganzen ist) und kann von jeglicher Größe sein, weil man alles sein kann. Es ist so fundamental wie es individuell ist, das Produkt von Selbstwerdung. Es kann weiter als ein masseloses Partikel beschrieben werden, da es keine eigene Substanz hat, weil es eine bedachte Identität ist. In anderen Worten eine angenommene und daher provisorische Identifikation.

Lassen Sie uns nun das Standardmodell der Elementarteilchenphysik anschauen: Elementare Partikel haben einen Grad an unabhängiger Existenz und jeder dieser Partikel ist sich selbst … oder ist es? Man könnte sagen, dass alles Existierende ein *Selbst* ist, wenn es wünscht, einen Anspruch darauf zu haben zu existieren.

Wenn man sich das anschaut, beginnt man schließlich zu erkennen, dass jedes DING, jeder PARTIKEL eine Art SELBST ist. Die Sprache beinhaltet diesen Gedanken bereits, wenn wir von der SACHE SELBST sprechen. Jedes Ding hat diesen aktiven und passiven Teil. Dinge, wenn man die aktuelle Physik in Betracht zieht, sind tatsächlich eher wie Prozesse oder Vorgänge; um ein Etwas zu sein, muss es zumindest eine Weile in der Zeit bestehen bleiben (sich wenigstens in der Zeit verändern), gleichzeitig, um dasselbe (unveränderte) Ding zu sein, muss es sich selbst bleiben. Hier bekommt unsere Logik Schluckauf und Philosophen beginnen zu argumentieren.

Was das bedeutet, ist, dass sich Partikel und das Selbst kontinuierlich neu kreieren. Diese Tatsache allein sollte alle von uns zu einer riesigen Hoffnung inspirieren!

Diese Konzeption, dass jeder Partikel oder Ding ein *Selbst* ist, würde auch zu der Konzeption passen, dass alle Energie bewusst ist und jedes Bewusstsein Energie ist. Lehrbücher der Physik behaupten gewöhnlich, dass niemand wirklich weiß, was Energie ist; das kann sehr wohl sein, weil *Energie* außerhalb ihres Bereiches liegt.

Es würde wenigstens klar im Bezug zu Bewusstsein stehen, wenn wir Energie wie folgt definieren: *Energie ist dieser ätherische, substanzielle Aspekt von Bewusstsein, der von relativer Bewegung zu relativer Nicht-Bewegung wechseln kann und umgekehrt, wobei der Impuls aus dem Wunsch des Einsseins (Singularität) stammt, sich selbst aus vielen Blickrichtungen zu beobachten.*

Der Wechsel von relativer Bewegung zu relativer Nicht-Bewegung wird leicht in der Funktion eines Kondensators beobachtet, der einen elektrischen Strom absorbiert (Bewegung) und ihn in eine statische, elektrische Ladung (Nicht-Bewegung) umwandelt. Die obige Definition beinhaltet einen Äther und bedarf daher etwas der Form von Ätherphysik, zum Beispiel die von William Lyne, der den Begriff *Omni* für das grundlegende Ätherpartikel verwendete.[2]

Obige Definition impliziert, dass Energie letztendlich von der höchsten Ebene stammt, die wir als Absolutes Bewusstsein oder das Einssein bezeichnet haben. Da auf dieser Ebene vollständige Einheit existiert, entspringt hier ebenfalls die Diversität, und dies könnte für das Einssein die

2 *Occult Ether Physics, William Lyne*
http://www.bibliotecapleyades.net/tesla/occultether/occultether.htm#contents

Form eines Wunsches annehmen, sich selbst zu beobachten. Damit solch eine Beobachtung möglich werden kann, müsste eine Spaltung zwischen dem Beobachter und dem Beobachteten stattfinden. Daher stammt auch die Unterscheidung zwischen dem Subjektiven und dem Objektiven (beobachtet zu werden) wie auch die definierenden Charakteristiken von Energie (Elektrizität, Magnetismus, Hitze und Kälte) als bipolare Phänomene. Die beiden grundlegenden Dränge wären dann der Drang zu divergieren (sich zu unterscheiden, sich zu trennen) versus den Drang, sich wieder zu vereinen.

Dies alles erläutern wir hier, um die Notwendigkeit zur SELBSTERFORSCHUNG zu begründen. Wir stellen die Theorie auf, dass, aufgrund der fraktalen Natur des Universums, vollständiges Verstehen von einem SELBST auf einer Ebene dazu führen kann, alle anderen höheren Selbst und letztlich die Quelle aller Selbst zu verstehen.

Die Ursachen von Disharmonie

Was verursacht im Allgemeinen in unserer Welt Disharmonie? Man mag unmittelbar an sogenannte Bomben, Schusswaffen und Hungersnot denken. Oder man mag an die Kluft zwischen Armen und Reichen denken, oder wie wär's mit Täuschungen, Betrug und Lügen? Wenn man sich die Nachrichten ansieht, kann man Anhaltspunkte für nationale, ethnische, religiöse, soziale, kommunale, familiäre und emotionale Disharmonien sehen.

Mit anderen Menschen und innerhalb der Gesellschaft im weiteren Sinne in Harmonie zu leben, ist die fundamentale Handlung anderen das Recht zur Selbstbestimmung zu lassen und dies beinhaltet, ihnen das Recht auf ihre eigenen Illusionen und Täuschungen zuzugestehen.

Doch gerade hier mag sich ein Einwand in uns regen: Was ist mit Menschen, denen man nicht trauen kann oder Kriminellen, ja sogar Terroristen? Das ist eine wichtige Frage.

Was im vorletzten Absatz gesagt wurde, funktioniert nicht, solange die volle Selbstbestimmung für eine bestimmte Kategorie von Menschen eingeschränkt ist oder, vielleicht besser, für eine bestimmte Kategorie von Verhalten. Dies würde auch bedeuten, dass es problematisch ist, sich für völlige Freiheit einzusetzen, da es die Freiheit, andere zu verletzen, einschließen würde, was wiederum deren Freiheit reduzieren würde.

Das Recht auf Selbstbestimmung müsste also von der Pflicht, die Selbstbestimmung anderer zu erhalten, flankiert sein. Bis hierher ist also alles klar, aber lassen Sie uns praktisch sein: Stellen Sie sich vor, dass Sie sich selbstbestimmterweise ein Stück Land abstecken und sich dort niederlassen würden, da es ein optimaler Ort wäre und sehr fruchtbar etc. Eines Tages käme ein Besucher vorbei und sagt, dass er bereits im letzten Leben beschlossen hätte, dass genau dieser Fleck Erde aufgrund verschiedener guter Gründe ihm gehöre und er darauf bestehe, dass es seines sei. Jetzt gibt es einen offensichtlichen Konflikt.

Um diesen zu lösen, könnte man ein Duell organisieren, wie es im Wilden Westen von Amerika in ähnlichen Situationen gemacht wurde und einer wäre der Gewinner und den anderen würde man begraben. Natürlich könnten Sie sagen, dass das verrückt sei, aber eine lineare oder duale Art von Bewusstsein würde dies als normal erachten. Dies ist das Bewusstsein von *„Sei ein Mann und kämpfe dafür"*. Es gibt nur zwei Lösungen: gewinnen oder sterben.

Eine andere Herangehensweise, es zu lösen, wäre, miteinander in sehr gute Kommunikation zu kommen, eine ganze Menge Lösungen zu erträumen, weise zu sein und von einer größeren Auswahl von Möglichkeiten eine zu wählen. Wenn erst einmal die Situation von allen Seiten betrachtet worden ist, wird sich die begrenzte Sichtweise von entweder/oder, gewinnen/verlieren ganz natürlich auflösen, wenn Respekt vor dem Leben und allem Lebenden die Richtlinie ist.

Die Menschheit als ganze ist immer noch in Zuständen von Misstrauen und Kampf. *„Ich habe Recht und du hast Unrecht, wenn du nicht mit mir übereinstimmst.“* Das ist die Grundlage von Kriegen, Kämpfen und Gewalt etc., welche wir nach wie vor in und unter den sogenannten Zivilisationen der Erde vorfinden. Es wäre sehr vereinfacht zu sagen, dass Kriege und Kämpfe einfach böse sind und um jeden Preis aus der Erfahrung des Menschen verschwinden müssen.

Eine vernünftigere Sichtweise ist, dass Kriege und Kämpfe gewalttätige Arten von Kommunikation sind und letztendlich in neuem Verstehen resultieren. Man kann ein Beispiel davon nach dem II. Weltkrieg sehen. Kurz nachdem dieser Krieg mehr oder weniger beendet war, sahen wir die Formation der Vereinigten Staaten, die tatsächlich ein neues Verstehen verkörperte, das sie aus der Lösung des Konfliktes gewonnen hatten. Die Welt sah zum ersten Mal das Erscheinen einer universellen Deklaration von Menschenrechten. Unabhängig davon, was jetzt mit der UN als falsch wahrgenommen werden mag, sie hatte dennoch daran gearbeitet, die Kommunikation zwischen den verschiedenen Konstituenten der Menschheit zu erhöhen.

Wir mögen daraus schließen – lediglich eine versuchte Verallgemeinerung – dass Disharmonie zu einer neuen Ebene von Harmonie führen kann. Dies wird nur der Fall sein, wenn man sich den Ursachen der Disharmonie stellt und ein Lernprozess stattgefunden hat.

Könnte es sein, dass es unterschiedliche Arten von Harmonie gibt? Lassen Sie uns mal schauen …

Loyalität, Harmonie & Gruppendynamiken

Menschen, die ihrer Familie gegenüber loyal sind, leben mit ihnen in Harmonie. Menschen, die loyal zu ihrem Land sind, sind mit ihrem Land in Harmonie. Cosa Nostra-Mitglieder nennen sich selbst *Ehrenmänner.* Solange sie loyal zu ihrer Familie bleiben, könnte man sagen, dass sie in Harmonie leben würden – und mit ihrer Familie tun sie das auch.

Das bringt uns schnell dazu zu sehen, dass Harmonie nicht eine universelle Sache ist. Es kann offensichtlich Harmonie innen und Disharmonie außen geben. Das ist ganz klar der Fall in Verbrecherfamilien, aber nicht nur dort, da dasselbe zwischen Ländern oder politischen Parteien usw. der Fall ist.

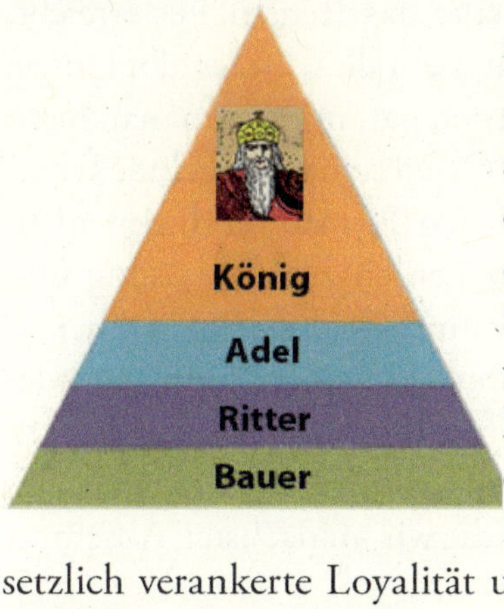

Was ist diese Sache, die Loyalität genannt wird? In den mittelalterlichen Gesellschaftsstrukturen gab es eine eindeutig festgelegte Hierarchie mit dem König an der Spitze und loyal zum König war der Adel, die Ritter waren loyal zu den Adeligen und die Bauern zu den Rittern. Diese Loyalität war eine gesetzlich verankerte Loyalität und es gab keine Wahl oder Selbstbestimmung darin.

Ein Gruppenmitglied zu werden, beinhaltet gewöhnlich eine komplette Übereinstimmung mit der Ideologie dieser Gruppe und die Loyalität zur Gruppe verlangt zumindest eine Übereinstimmung mit den grundlegenden Prinzipien dieser Gruppe, sei es eine religiöse, politische, soziale oder Arbeitsgruppe, die man gewöhnlicherweise Unternehmen oder Firma nennen würde. In einer starken Gruppe sind alle Mitglieder auf die Ziele und Vorstellungen der Gruppe ausgerichtet. Interne Meinungsverschiedenheit ist für die Gruppe destruktiv und führt zu Schismen, Fraktionsbildungen, Trennungen und Splittergruppen. Deshalb praktizieren nicht nur Gruppen wie die Zeugen Jehovas und die Scientologen *Zwangstrennung*, sondern auch viele andere, die nicht so im öffentlichen Fokus sind. Sie tun das, um ihre Gruppen von Infiltrierung durch andere Vorstellungen zu schützen, die für ihre Mitglieder als gefährlich angesehen werden.

In der modernen Welt werden diese Loyalitäten als freiwillig und selbstbestimmt wahrgenommen und zu einem gewissen Grad sind sie das auch. Aber sie sind es viel weniger, als man glaubt. Stellen Sie sich nur mal folgende Situation vor: Man hat beinahe das Rentenalter erreicht, die Arbeitsumgebung ist nicht mehr dieselbe, es gibt Dinge, die das Management entschieden hat, mit denen man nicht mehr übereinstimmen kann. Offen seine mangelnde Übereinstimmung zu zeigen und den Firmenrichtlinien nicht Folge zu leisten, würde unweigerlich zur Entlassung und zum Verlust vieler Privilegien und Geld führen. Daher ist der Zusammenhalt von Gruppen zu einem größeren oder geringeren Grad erzwungen. Man könnte dies eine erzwungene *Harmonie* nennen. Auf individueller Basis kreiert dies eine innere Disharmonie, auf die wir im nächsten Abschnitt eingehen werden.

Eine gewisse Evolution wird wohl durch den Prozess, den Gruppen durchlaufen, nicht ausbleiben. Nationen gehen miteinander in Kommunikation (Internet) und finden dadurch schließlich heraus, dass es keinen wirklichen Grund für Animositäten gibt und dass es Liebe geben kann.

Persönliche Harmonie & ihr Antagonist

Persönliche Harmonie ist nicht Perfektion. Wir hegen in unserer Arbeit keine Ambitionen, einen Zustand des Bodhi oder von ethischer Perfektion oder sogar Erleuchtung zu erreichen, außer es ist die Ambition des jeweiligen Individuums selbst. Was wir erreichen wollen, ist eher ein dynamischer Zustand, der immer wieder leicht zur Harmonie zurückfinden kann.

Das Auftreten momentaner Verstimmungen, Diskrepanzen, Abenteuern und den damit einhergehenden Auf-und-Abs sollten nicht verleugnet werden. Wenn jemand fälschlich beschuldigt wird und darüber verstimmt ist, dauert die Verstimmung nur so lange, wie sie dauert und ihr folgt normalerweise eine effektive Handlung.

Daher ist die Fähigkeit eines Individuums, mit Disharmonie umzugehen, beinahe so wichtig wie die Fähigkeit, zunächst einmal die Harmonie erreicht zu haben.

Gemäß den Psychologen Art Bell und Brett Hart gibt es acht übliche Gründe für Disharmonie am Arbeitsplatz: Konflikte bezüglich Ressourcen, widersprüchliche Stile, gegensätzliche Wahrnehmungen, widersprüchliche Ziele, gegenläufiger Druck, konflikterzeugende Rollen, unterschiedliche persönliche Werte und unvorhersehbare Richtlinien.

In der Traditionellen Chinesischen Medizin wird langanhaltende emotionale Disharmonie als Hauptursache von Krankheiten angesehen. Gemäß Neijing (das maßgebliche Werk der chinesischen Medizin) beeinflussen die sieben Emotionen oder inneren Drachen, nämlich Wut, Freude, Besorgtheit, Nachdenklichkeit, Trauer, Angst und Schock die Organe durch ihre Wirkung auf das Qi (in der chinesischen Kultur die energetische Kraft). Diese Emotionen verursachen, wenn sie entweder unterdrückt werden oder zu lange anhalten, dass das Qi stagniert.

Unserer Ansicht nach mögen verinnerlichte Emotionen, die in der Vergangenheit nicht voll ausgelebt wurden, sondern gegen die man einen starken Widerstand hatte, wieder im Körper als elektrische Ladungen auftauchen, die dazu fähig sind, negative Effekte zu kreieren. Es gibt eine Stufe oberhalb des Emotionalen und das ist die Ebene der Konzepte und Gedanken. Auf dieser mentalen Ebene sind wir dazu in der Lage, viele fixierten Zustände und emotionalen Reaktionen zu entdecken.

Es gibt verschiedene Arten von Ladung oder Stress (siehe die Definition in den folgenden Abschnitten). Eine Art ist in vergangenen Geschehnissen enthalten und ist die Art, die mit korrespondierenden Stimuli der gegenwärtigen Umgebung ausgelöst werden kann. Dies wird oft traumatischer Stress genannt. Eine andere Art ist eine eher anhaltende Art von Ladung, die in Richtig-Falsch-Konflikten sichtbar wird oder wenn sich jemand mit Aktivitäten befasst, die gegen seine/ihre grundlegenden Ziele und Absichten gehen.

Da Leben ein harmonischer Zustand – in den Worten von Walter Russell – ein balancierter rhythmischer Austausch, ist, könnte man sagen, dass jegliche Aktivitäten, die gegen das Leben gerichtet sind, die man *böse** nennen könnte, die Ursache sowohl von Disharmonie wie auch von Krankheit ist.

So wird auch Stress in der medizinischen Welt definiert, wie hier im folgenden Abschnitt angegeben ist, aus www.helpguide.org.

Die medizinische Sicht auf den Stress

Stress ist eine natürliche physische Reaktion auf Ereignisse, die auf irgendeine Weise Ihr Gleichgewicht gefühlsmäßig bedrohen oder stören. Wenn Sie Gefahr spüren – sei sie realer oder imaginärer Art – legt das Verteidigungssystem des Körpers einen höheren Gang ein. Dies ist ein schneller, automatischer Vorgang, der als *Fluchtreaktion* und *Fluchtreflex-oder-Schreckstarre* sowie *Stressreaktion* bekannt ist.

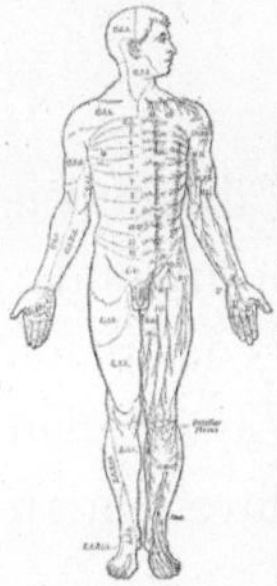

Wenn Sie eine Bedrohung wahrnehmen, reagiert Ihr Nervensystem damit, eine Flut von Stresshormonen auszuschütten, wozu auch Adrenalin und Cortisol gehören. Diese Hormone regen den Körper zu einer Notaktion an. Ihr Herz schlägt schneller, der Muskeltonus erhöht sich, der Blutdruck und die Atemfrequenz steigen und Ihre Sinne schärfen sich. Diese physischen Veränderungen erhöhen Ihre Stärke und Ausdauer, verkürzen die Reaktionszeit und verbessern Ihre Konzentration, was Sie dazu vorbereitet, sich entweder zu verteidigen oder die Flucht vor der bevorstehenden Gefahr zu ergreifen.

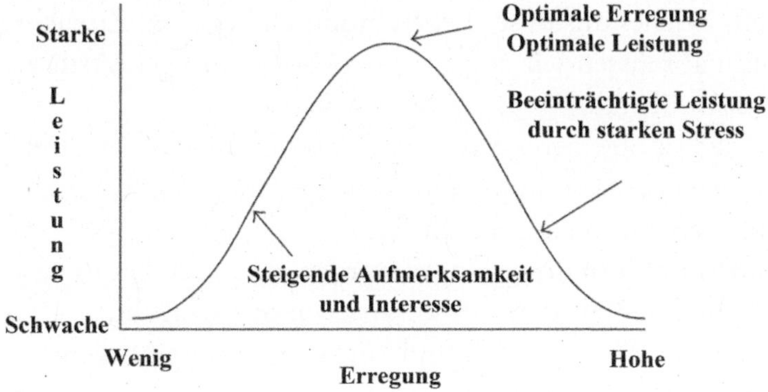

Wenn jedoch Stress eine energetische Reaktion ist und uns dazu dient, uns in Notsituationen zu schützen, ist er nicht immer schlecht. Die Grafik oben illustriert dies.

In anderen Worten ist ein gewisses Maß an Stress guter Stress; der Endokrinologe Dr. Hans Selye, der als erster die Stress-Reaktion identifizierte, nannte dies Eustress* (aus dem Griechischen: eu = gut) und nur nachdem ein kritischer Punkt erreicht ist, wird er zu negativem Stress.

Wie definieren wir Stress oder Ladung?

Wir benutzen die Wörter Ladung und Stress als äquivalente Ausdrücke. Stress wird als ein Zustand von mentaler oder emotionaler Belastung oder Anspannung definiert, der aus widrigen oder sehr beanspruchenden Umständen resultiert. Sie steht offensichtlich unter großem Stress (man kann sehen, sie hat Ladung).

Ein Großteil unserer Aufmerksamkeit bei der Anwendung der Bewusstseinstechnologie auf Alltagssituationen ebenso wie auf Dauerzustände richtet sich darauf, mit unerwünschten Stressfaktoren umzugehen. Lassen Sie uns also einen Blick auf dieses Phänomen Stress oder Ladung werfen, welches uns unser Leben hindurch begleitet. Zunächst einmal müssen wir zugeben, dass Stress allgegenwärtig ist – er ist überall.

Es ist objektiver Stress, wenn es klar umrissene, offene Gegenabsichten zu unseren Absichten und Gegenkräfte zu unseren Aktionen gibt. Er kann beobachtet und es kann direkt mit ihm umgegangen werden, da er sichtbar ist. Das könnte man als die gesunde Art von Stress erachten – das überwinden bekannter Hindernisse kann uns glücklich machen. Wenn man überhaupt keine Hindernisse zu überwinden hat, wo ist dann das Spiel?

Die andere Art von Stress ist, was von unbekannten Quellen oder den unbewussten oder verborgenen Quellen ausgeht. Daher können wir hier wiederum sehen, dass Bewusstsein vereitelt ist durch Täuschung, Desinformation auf der einen Seite und auf der anderen Seite mehr subjektiv durch innere Konfliktquellen, unangemessener Emotion und Reaktion, die oft von unverarbeiteten vergangenen Erfahrungen stammen.

Glaubenssätze

Was wir erleben, ist von unseren Glaubenssätzen beeinflusst und was wir glauben, ist das Resultat dessen, was wir erlebt haben. Funktion bestimmt die Struktur und Struktur wiederum bestimmt die Funktion. Hier ein paar allgemeine Beispiele.

Funktion: Menschen in Richtung des Himmels weisen. Struktur: Eine Kirche bauen mit einem Kirchturm, der steil nach oben zeigt. Das Kirchengebäude limitiert nun wiederum die Möglichkeiten, da Menschen, um in den Himmel zu kommen, jetzt durch die Kirche dorthin gehen müssen. Funktion: Eine Flüssigkeit in die Luft halten. Struktur: eine Tasse. Die Tasse limitiert dann die Funktion in der Weise, dass sie nach mit der Öffnung nach oben gehalten werden muss und nicht andersherum, was mit einer anderen Struktur nicht so der Fall wäre, wie z.B. einer Kugel.

Da wir alle über unterschiedliche Erfahrungen verfügen, überrascht es nicht, dass sich unsere Glaubenssätze von Individuum zu Individuum unterscheiden. Es gibt auch geteilte Erfahrungen, und das bringt uns zu Gruppen-Glaubenssätzen, bei denen alle Mitglieder einen bestimmten Glauben teilen, was manchmal als ihre Realität bezeichnet wird. Dies ist deshalb so, weil es scheint, dass die

Wahrnehmung von Realität zu einem wichtigen Teil von jemandes Glaubenssätzen bestimmt ist. Dies wurde unter anderem von Psychologen der Schule der Gestaltpsychologie angemessen demonstriert.

Was hat das nun mit unserem Thema von Harmonie oder Disharmonie zu tun?

Glaubenssätze, das kennen wir alle, neigen dazu, gegeneinander zu prallen und Diskussion und Krieg hervorzurufen. Wir haben dies oft beobachtet. Aber was ist mit unserem inneren Zustand? Was, wenn wir konflikterzeugende Glaubenssätze verinnerlicht haben? Nehmen wir einmal an, dass wir als Kind geglaubt hätten, dass alle Männer mit toll aussehenden Autos wie Onkel Joshua wären. Später endete das nun damit, dass wir uns auf eine Fahrt mitnehmen ließen, auf der wir unsere Jungfräulichkeit verloren haben. Jetzt mögen wir ein Gedankenmuster angenommen haben wie z.B.: tolles Auto = freundlicher Mann = zum Opfer werden. Was soll man nun glauben?

Ich bin mir sicher, dass Sie sich vorstellen können, dass dies zu einiger innerer Disharmonie führen könnte.

Lassen Sie uns näher betrachten, was Glaubenssätze sind.

Intuition	**Glaube**
Wahrnehmung	Daten
Fließend	Fixiert
Wellen	Partikel
Duplizierend	Repräsentativ
Direktes Wissen	Daten-basiertes Wissen
Gefühl	Denken
Rechte Gehirnhälfte*	Linke Gehirnhälfte

Es gibt einen Unterschied zwischen intuitivem Wissen und Glauben. Ersteres ist eine direkte Funktion des Bewusstseins, wobei Zweiteres Teil des Bewusstseins ist, jedoch nicht länger Flexibilität besitzt. Ein Glaube ist ein irgendwie verfestigtes Bewusstsein, eine stabile Betrachtung der Art *`Es ist, wie es ist´*. Es transportiert die Konnotation von *`keine Veränderung´* und man kann viele Argumentationen darauf aufbauen.

Es gibt andere Attribute zu Intuitionen und Glaubenssätzen. Intuition ist auf direkte Wahrnehmung gegründet, wobei ein Glaubenssatz repräsentativ ist. Mit repräsentativ meinen wir ein Substitut oder eine symbolische Interpretation dessen, was tatsächlich da ist, oder man könnte sogar sagen eine Zusammenfassung. Philosophisch gesehen gäbe es noch viel mehr dazu. Aber lassen Sie uns zurückkehren zur Ursache von Disharmonie.

Gedankenmuster (Glaubenssätze) beeinflussen die Stimmung und dadurch jemandes Lebensweise, das ist seit langem bekannt. Das ist die zugrundeliegende Vorstellung, die der Beginn dessen war, was wir heute als kognitive Therapie für Depressionen kennen. Depression ist ein offensichtlicher Fall von sehr negativem Denken und Glauben, welches mit negativen Emotionen geladen ist.

Der ersichtliche Grund

Die Ursache von Bewegung ist ein Impuls oder etwas, das das Gleichgewicht stört. Das ist der anfängliche Anstoß einer Schaukel, der eine harmonische Bewegung verursacht. Wenn wir einmal bei der mechanischen Analogie bleiben wollen, können wir sagen, dass Disharmonie durch eine Störung dieser harmonischen Bewegung verursacht wurde, wie z.B. die Schaukel seitwärts anzuschubsen.

Der ersichtliche Grund von Disharmonie ist immer ein Impuls von außen. In einigen Ländern Europas gibt es einen äußeren (ausländischen) Impuls, der als *'militante Islamisten'* bekannt ist und den viele als Ursache von Disharmonie ansehen. Dies führt zu Gegenaktionen von politischen Parteien, die sich ideologisch um die zentrale Vorstellung gruppieren, diese Störung aus dem Ausland zu stoppen. Dies zeigt sich in Demonstrationen, die wiederum Anti-Demonstrationen derer, die gegenteilige Ansichten haben, nach sich ziehen.

Auf individueller Ebene geschieht es oft in der verletzlichen Kindheitsphase, dass die sich entwickelnde Selbstbestimmung des Kindes abrupt von den Eltern, Schulen oder vielleicht älteren Kindern durchkreuzt wird. Man mag grundlos verprügelt worden sein. Ein Kind kann auf verschiedene Arten reagieren. Eine davon ist, sich den Vorfall zu merken und zu versprechen, es ihnen zurückzuzahlen. Eine andere ist, in eine Art Apathie zu versinken und zu entscheiden, dass man nichts dagegen tun kann. Eine andere ist, es ihnen sofort heimzuzahlen, indem man Eigentum zerstört oder ein inneres Gefühl von Groll aufrechterhält.

Es gibt eine weitere Art, die wie Magie ist, bei der das Kind nicht reagiert, sondern sich lediglich dessen bewusst ist, was vor sich geht und lernt, wie die umstehenden Menschen agieren und schrittweise versteht, wie und warum und beginnt, damit in intelligenter Weise umzugehen. Dieses Kind wird ziemlich gut daraus hervorgehen in dem Sinne, nicht durch solcherlei Kindheitserlebnisse negativ verändert zu werden.

Damit ist nicht gemeint, dass man zum Fußabtreter werden und jeden auf sich herumtrampeln lassen sollte, aber es wäre wichtig zu erkennen, dass <u>nachdem</u> das Unvermeidliche passiert war, Widerstand oder Reue nicht hilfreich ist.

Daraus kann man mutmaßen, dass die tatsächliche Ursache von Disharmonie also doch nicht im äußeren Impuls liegt.

Der Weg des Bewusstseins

Es existiert eine Einstellung, die praktisch null Widerstand leistet und aus einer Herangehensweise von reiner Wahrnehmung von allem, was passiert, besteht. In diesem Fall wird von der vergangenen Erfahrung, – wie schlimm auch immer sie gewesen sein mag – statt ein Trauma zu erhalten, ein neu gewonnenes Verstehen gewonnen. Dieses würde keine Ladung in sich tragen.

Wenn Bewusstsein die Führung ist, können wir sehen, dass es keine oder nur minimale Ladungsakkumulation entlang der Erinnerungszeitspur geben würde.

Die Realität der Situation ist jedoch, dass die meisten von uns nicht gelernt haben oder wissen, dass Kein-Widerstands-Bewusstsein gleichbedeutend mit keiner Ladung und Freiheit von jeglicher abgekapselten emotionellen Ladung ist. Daher haben wir eine Bewusstseinstechnologie, die verwendet werden kann, um jeglichen Mangel an Ausbildung oder Klugheit unsererseits in der Vergangenheit wieder wett zu machen.

Unserer ersichtlichen Dummheit unsererseits liegt der Glaube zugrunde, dass gewisse Dinge nicht toleriert oder erfahren werden können und vermieden oder unterdrückt werden müssen. Das ist dieselbe Vorstellung, die in der modernen Medizin verbreitet ist: Wenn es einen Schmerz gibt, muss er gestoppt werden; wenn das Stoppen des Schmerzes einen weiteren Schmerz erzeugt, dann muss dieser ebenfalls gestoppt werden und wir enden damit, täglich 15 verschriebene Medikamente einnehmen zu müssen. Natürlich löst keines davon die tatsächliche Problematik.

Nehmen wir einmal an, wir haben ein Problem, das aus entgegengesetzten Absichten oder Glaubenssätzen besteht, wobei beide Seiten praktisch die gleiche Stärke aufweisen. Probleme stammen meistens von der Unfähigkeit, die duale Natur der Dinge zu konfrontieren. Jemand sagt: *„Ich habe ein Problem mit meiner Verlobten"* und so lange, wie das angebliche Problem nicht aus jedem Winkel, inklusive des Problems, das die Verlobte mit ihm haben könnte, angeschaut wird, wird es sich nie lösen. In dem Moment, in dem man sich des ganzen Problems von beiden (oder mehr) Seiten bewusst wird, wird es gewöhnlich völlig offensichtlich, wie es zustande kam und wie man es lösen kann. Oder magischerweise ... welches Problem?

Wir werden uns später eingehender mit Problemen des Selbst befassen, aber wir können bereits jetzt eine Sache feststellen: Es scheint immer der äußere Impuls zu sein, extern zum Selbst, der für Disharmonie sorgt und dass es das Selbst ist, das dazu in Wirkung geht. Was meist bezüglich der Verursachung der Disharmonie übersehen wird, ist die Tatsache, dass es zwei Vektoren in Opposition geben muss, zwei Absichten, zwei Impulse etc. Es ist niemals eine einseitige Angelegenheit.

Harmonie wird nicht allgemein erlebt werden, bevor Individuen und Gruppen lernen, weit über sich selbst hinaus zu schauen. Wenn dies erreicht ist, werden wir alle schlussendlich dynamischen Zustände von Harmonie genießen und Bewusstheit des Einsseins wird erreicht werden.

Wir sind der festen Überzeugung, dass die Bewusstseinstechnologie und besonders ihre Kommunikations- und Prozessingtechnologie – das Thema des nächsten Buchteils – dazu beitragen kann, die Lebensqualität innerhalb der persönlichen Domäne, wie auch in allen Domänen, einschließlich des Lebens jenseits dieser Welt, zu verbessern.

TEIL III

TECHNOLOGIE FÜR BEWUSSTSEIN

Technologie bedeutet im Allgemeinen die Wege und Methoden, Dinge zu erledigen. Technik ist der Ausdruck, den wir zur Beschreibung einer bestimmten Vorgangsweise benutzen. Jetzt, da wir gesagt haben, was wir erreichen wollen, ist es an der Zeit, die Technologie, die wir benutzen, um das zu bewerkstelligen, genau zu beschreiben.

Dies setzt sich aus Wegen zusammen, Bewusstheit von Bewusstheit sowie die Zustände des Minds und des Bewusstseins zu etablieren oder zu verbessern.

Prozessing wird in seiner Vollständigkeit behandelt werden. Das erste Kapitel dieses Teils handelt von Informationsprozessing im praktischen Sinne. Dem folgt Essentielle Meditation, die Anatomie von Kommunikation und deren Anwendungen im Prozessing.

Das längste Kapitel (9) in diesem Teil beschreibt vollständig die Universelle Imaginationsprozessings-Technik. Dem folgt eine Auflistung diverser Methoden. Selbsterforschung bekam eine exakt zusammengestellte Reihenfolge von Schritten und Techniken, die in einer Annäherung an ein Bewusstheit des Einsseins gipfelt.

Danach folgen ein paar Hinweise und stabile Daten für das `verkörperte Selbst´ und schließlich einige individuelle Aussagen in Bezug auf erreichte Resultate.

7. Verstehen & Auswertung von Information

„Es gibt zwei Arten, leicht durchs Leben zu gleiten: Alles zu glauben oder alles anzuzweifeln. Beide Arten retten uns davor, nachzudenken.“ – Alfred Graf Korzybski

Individuelles Bewusstsein könnte einfach das, was ihm über den Weg läuft, absorbieren. Bloßes Akzeptieren von Informationen ohne die bewusste Bemühung, diese zu verstehen, ist das gleiche wie die Kontrolle über das eigene Wissen an die Datenquelle auszuhändigen. Wir leben in einer Welt und in einem Klima, in denen Marketing, manipulierte Medien, Propaganda und psychologische Kriegsführung Teil unseres täglichen Lebens sind. Die Informationen werden oft mit der Absicht verbreitet, zu verwirren, falsch zu informieren und zu kontrollieren. Die Bildung der Kinder in den meisten Schulen und durch Multimedia ist stark von eigennützigem Interesse und durch einseitige Auswertung und Präsentation der Weltsichten beeinflusst. Dies ist dann mit einer völligen Abwesenheit von Ausbildung in der Fähigkeit, kritisch oder differenziert zu denken, kombiniert.

Auf diese Art steuern wir als Gesellschaft geradewegs auf eine komplett versklavte Bevölkerung zu, die von einer höheren Gesellschaftsschicht unterdrückt wird, die unter der Kontrolle einer noch höheren und geheimeren steht.

Unter derartigen Bedingungen ist es oft eine Überlebensfrage, fähig zu sein, seinen Weg durch ein Labyrinth von widersprüchlichen Daten und Behauptungen zu finden, um die Wahrheit zu entdecken. Es sieht so aus, dass es kaum etwas Wichtigeres gibt, als Mittel und Wege zu haben, Daten und Informationen auszuwerten. Das Vermögen zu kritischem Denken, um Daten zu analysieren und Anstrengungen von Gedankenkontrolle zu erkennen, um politische, Kriegs- oder Konfliktpropaganda als Tatsache zu akzeptieren, wird eine äußerst wichtige Fähigkeit. Deshalb beginnen wir Teil III dieses Buches zur Bewusstseinstechnologie mit einem Kapitel, das sich diesem Thema widmet.

Teil des Verstehens von Leben ist, dass nicht alle menschlichen Wesen dieselben Motive haben und dass es menschliche Wesen gibt, die tatsächlich Böses für ihre Mitmenschen beabsichtigen und ihnen dieses auch antun. Die vielleicht erstaunliche Tatsache ist, dass es mindestens einen gewissen Prozentsatz an Menschen gibt, die nicht einfach nur schießende und blutrünstige Kriminelle sind, sondern Kriminelle in Hemd und Kragen, die im Geheimen Chaos stiften und beabsichtigen, davon zu profitieren. Das Spiel, das sie spielen, besteht darin, in gutem Ansehen zu bleiben, während sie andere zu deren suggeriertem Vorteil manipulieren und betrügen. Ohne tiefer auf die Gründe dafür einzugehen, merken wir hier nur die Fakten an.

Das MGT Institut bietet einen Kurs über Soziopathie* an, der die Charakteristiken von Soziopathen vermittelt und Methoden lehrt, solche Leute zu erkennen und ihren Manipulationen entgegenzuwirken, indem man als allererstes deren Existenz erkennt und als zweites weiß, wie mit solchen Wesen und Situationen umzugehen ist, wenn man sie einmal entdeckt hat.

Aber das ist nicht alles; man muss dazu fähig sein, zu studieren und zu lernen und sich darüber bewusst zu sein, wie die menschliche Gesellschaft funktioniert und nach welchen Gesetzen sie das tut. (Das sind nicht die Gesetze, die in den Gesetzbüchern stehen.) Als Beispiel biete ich Folgendes an: In Deutschland gibt es ein Grundgesetz, welches tatsächlich grundlegend sein sollte in dem Sinne, dass andere Gesetze auf dieses abgestimmt sein müssen und es gibt sogar einen Gerichtshof in Karlsruhe, der konsultiert werden kann und dazu da ist, um zu überprüfen, ob irgendein vorhandenes Gesetz mit dem Grundgesetz konform ist.

Das ist ziemlich einzigartig in Deutschland. In dem benachbarten Land, den Niederlanden, in denen ich geboren wurde, wurde die Möglichkeit, ein Gesetz anhand der Verfassung oder dem Grundgesetz zu prüfen, ausgeschlossen und kann nicht durchgeführt werden.

Der Artikel 1 des deutschen Grundgesetzes lautet wie folgt: *„Die Würde des Menschen ist unantastbar. Sie zu achten und zu schützen ist Verpflichtung aller staatlichen Gewalt."*

In der tatsächlichen Praxis ist dieser erste und grundlegendste Gesetzesartikel lediglich ein Ideal oder ein netter Gedanke, der wenig Bezug zu dem hat, was tatsächlich getan wird. Es gibt viele Gesetze, die das im Artikel 1 ausgedrückte Prinzip ganz klar verletzen.

Eines der Hauptbestandteile von menschlicher Würde ist die Selbstbestimmung. Und genau diese Selbstbestimmung wird so oft komplett ignoriert. Und nochmal, wenn Sie kein Beispiel dafür finden können, brauchen Sie sich nur einmal genau anzuschauen, was Sie von verschiedenen 'Autoritäten' zu tun geheißen wurden.

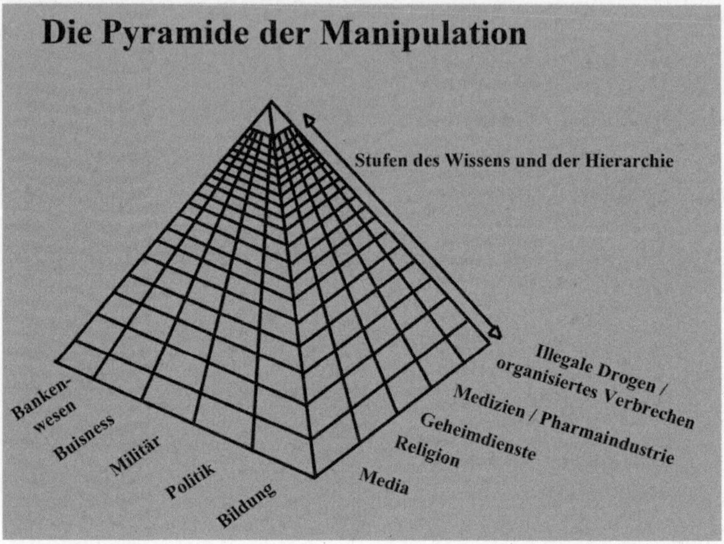

Sie können nicht einmal ohne die Erlaubnis der staatlichen Autoritäten in einem Hotel übernachten.

Beispiele gibt es mannigfaltige in Deutschland und anderswo. Dies ist keine politische Kundgebung, aber eine Analyse dessen, was von intelligenten Menschen gebraucht wird, um die Umgebung, in der sie leben korrekt auszuwerten und dementsprechend zu handeln.

Ein Beispiel ist das Wort Regierung* [engl.: Government]. Viele mögen denken und sich so verhalten, als ob es eine tatsächliche Entität, Regierung genannt, gäbe, die etwas tun könne. Wenn man das Wort jedoch richtig versteht, weiß man, dass es eine Gruppe von Leuten beschreibt, die eng in dem Versuch zusammenarbeiten, andere Leute zu kontrollieren. Die Etymologie bestätigt den Kontrollaspekt, vom latinisierten Griechisch *gubernatio* „Management, Regierung“, vom Altgriechischen κυβερνάω (kybernao) „steuern, fahren, führen, als Steuermann agieren” + dem Lateinischen *mente* „Mind” (Verstand, Geist), d.h. Mind

Control (Bewusstseinskontrolle). Nach einigen Jahren im zwangsweise verordneten Schulsystem sind viele Menschen ziemlich davon überzeugt, dass viele Dinge um sie herum passieren, die sie einfach nicht verstehen können.

All dies würde ich an dieser Stelle nicht erwähnen, wenn es da nicht einen direkten Bezug zu Bewusstsein gäbe. Bewusstsein ist mit Stereotypen, Überzeugungen, Glaubenssätzen und Gesichtspunkten von den Eltern, vom Kindergarten, den Nachbarn, dem Fernsehen und den Schulen imprägniert und dieser Einfluss wird durch Wörter, Symbole und Bilder übermittelt.

Wie auch in der Genetik braucht es hin und wieder frische Spermien von angrenzenden Stämmen, oder die Gruppe leidet an Inzuchterscheinungen.

Mit anderen Worten brauchen wir Technologie zur Auswertung von Daten – und wir verfügen über eine solche Technologie. Im Deutschen gibt es etwas, das sich *Querdenken* nennt und das könnte genau das sein, was wir benötigen, um uns dem Bann der Medien und der bewusstseinskontrollierenden Bildungseinrichtungen wie unseren Schulen und Universitäten zu entziehen.

Teil der Probleme an Schulen und Universitäten ist der Mangel an Ausbildung in Studierfertigkeiten. Universitäten lehren immer noch, dass Lernen ein Prozess des Erzeugens von Veränderungen im Gehirn sei. Dies habe ich zu meiner Überraschung in einem Video gesehen, das von der Universität von Oklahoma präsentiert wurde. Was als Studiertechnologie präsentiert wird, ist beklagenswerterweise nicht adäquat dafür, einen Forscher oder wahren Wissenschaftler auszubilden.

Alle unsere Aktivitäten im *MGT Institut für bewusstSEINs Erforschung* drehen sich darum, sich und die eigene

Beziehung zu anderen und zu dem umgebenden Universum zu verstehen.

Die Bewusstseinserforschungs-Routen, die in einem späteren Kapitel erläutert werden, zielen auf eine graduelle Entfaltung von Bewusstheit bezüglich dessen ab, was sich innen und außen abspielt. Die Produkte jeder dieser Erforschungen, Sitzungen und Studien sind immer Einsichten. Dieses Verstehen summiert sich – nicht notwendigerweise linear – zu größeren, oft exponentiell größeren Einsichten.

Die Bewusstseinserforschungs-Routen werden auf zwei Wegen beschritten: Der erste erschließt sich durch Intuition und der zweite durch Studium und Wissen (Extuition).

Sprache – Wörter & Verstehen

Sprache ist die Art, wie Dinge kommuniziert und verstanden werden. Sprache ist begrifflich, womit wir meinen, dass sie mit Symbolen arbeitet, die etwas anderes repräsentieren. Sie ist ein indirekter Weg, Dinge zu wissen, unterscheidet sich von der direkten Beobachtung und ist vielleicht sogar weniger effizient. Deshalb müssen Wörter und Symbole definiert werden und die jeweiligen Definitionen müssen bekannt sein, um zu Verstehen zu gelangen.

Das Institut stellt eine Anzahl spezifischer Studiertechniken wie auch eine komplette Studiertechnologie zur Verfügung, die sowohl elektronische Hilfen wie auch gewisse Prinzipien, Phänomene und praktische Tipps umfasst, die mit der Weitergabe von Informationen durch Sprache und Symbole zu tun haben.

Ein praktischer Aspekt ist, dass bestimmte Phänomene zu erkennen gelernt werden, die Missverständnisse anzeigen. Man lernt ebenfalls, wie man eine eigene Verwirrung auf leichte Weise auflöst, wie auch zu erkennen, wenn

Datenquellen fehlerhaft sind. Eine solche Technik besteht daraus, die Definitionen von Worten zu klären und kann dazu verwendet werden, um ganze Themenbereiche und mögliche angesammelte Blockaden der eigenen vergangenen Ausbildung zu entwirren. Einige Menschen wurden in früheren Studien desillusioniert, und auch das kann behoben werden.

Wenn man wünscht, die Literatur der ein oder anderen Kultur zu lesen, muss man mit den Bedeutungen und Bedeutungsschattierungen der Wörter, wie sie in den verschiedenen Kontexten verwendet werden, vertraut sein. Es ist nicht genug, eine Bedeutung eines Wortes zu kennen, da je hochrangiger die Inhalte sind, desto subtilere Unterschiede müssen erkannt werden, damit der Text Sinn ergibt. Sogar die Verwendung eines Wörterbuches bedarf einiger Fertigkeiten, wenn man aus ihnen irgendwelche Bedeutungen erhalten möchte. Solche Dinge wie die Etymologien oder Wortherkünfte sind oft nötig, um das volle konzeptionelle Verstehen bestimmter Wörter zu erhalten.

> ***Unbekannte Wörter***
> *„Wann immer Du auf ein Wort stößt, mit dem Du nicht vertraut bist, finde es in einem Wörterbuch und schreibe einen Satz, in dem Du dieses Wort verwendest. Wörter sind Werkzeuge, und sobald Du gelernt hast, wie Du ein Werkzeug benutzt, wirst Du es niemals vergessen. Einfach nur die Bedeutung des Wortes nachzuschlagen, ist nicht genug. Wenn Du einen weitreichenden Wortschatz hast, kannst Du sowohl feine wie große Erfahrungsmuster begreifen.“* – Buckminster Fuller am 16. Feb. 1970 in einem Brief an den jungen Michael.

Wenn man sich nicht die Mühe macht, Wortbedeutungen zu klären, wird man sicherlich mit einem Grad an Vagheit oder Verwirrung darüber, was man liest, enden und dies hat einen Einfluss auf die Fähigkeit, die Daten zu verwenden und mag diese sogar komplett blockieren.

Wörter sind Symbole, die verwendet werden, um ein bestimmtes oder allgemeines Etwas zu bezeichnen, welches als der Wortbezug bekannt ist. Ein möglicher Fehler ist, das Symbol irrtümlicherweise für die Sache, die es repräsentiert, zu halten. Man muss wachsam sein, da es in manchen Fällen keinen konkreten Bezugspunkt gibt, oder gewisse Wortkombinationen sind dahingehend irreführend, da sie gar keinen haben. Wörter wie Kirche, Polizei, Regierung sind Symbole, die sich auf gewisse Abstraktionen beziehen. Damit ist nichts verkehrt, solange keiner anfängt zu denken, dass es eine tatsächliche Entität, die Polizei genannt wird, gäbe. Von Wortkombinationen wie Friedensmission, finanzielle Unabhängigkeit, globale Erwärmung, Mind Control, demokratische Regierung, intellektuelles Eigentum, Vereinigte Staaten, Redefreiheit usw. glaubt man oft, dass sie Dinge, die tatsächlich existieren, repräsentieren, anstatt zu sehen, was sie wirklich sind: vermarktete Ideen.

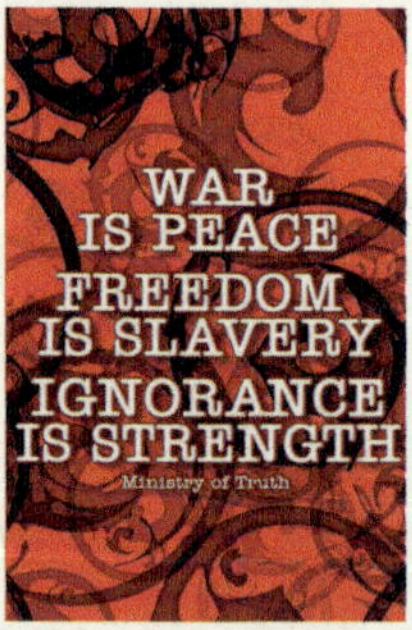

1984 – iPhone Background by Patrick Hoesly / CC BY 2.0

Indem man sagt: *„Die Regierung handelte konservativ in der Angelegenheit…"*, schreibt man dem Wort Regierung eine Bedeutung zu, die es in Wirklichkeit nicht hat. Die Regierung wird oft interpretiert als ein tatsächliches Wesen, die handeln könnte, aber es gibt keinen Bezugspunkt dieser Art. Wenn man es präziser ausdrückt, z.B.: *„Die Regierung von…"*, mag es sich auf eine Gruppe von Menschen beziehen, aber selbst dann ist es gewöhnlich ein bestimmtes, aber namentlich nicht genanntes menschliches Wesen, das handelt. Nehmen wir ein anderes Beispiel: finanzielle Unabhängigkeit. So etwas gibt es nicht, da sogar Bill Gates von Menschen abhängig ist, die mehr oder weniger freiwillig zu seinem Unternehmen Microsoft beitragen. PR-Experten ist bekannt, dass solche Wortkombinationen (oft Lügen und Halbwahrheiten), wenn man sie oft genug wiederholt, tatsächlich als etwas mit Bedeutung erachtet werden, wobei es tatsächlich keinen Bezugspunkt (eine tatsächliche Existenz, auf die sich das Wort beziehen sollte) gibt.

Von diesen wenigen Beispielen kann man schließen, dass man fähig sein muss, zwischen immer feineren Bedeutungsschattierungen zu unterscheiden, wenn man vollständig verstehen möchte, was vor sich geht. Es war eine wichtige Regel verschiedener gnostischer Traditionen, immer einen gut-definierten Bezugspunkt für jegliches verwendete Wort zu haben.

Differenzierung ist ein wesentliches Attribut und eine wichtige Fähigkeit, die im Bewusstsein existiert. Diese Fähigkeit ist variabel. Am unteren Ende der Skala finden wir Identifikation oder die Unfähigkeit, zwischen Dingen zu unterscheiden. Das obere Ende ist die übermenschliche Fähigkeit, extrem hohe Frequenzen als separate Oszillationen zu beobachten – dies ist die absolute Spitze des Wahrnehmungsvermögens. Sehschärfe und Wahrnehmungsfähigkeit – Schlüsselkriterien bei der Auswahl von Piloten und Astronauten – sind Fähigkeiten zur Differenzierung.

Versklavung versus Verstehen

„Niemand ist mehr Sklave, als der sich für frei hält, ohne es zu sein.“ – Johann Wolfgang von Goethe, Wahlverwandtschaften

Das erste, das man über das Konzept der Sklaverei anmerken sollte, ist, dass es gewöhnlich auf einen emotional gemiedenen Zustand von Elend, Leid und Unbehagen begrenzt ist. Tatsächlich verweist die eigentliche Idee des Begriffs

Sklave, im Lateinischen *servus*, auf Zwangsarbeit oder diejenigen, die dazu gezwungen sind, anderen zu dienen. Die Idee, dass dies nur auf der Ebene von brachialer Gewalt oder Schusswaffen existiert, ist irreführend. Versklavung kann sogar auf charmante Art erreicht werden, reibungslos präsentiert als freie Entscheidung und/oder mehr trügerisch als die (unbeabsichtigte) Konsequenz einer anderen Entscheidung. Beispiele können sowohl auf dem Gebiet der Regierung als auch bei Mafia-Geschäften gefunden werden. *Wenn ich die Entscheidung treffe, in Frieden zu leben, werde ich den Preis dafür zahlen müssen, nicht schikaniert zu werden.*

Daher ist die Entscheidung, in Frieden zu leben = die Wahl, einer Gewaltandrohung nachzugeben = Selbstbestimmung aufzugeben oder, man könnte sagen, zu einem geringen Grad selbstbestimmt versklavt zu sein, d.h. bezahlen zu müssen. Dies kann wiederholt getan werden, bis es zu einer gewohnheitsmäßigen Entscheidung wird und man es für normal hält oder man denkt, dass es keine andere Möglichkeit gäbe. Daher zahlen wir am Ende alle unsere Steuern und vergessen dabei sogar, dass wir dazu gezwungen sind und dass es die Selbstbestimmung verletzt.

Es gibt unterschiedliche Ausmaße von Versklavung; es gibt bekannte versus unbekannte Versklavung. Die bewusste Person realisiert, dass ein gewisser Grad an Einschränkung der eigenen Freiheit akzeptabel ist, da dies Teil jeden Spiels ist. Dr. Noel Huntley stellt eine Übersicht darüber zur Verfügung, wie spirituelle Versklavung funktioniert. Das kostenlose E-Book hat den Titel: *The Scientific Principles Of Spiritual Enslavement* [Die wissenschaftlichen Prinzipien der spirituellen Versklavung][1]

1 *Die Broschüre 'The Scientific Principles Of Spiritual Enslavement' zum gratis Herunterladen von http://www.nhbeyondduality.org.uk/EnslaveBook.htm*

Das MGT Institut für bewusstSEINs Erforschung bietet einen Kurs in Logik und Datenauswertung an, der einen Überblick dieses Teils der Bewusstseinstechnologie enthält.

Die unerlässliche Notwendigkeit einer Studiertechnologie

Die Universität von Oklahoma beispielsweise veröffentlichte *Reading Comprehension 101: A Step by Step Guide*[2] [Leseverstehen 101: Eine Schritt-für-Schritt-Anleitung], wobei 101 eine Nummerierung ist, die in amerikanischen Universitäten verwendet wird und die anzeigt, dass es sich dabei um einen Einführungskurs handelt). Diese Anleitung erwähnte kein einziges Mal die Notwendigkeit, ein Wörterbuch zu befragen, wenn man nicht verstandenen Wörtern im Text begegnet.

Eine tatsächliche Studiertechnologie würde weit darüber hinausgehen, nur ein paar Lerntipps zu geben. Warum kommen Menschen zu dem Schluss, dass sie dumm seien oder nicht studieren oder lernen können? Das müsste man einbeziehen und das ist natürlich die mentale Seite davon.

Ein Wort in einer bestimmten Bedeutung in Sätzen zu verwenden, bis man das Konzept erhält, ist eine Übung, sich verschiedene Verwendungen des Wortes vorzustellen, bis es klick macht, man sich gut darüber fühlt und das Wort ab jetzt als Werkzeug zur Verfügung hat.

Solche Techniken sind obligatorisch für jeden Studenten, der schlau sein und schnell voran kommen möchte. Die Online-Oxford-Wörterbücher von heute verwenden viele Beispielsätze, was hilfreich ist, um das Wort in verschiedenen Kontexten verwendet zu sehen, aber es ist kein Ersatz dafür, seine eigenen Sätze zu bilden.[3]

2 *Studieranleitung der Universität von Oklahoma unter [2018, Juli] www.ou.edu/content/dam/studentsuccess/documents/Reading%20Comprehension%20tips.pdf*

3 *http://www.oxforddictionaries.com/us/definition/american_english/*

Es gibt einige Seiten im Netz, die Ausbildungsmethoden bewerben, um das Vokabular zu vergrößern, wie z.B. eine Webseite auf yourdictionary.com mit dem Thema *How to Teach New Vocabulary Words* [Wie Sie neue Vokabeln lernen]. Sie vermitteln, die korrekten Definitionen zu erlernen, die Bedeutung eines Wortes aus seinem Kontext zu bestimmen, aber auch, wie man sich allgemein in Wörterbüchern zurechtfindet. Zusätzlich legen sie Wert darauf, wie man die Definition eines Wortes bestimmt, indem man Werkzeuge wie Stammwörter, Präfixe und Suffixe benutzt.[4]

Was dort immer noch fehlt, ist das Verständnis und das Erkennen des möglichen emotionalen Einflusses gewisser Wörter. Carl Jung benutzte das Galvanometer als Werkzeug, um unbewusste Gefühle aufzuspüren. Wenn ein Wort emotional geladen ist, würden sich die Veränderungen im Hautwiderstand am Galvanometer zeigen. Viele Jahre später wurde eine anspruchsvolle Technologie zur Klärung von Wortbedeutungen und jeglicher verwirrender und unerwünschter mentaler und emotionaler Assoziationen mit Wörtern in der Scientology entwickelt.

Indem man sich schöpferisch verschiedene Verwendungen eines Wortes vorstellt, sobald es in einer bestimmten Bedeutung oder Bedeutungsschattierung definiert wurde, arbeitet man tatsächlich mental daran, sich ein Konzept zu erstellen. Nachdem man sich, indem man oft genug Sätze bildet, vorgestellt hat, wie ein Wort verwendet werden kann, wird ein Punkt erreicht, an dem es so zu sagen *Klick* macht. Das mentale Konzept ist nun vorhanden und verfügbar und zwar ohne unangemessene emotional geladene Assoziationen. Dies kann sofort, nach nur wenigen Sätzen,

4 *www.education.yourdictionary.com/for-teachers/how-to-teach-new-vocabulary-words.html*

geschehen, oder es könnten zehn oder mehr Sätze erforderlich sein, um dies zu erreichen.

Eines der Produkte der Studiertechnologie ist, dass man im wahrsten Sinne des Wortes einen Wortschatz *besitzt.* Worte sind also klar verstanden! Wenn dies erreicht ist, wird es leicht sein, beim Studieren von Lehrbüchern die beabsichtigte Bedeutung zu verstehen, da man die korrekte Definition für den gegebenen Kontext auswählt.

Das Klären des Vokabulars, wie es hier beschrieben ist, ist mitnichten alles, was es zur Studiertechnologie gibt, aber es ist ein wichtiger Teil.

Auswerten von Informationen

Nehmen wir die folgende Aussage, ein Zitat von Georg Orwell, in der offenbar behauptet wird, dass Pazifismus pro-faschistisch sei.

„Pazifismus ist objektiv gesehen pro-faschistisch. Dies ist elementarer, gesunder Menschenverstand. Wenn Sie die Kriegsbemühungen einer Seite behindern, helfen Sie automatisch der anderen Seite.“ – George Orwell

Lassen Sie uns das zunächst analysieren, bevor wir zur Schlussfolgerung springen, dass Orwell glaubt, dass Pazifismus eine Art von Faschismus sei. Das Schlüsselkonzept hier ist Pazifismus, also sollten wir lieber dieses Wort erst einmal klären. Eine weitere Sache, die wir erkennen können, ist, dass die Aussage einen klar umrissenen Zeitfaktor auslässt. Und wir können beobachten, dass Pazifismus, wie er hier von Orwell verwendet wird, die kriegerischen Anstrengungen einer Seite behindert. Welcher Krieg? Wer ist Orwell?

Welche Nationalität? Wann sagte er das und welche Umstände herrschten damals?

Diese sind einige der Fragen, die beantwortet werden müssen, um die Aussage korrekt auswerten zu können. Ich wählte diese Aussage, da es zu Propagandazwecken gegen Menschen benutzt wurde, die für Konfliktlösungen mit friedlichen Mitteln argumentierten

Lassen Sie uns Pazifismus definieren. Google sagt, dass es der Glaube ist, dass jegliche Gewalt, einschließlich Krieg, unter keinen Umständen zu rechtfertigen sei und dass alle Dispute mit friedlichen Mitteln beigelegt werden sollten. So weit, so gut. Merriam-Webster gibt eine weitere Definition: *`Opposition zu Krieg oder Gewalt als Mittel, Dispute beizulegen; spezifisch: die Weigerung, Waffen zu tragen auf Grundlage der Moral oder Religion.'*

Jetzt fängt es an, Sinn zu ergeben. Die erste Definition ist ein Glaube und Orwell spricht nicht über Glauben, sondern über Aktion, daher muss es die zweite Definition sein: die Weigerung, Waffen zu tragen.

Wann sagte er dies? Wir untersuchen das und finden heraus, dass es 1942 war. Aha, wir finden ebenfalls heraus, was er im nachfolgenden Satz gesagt hat, der (absichtlich?) aus der oben zitierten Aussage weggelassen wurde.

Die Gesamtaussage lautete: *„Pazifismus ist objektiv gesehen pro-faschistisch. Dies ist elementarer, gesunder Menschenverstand. Wenn Sie die Kriegsbemühungen einer Seite behindern, helfen Sie automatisch der anderen Seite. Und es gibt auch keinen realen Weg, sich aus einem solchen Krieg, wie dem gegenwärtigen, herauszuhalten. In der Praxis heißt das: `Wer nicht mit mir ist, der ist gegen mich.'“*

Orwells Zitat, wie wir später herausfinden, stammt aus einem polemischen Artikel aus der *Partisan Review*, geschrieben zu einer Zeit, als das Nazi-Deutschland und seine Verbündeten ganz Frankreich, Belgien, die Niederlande, Norwegen, Polen, die Tschechoslowakei, Österreich, Ungarn, Italien, Jugoslawien, Griechenland, Bulgarien, Rumänien, die Ukraine plus den größten Teil Nordwest-Afrikas und den Großteil der asiatischen Ostküste besetzten. Es war jener Zeitraum nach dem Ausbruch Hitlers aggressivem Expansionskriegs, in dem England sich umzingelt, belagert und alleine fühlte.

Orwell war Engländer. Wenn es jemals einen Kontext gab, in welchem man die Aussage, dass Pazifismus in Wirklichkeit pro-faschistisch sei, hätte plausibel machen können, dann traf das auf die frühen 1940er in England zu. Aber sogar dann hatte Orwell über eine bestimmte Handlung oder Nicht-Handlung im Kontext des andauernden Kriegs und eines Landes in großer Gefahr gesprochen.

Es gibt hier eine weitere Sache, die die Wichtigkeit des historischen Kontextes zeigt: Im selben Artikel wies Orwell darauf hin, dass sowohl die Deutschen als auch die Japaner alles taten, was sie konnten, um den Pazifismus in den britischen und amerikanischen Territorien verbreiten zu helfen. Orwell schrieb, dass die Deutschen sogar eine gefälschte `Freiheits'-Station unterhielten, die pazifistische Propaganda förderte, die von der einer britischen Pazifisten-Organisation nicht zu unterscheiden war.

Wenige Jahre später dementierte Orwell dies sogar und schrieb:

„Die gleichen Propaganda-Tricks sind beinahe überall zu finden. Es würde viele Seiten Papier benötigen, nur um diese zu klassifizieren, aber hier möchte ich die Aufmerksamkeit auf

diese eine, weitverbreitete kontroverse Gewohnheit richten: Die Motive des Gegners außer Acht zu lassen. Das Schlüsselwort hier ist: `objektiv'. Uns wird gesagt, dass es nur die objektiven Aktionen sind, die zählen und dass die subjektiven Gefühle keine Wichtigkeit haben. Daher helfen Pazifisten, die Kriegsanstrengungen hemmen, ‚objektiv' den Nazis; und daher ist die Tatsache, dass sie persönlich gegen den Faschismus sein mögen, irrelevant. Ich habe mich selbst mehr als einmal dessen schuldig gemacht, dies zu sagen.“

Die Sache, die leicht übersehen wird – wiederum eine Sache des Kontextes – ist, dass Pazifismus in Kriegszeiten nicht dasselbe ist wie Pazifismus, wenn man über einen Krieg, über den man die Wahl hat, nachdenkt, ähnlich dem, als die Amerikaner die Angelegenheit diskutierten, bevor sie im Irak intervenierten, um Saddam Hussein zu entfernen.

Die abschließende Schlussfolgerung: Um Daten auszuwerten, muss man den gesamten Kontext mit in Betracht ziehen.

> *Wer nicht weiß und nicht weiß, dass er nicht weiß, ist ein Dummkopf – meide ihn.*
> *Wer nicht weiß und weiß, dass er nicht weiß, ist ein Student – unterrichte ihn.*
> *Wer weiß und nicht weiß, dass er weiß, schläft – wecke ihn auf.*
> *Wer weiß und weiß, dass er weiß, ist ein weiser Mann – folge ihm.*
> – persisches Sprichwort

Methoden des Denkens

Edward de Bono erfand etwas, was laterales Denken oder Querdenken genannt wird. Dr. Hewitt-Gleeson erfand 10 x groß denken[5].

---

5 *http://schoolofthinking.org*

Jemand anderes erfand eine Art zu Denken, indem man das Problem neu betrachtet. Er nannte es Reframing[6]. Ein älteres Konzept ist, außerhalb der Box zu denken.

Ein Online Werkzeug zum Reframing von Problemen: http://reframe.thnk.org

All dies sind Techniken, um das gegenwärtige Denken oder die momentane Betrachtungsweise einer Situation zu erfrischen. Querdenken besteht aus Methoden und Techniken, um Informationen neu zu ordnen. Zum Reframing gibt es sogar eine Online-App – eine, die ich während des Schreibens dieses Buches verwendet habe – die man nutzen kann, um frische Ansichten zu einigen limitierenden Situationen zu erhalten, in denen man sich selbst wiederfindet.

Definitionen:

» CVS [Current View of the Situation] = Gegenwärtige Sichtweise der Situation
» BVS [Better View of the Situation] = Bessere Sichtweise der Situation

Eine nützliche Methode, eine Situation neu zu überdenken, hat die Formel BVS = CVS x 10. Jemand macht eine wohlüberlegte Anstrengung, eine BVS zu konzipieren, die zehn Mal besser als die CVS ist.

Querdenken kann beispielsweise dabei helfen, alternative Interpretationen von Informationen zu finden und das kann sehr hilfreich bei der Auswertung von Information sein. Viele Techniken, werden im Buch von de Bono beschrieben, gut bekannt sind die sechs *Denkhüte*.

6 *Umdeutung von englisch Reframing, seltener auch Neurahmung oder Referenztransformation*

Es gibt einige Videos im Netz, die demonstrieren, was man Aufmerksamkeitsdefizit nennen könnte. Es ist leicht, etwas zu übersehen, nachdem man nicht sucht (Google: YouTube Aufmerksamkeitstest).

Ich erwähne dies alles hier, um zu zeigen, dass es viele Werkzeuge gibt, um jemandes Denken und Auswertung von Information zu verbessern. All die erwähnten Techniken können beim MGT Institut für bewusstSEINs Erforschung trainiert werden (siehe Lehrplan)[7].

Ein Gefühl für die Authentizität und Adäquatheit von Informationen zu entwickeln, mag hier ebenso eine Rolle spielen. Eines der Werkzeuge dafür ist das, was wir Essentielle Meditation oder Reine Wahrnehmung nennen...

7 *Siehe Anhang und www.mgtconcepts.com*

8. Essentielle Meditation, Kommunikation & Prozessing

Es gibt ein Streben, das sich bei jedem, der den Drang zu verstehen hat und dazu, genau wissen zu wollen, was vor sich geht, früher oder später einstellen wird. Es ist die Suche nach dem, was über die sichtbare Welt, auch bekannt als die Matrix, hinausgeht und was hinter ihr liegt. Dieses Streben mag über viele weltliche Pfade gehen, aber wird sich letztlich zur *inneren* Welt hinwenden. Und hier kommt Meditation ins Spiel.

Das Wort Meditation wird gewöhnlich vom Lateinischen *meditari* abgeleitet, was „etwas überdenken, betrachten" bedeutet. Ich befasste mich etwas weiter damit und arbeitete eine andere Abstammung heraus, nämlich folgende: *meditare* von *medi* – vom Lateinischen Lokativ von *medius* = „mittleres" (ähnlich zu mediterran, was „vom mittleren Land" bedeutet). Demnach bedeutet *meditieren*: „Die Mitte, den Mittelpunkt oder das Zentrum suchen oder finden." Mit anderen Worten wendet man sich zum Zentrum – ein Punkt von keiner Dimension – im Innenraum.

Im Modell des Doppelvortex, wie in Kapitel 4 beschrieben, haben wir zwei aufeinander treffende Spiralen: Eine aus der Unendlichkeit kommende, die sich zum Gesichtspunkt des *Ichs* oder des individuellen Bewusstseins und die andere, die sich spiralförmig nach außen bewegt, um zunehmend den gesamten Kosmos einzunehmen. Es ist die Suche nach der exakten mittigen Position oder nach dem Zentrum, die die meditative Anstrengung antreibt.

Meditation hat sowohl im Osten als auch im Westen eine lange Tradition, obwohl sich beispielsweise die Interpretation der Buddhisten ziemlich von der der Christen unterscheidet, die sie als Kontemplation verstehen. Die verschiedenen Techniken sind so zahlreich, dass man sie nicht auf einem einzelnen Blatt aufzulisten vermag. Unsere Herangehensweise lehnt sich an die östliche Art an.

Jetzt in den letzten Jahren sind auch die Psychologen auf den Wagen aufgesprungen und befürworten etwas, das sie *Mindfullness Meditation* (Achtsamkeitsmeditation) nennen. Sie sagen, dass dies bezüglich dessen, was sich bei Denkprozessen und Gefühlen abspielt, zu einer erhöhten Bewusstheit führe. Dies alles mag aus verschiedenen Gründen sehr wertvoll sein, jedoch handelt es sich dabei nicht um Meditation im eigentlichen Sinne des Wortes, wie in der Etymologie zu Beginn dieses Kapitels dargelegt wurde. Achtsamkeitsmeditation mag Teil der Erforschung des Bewusstseins sein, jedoch endet sie wie gesagt meist damit, die Wahrnehmung durch die Sinne zu validieren und geht daher am tatsächlichen Ziel vorbei.

Meditation in Excelsis

Die wahre und höchste Form der Meditation wurde auch schon als göttliche Verbindung bezeichnet und wurde im Laufe der Zeit meist mit Mystik in Verbindung gebracht. Diese Form der Meditation wurde z.B. von Walter Russell beschrieben:

„Jede Meditation ist eine teilweise Erleuchtung, denn es ist nicht möglich, seinen Mind für Gott zu öffnen, ohne dass Gott unmittelbar antwortet."

Es gibt im Osten eine Vielzahl von Beschreibungen zu Meditation. Eine davon wird mit dem japanischen Wort *ZEN* zusammengefasst, wobei die etymologische Forschung offenbart, dass es vom Sanskrit Dhyanam stammt und einen erhöhten Bewusstseinszustand meint, der zum Einssein führt. Der Indo-Europäische Stamm ist *-dhya-*, was so viel wie „sehen, anschauen" bedeutet.

Der Quantenphysiker John Hagelin bezeichnete Meditation in einem Interview mit Russell Brands im Januar 2015 wie folgt:

„…eine Technik, die die Wahrnehmung der auf die nach außen gerichteten Sinne, kraftvoll nach innen zieht, um eine tiefere Ebenen des Minds, einfachere, ruhigere, mehr vereinigte Ebenen des Denkprozesses zu erleben und dann über die Grenzen des Denkens hinauszugleiten – und hier kommt das Transzendente hinein – alles, um die universale Einheit als Basis von Mind und Materie zu erleben."

S. N. Goenka beschrieb eine Art von Meditation, die Vipassana-Meditation genannt wird:

„Diese direkte Erfahrung unserer eigenen inneren Realität, diese Technik der Selbst-Beobachtung ist es, die wir Vipassana-Meditation nennen. In der Sprache Indiens zur Zeit von Buddha bedeutete passana, auf gewöhnliche Weise mit offenen Augen zu sehen; jedoch bedeutet vipassana, Dinge zu beobachten, wie sie tatsächlich sind, nicht einfach nur so, wie sie zu sein erscheinen. Die scheinbare Wahrheit muss durchdrungen werden, bis wir die ultimative Wahrheit der gesamten psychophysikalischen Struktur erreichen. Wenn wir diese Wahrheit erfahren, dann lernen wir, blinde Reaktionen zu stoppen, damit aufzuhören, Negativität zu kreieren – und natürlich werden die bisherigen schrittweise ausgelöscht. Wir werden vom Unglück befreit und erleben wahre Glückseligkeit."

Es ist das, was wir als reine Wahrnehmung und auch auf andere Art und Weise bezeichneten.

Relevanz im Reprozessing

Eine grundlegende Technik der Bewusstseinstechnologie besteht aus dem, was wir Prozessing der limitierenden Glaubenssätze und Betrachtungen nennen, kurz: *Prozessing*. Prozessing wird in Sitzungen durchgeführt, entweder mit sich selbst, indem man einem Skript folgt, oder, im Falle eines Zweierteams, im Dialog.

Alle Bewusstseinstechnologie-Anwendungen, einschließlich derer, die darauf abzielen, traumatische Geschehnisse oder unerwünschte Zustände zu handhaben, hängen völlig vom Gesichtspunkt oder der Reinheit der Bewusstheit der Bewusstseinseinheit ab, dem *Ich*, welches der eigentliche Forscher ist.

Jemand, der zu stark damit identifiziert ist, ein Etwas zu sein, wie z.B. ein Körper oder ein bestimmtes Persönlichkeitskonstrukt, wird nicht genügend freies Bewusstsein haben, um mit diesen Dingen umgehen zu können. Es ist Bewusstsein selbst, das man als den universellen Löser bezeichnen kann. Dies sollte keine Überraschung sein, wenn man bedenkt, dass dieses ja auch der Schöpfer von Dingen ist. Es ist innerhalb des Bewusstseins, dass die konstituierenden Teile eines Problems wieder ins Gleichgewicht gebracht und folglich aufgelöst werden können. Es ist niemals die Technik, die etwas löst; Technik kann nur dabei assistieren, bestimmtes Gewahrsein wiederzugewinnen.

Aus diesem Grund beginnen wir die Bewusstseinserforschung immer mit *Essentieller Meditation*. Dies ist zugleich das erste Modul der Kursreihe *Essenz der Kommunikation*, da Bewusstsein (DA-SEIN) die zentrale Fähigkeit für Reprozessing und für Sitzungen ist.

Tatsächlich ist die zugrunde liegende Technik der ganzen Bewusstseinstechnologie, ich meine den gesamten Bereich, die Technologie der Kommunikation selbst. Kommunikation hat bestimmte Regeln und Gesetze und wie diese angewandt werden, bestimmt, ob man mit Prozessing Ergebnisse erzielt.

Der erste Baustein der Kommunikation ist ein Wesen, das DA ist und willens sich dessen bewusst zu sein, was vor sich geht. Darüber hinaus kann derjenige die verschiedenen subtilen Veränderungen im Sein anderer und bei sich selbst während des Kommunikationsprozesses wahrnehmen und erkennen.

Um das in die richtige Perspektive zu rücken: Haben Sie jemals versucht, jemandem, der nicht wirklich zuhört und wegschaut, während Sie sprechen, zu erklären, was passiert ist oder was Sie erlebt haben? Oder haben sie jemanden getroffen, der vorgibt zuzuhören und dann völlig falsch versteht, wovon Sie sprechen?

Die Art, wie ich Meditation verstanden habe, ist die Übung, die Zeit bewusst beiseite zu legen, um außerhalb dieser zu verweilen. Nicht nur außerhalb der Zeit, man widmet sich für eine gewisse Dauer – bestimmt oder unbestimmt – dem ausdrücklichen Zweck, die Anziehung des physikalischen Formenuniversums loszulassen. Der Einfluss der Wahrnehmungen durch die Sinne auf unser Bewusstsein im normalen Lauf des Lebens ist so überwältigend aufdringlich, dass die innere Stimme nicht mehr gehört werden kann. Wir meditieren, damit es genügend

Ruhe und Stille in unserem Raum gibt und so das *höhere Selbst* erscheinen und vielfach gehört werden kann.

Und wenn wir von Reprozessing sprechen – in jeder Sitzung muss das der Ausgangszustand sein; ein meditatives Dasein – statisch, in seiner Mitte – zwischen dem dynamischen Geplapper der Gedankenimpulse, die von dem zu handhabenden Ladungsbereich hervorgebracht werden Diesen meditativen Zustand nennen wir direktes (absolutes) Bewusstsein oder reine Wahrnehmung und es ist das einzige Ding, das Ladung zum Verschwinden bringen kann.

Essentielle Meditation

„Über absolut nichts nachzudenken, ist Zen. Sobald du dies erkennst, ist alles, was du tust – gehen, stehen, sitzen oder liegen – Zen. Zu wissen, dass der Mind leer ist, bedeutet, den Buddha zu sehen. Die Buddhas der zehn Richtungen haben keinen Mind. Keinen Mind zu sehen, bedeutet, den Buddha zu sehen." – Bodhidharma (5. Jahrhundert)

Aus dem Obigen sollte klar sein, was beim Meditieren essentiell ist. Wir lassen für unsere Zwecke jegliche bestimmte Meditationstechniken außer Acht; diese beinhalten manchmal sogar Konzentration, Visualisierung etc.

Was wir *Essentielle Meditation* nennen, ist was jeder Form mentaler oder spiritueller Technik zugrunde liegt. Dennoch, bei vielen Techniken besteht die erste Voraussetzung darin, fähig zu sein, still auf einem Stuhl zu sitzen oder auf einer Matte, mit gekreuzten Beinen oder anderswie, ruhig und aufmerksam zu sein, was für die meisten von uns nicht schwierig ist (erinnern Sie sich an Schulzeiten).

Wenn es allerdings darum geht, ruhig zu sitzen und auch den Mind zur Ruhe zu bringen – überhaupt nicht zu denken – kann das unter Umständen schon eine andere Angelegenheit sein. Aber wie bei Computern kann es sehr nützlich sein, sich zu aktualisieren oder neu zu starten, damit der Arbeitsspeicher bereinigt und wieder auf Null gesetzt wird. Eine Übung oder Praktik, um dies zu erreichen, sollte – als eines der ersten Dinge – Teil eines jeden Weges oder Herangehensweise sein, um den Erfolg jedweder Verfahren oder Übungen, die darauffolgen, sicherzustellen.

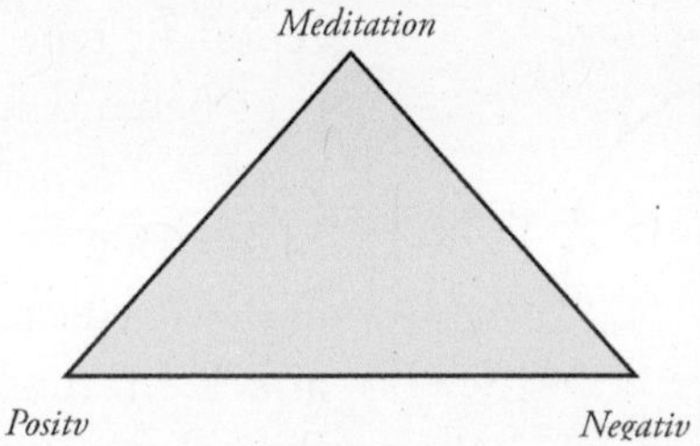

Welcher Bewusstseinstechnik man sich auch immer bedient, es ist ungemein sinnvoll zu meditieren. Wenn meditieren das einzige ist, was jemand tut, also *„Nach der Mitte, dem Mittelpunkt, dem Zentrum oder dem absoluten Bewusstsein zu suchen bzw. dies zu finden“*, wird dieser stets einen Weg bereithalten, der ihn aus geladenen und verwirrten Lebensumständen herausführt. Man wird in der Lage sein, sich über die Polarisationen von Positiv und Negativ zu erheben und sich damit einer größeren Freiheit erfreuen, als jene, die laufend in Gegensätze, verwirbelte Energien und Verwirrungen des Lebens eintauchen.

Die Meditation findet im Zentrum des Wesens statt, das zwischen dem Innenraum und der ihn umgebenden Welt liegt, wobei es beides umschließt. Im Nullpunkt, in der Balance zwischen der positiven und der negativen Ladung liegt die Lösung für jegliche Ladung.

Meditation & Wiederholung

Viele Meditationstechniken verwenden Chanting [Gesang] oder die Wiederholung eines Wortes – ein Mantra. Wie wir noch sehen werden, ist dies jedoch nicht wesentlich. Mit einem Blick auf die Grafik unten (Walter Russel zu verdanken), erhalten wir eine Ahnung über das zyklische Erscheinen und Verschwinden des sichtbaren Universums, stammend aus dem unsichtbaren *EINEN* oder auch als Zustand des absoluten Bewusstseins bezeichnet.

Beim Reprozessing bewegen wir uns durch die Konzepte, die repetitiv behandelt werden, bei der Meditation üben wir jedoch, aus Zeit und Raum herauszusteigen, worin der einzige Weg besteht, das absolute Bewusstsein zu kontaktieren.

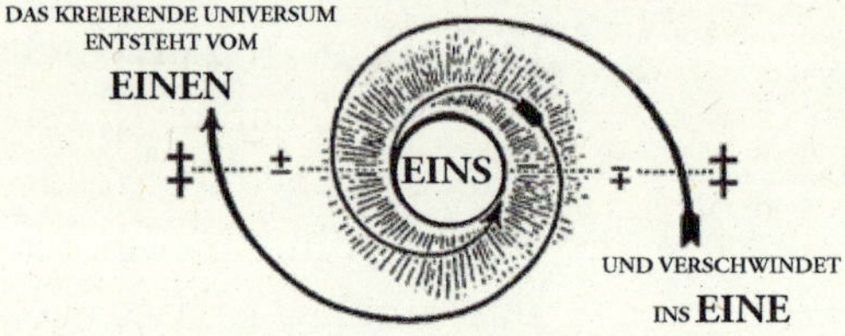

Die grundlegende Technik

Lassen Sie uns nun einen Blick auf eine ausführlichere Beschreibung der einfachen Übung werfen, die wir *Essentielle Meditation* nennen. Es wird speziell die ersten paar Dinge adressieren, auf die jeder stoßen wird, wenn er mit dem Meditieren beginnt.

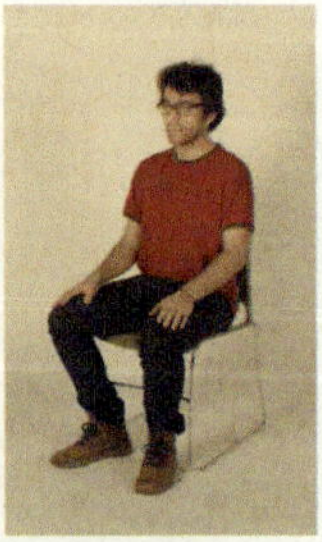

'Young man sitting in a chair'
by Ananian / CC BY-SA 3.0

Die Technik ist in zwei Teile aufgeteilt. Der erste Teil ist auf gewisse Weise täuschend einfach und kann mit einem Wort ausgedrückt werden – *Stillsitzen!*

Dies ist eine einfache Übung, die folgendermaßen ausgeführt wird. Man sitzt auf einem geeigneten Stuhl, nimmt eine bequeme Position ein, schließt die Augen und sitzt still da, wobei man buchstäblich nichts tut. Dies bedeutet, still zu sitzen, sich nicht zu bewegen, sich zu kratzen, zu zappeln oder den Körper neu auszurichten. Dies sollte mindestens eine Stunde lang getan werden.

Dies sollte für die Beschreibung der Übung genügen und tatsächlich ist es so, dass jemand einfach nur das obige tun könnte und er würde dabei interessante Dinge herausfinden. Dies haben wir Intuition genannt. Niemand sagt einem, was er denken oder fühlen soll oder wie er Dinge interpretieren soll.

Da wir in diesem Buch bereits eine Philosophie vom Leben und dem Universum dargelegt haben, sollten wir diese Ideen anwenden und umreißen, was passieren könnte und wird, wenn man diese Übung macht. Dies einfach nur zu erwähnen, mag als Inspirationsquelle dienen für diejenigen, die ein wenig Sinn oder einen Zweck brauchen, um an den Punkt zu gelangen, eine solche Übung überhaupt erst mal zu versuchen. Also wenn die Frage lautet: „*Warum sollte ich?*“, dann gibt es da ein paar mögliche Gründe.

Unsere normalen Alltagswahrnehmungen betreffen meist den Körper in Kombination mit dem physikalischen Universum, sogar beim bewegungslosen Sitzen vor einem Computerbildschirm. Diese Übung wird zunächst zeigen, dass es verschiedene Körperteile gibt, die unsere Aufmerksamkeit anziehen. Wie ich bereits beschrieben habe, ist dies besonders in den ersten Minuten, nachdem wir uns hingesetzt haben der Fall. Man fühlt einen Druck hier und einen

Druck dort, ein Jucken, sogar einen unwiderstehlichen Drang, sich zu kratzen. Man bewegt sich in eine `*bessere*' Position oder nimmt irgendwelche Veränderungen vor, die einem das Gefühl von weniger Unbehagen geben. Es ist, als ob der Körper seinen eigenen Willen hat und eine Methode hätte, einen abzulenken. Und das passiert, wenn jemand einfach nur beabsichtigt, nichts zu tun.

Wenn man nun diese Übung fortsetzt – einfach nichts zu tun – merkt man, dass all dies zur Ruhe kommt und die vielen kleinen verstreuten Signale verschiedener Körperteile in eine harmonischere Beziehung integrieren. Dies ist das erste und einzige Ziel dieses ersten Teils, den wir eine Vor-Bewusstseins-Übung nennen könnten. Sie mag einem selbstverständlich weitere Erkenntnisse bringen, vorausgesetzt, dass man sein Bewusstsein nicht ausgeschaltet hat. Aber das ist nicht ihr Zweck. Es ist eine Übung, die den Unterschied zwischen Bewusstsein über Körperempfindungen (Unbehaglichkeit) und dem einfachen Dasein als Bewusstsein demonstriert.

Der zweite Teil der grundlegenden Technik ist die tatsächliche Meditation. Wie wir gesehen haben, muss Meditation nicht im Lotussitz stattfinden, sondern kann leicht gemacht werden, indem man zum Beispiel auf einem Stuhl mit gerader Lehne sitzt. Es kann alleine gemacht werden, mit einem Partner, der einem gegenübersitzt oder mit einer ganzen Gruppe.

Die Übung wird gewöhnlich mit geschlossenen Augen gemacht. Es gibt kein Mantra und auch keine `hilfreichen' Tricks bei der essentiellen Meditation. Die Meditationstechnik in ihrer einfachsten Form besteht daraus, die volle Aufmerksamkeit dem Bewusstsein selbst zu geben, sich selbst zu beobachten, nicht den Körper oder den Mind, sondern das, was bewusst darüber ist, bewusst zu sein. Auf

Bewusstsein zu fokussieren, ohne es mit irgendetwas anderem zu vermischen, ist zu wissen, dass du BIST. Gedanken werden auftauchen, aber sie werden schwächer und schwächer, so dass tatsächlich nur das Gefühl des Seins übrig bleiben wird: einfach nur Bewusstsein. Das deutsche Wort `Bewusstsein´ drückt dies sehr gut aus. *Bewusst-sein,* ohne irgendetwas zu tun.

Essentielle Meditation ist im Wesentlichen: Zeuge sein von. Zeuge sein von wie z.B. Zeuge von dem Flug eines Vogels sein und dies sogar bewundern.

Zeuge sein von (erleben):

1. Anwesend sein oder eine persönliche Kenntnis haben von
2. Notiz nehmen von; beobachten

Sie praktizieren es genau per Definition und werden an einen Punkt kommen, an dem Sie bewusst werden über … und hier stelle ich fest, dass es nicht fair wäre zu beschreiben, was ich voraussage, wovon Sie sich bewusst werden. Daher sage ich lieber, Sie werden sich dessen bewusst, dessen Sie sich bewusst werden. Das ist es nun, was mir als eine unvoreingenommene Haltung haben gelehrt wurde. Eine Einstellung, die beabsichtigt jeden davon abzuhalten, beim Meditieren auf ein genau beschriebenes Phänomen zu warten.

Eine andere Beschreibung dieser Praxis – wobei wir den urteilsfreien Teil einmal ignorieren – ist, ruhig zu sitzen und einfach das Geplapper im Kopf, die Gefühle und Emotionen, die auftauchen, zu beobachten. Fragen Sie sich selbst, wer beobachtet? Und Sie werden Ihr tatsächliches

Ich als deutlich unterschiedlich zur Gedankenprogrammierung wahrnehmen.

Diese grundlegende Technik ist fähig dazu, einigen außergewöhnlichen Erfahrungen den Weg zu bereiten, wie viele Menschen bestätigen werden.

Team- oder Gruppentechnik

Das Folgende sind Beispiele von Anweisungen, die verwendet werden können, wenn Essentielle Meditation in Seminaren oder als Teil von Kursen gemacht wird. Genau genommen wurden solche Übungen in verschiedenen Arten seit vielen Jahren weltweit in Kommunikations-Seminaren verwendet.

Sitzen Sie ihrem Partner gegenüber und nehmen Sie sich Zeit, bis Sie in seiner Gegenwart komfortabel werden. Schauen sie sich einander ruhig in die Augen. Fühlen Sie sich wohl dabei, einfach nur Sie selbst zu sein, ohne zurückzuweichen oder eine Art Schild oder falsche Persönlichkeit zwischen sich und den anderen zu setzen. Schließen Sie dann die Augen und machen Sie diese Übung wie oben beschrieben einige Stunden lang.

Es gibt eine Übung, die an diese erinnert und bei der sich die Partner mit offenen Augen gegenübersitzen. Diese aber verfolgt einen anderen Zweck und ist keine Meditation, was uns zum nächsten Thema bringt.

Kommunikation & Prozessing

Im Kapitel 5, *Der ideale Zustand des Menschen*, unter *Persönliche Harmonie* haben wir die Fähigkeit zu kommunizieren und die Wichtigkeit von Kommunikation an sich angesprochen. Vom Gesichtspunkt des Prozessings aus wird sie sogar noch wichtiger. Was ist Prozessing – auch Reprozessing genannt – wirklich?

Tatsächlich ist Prozessing ein Kommunikationsverfahren und ist vollständig auf den grundlegenden Prinzipien der Kommunikation aufgebaut. Das erste Genie, das die Anatomie der Kommunikation darlegte und akribisch analysierte, war L. R. Hubbard, und das Folgende basiert auf seinem Werk.

Lassen Sie uns mit der präzisen Beschreibung der Anatomie der Kommunikation beginnen:

„Kommunikation ist die Betrachtung und Handlung, einen Impuls oder Partikel vom Ursprungspunkt auszusenden, über eine Distanz zu einem Empfangspunkt, mit der Absicht, am Empfangspunkt eine Duplikation dessen, was vom Ursprungspunkt ausging, zu erreichen."

Duplikation ist die Handlung, etwas exakt zu reproduzieren. *Ausgehen* bedeutet *daraus hervorkommen*.

„Die Kommunikationsformel lautet Ursache, Entfernung, Wirkung, mit Absicht, Aufmerksamkeit und Duplikation."

Es hat sich herausgestellt, dass Prozessing nur funktioniert, wenn eine gute und ziemlich exakte Kommunikationsdisziplin vom Praktizierenden verwendet wurde. Dies bedeutet, dass Aufmerksamkeit, Absicht, Duplikation und Verstehen kontinuierlich von allen Sitzungsbeteiligten erfordert werden. Zuhören, zu erlauben, dass die volle Kommunikation stattfindet und Verstehen gehören zu den Dingen, mit denen die Sitzung steht oder fällt.

Und dies ist der ideale Prozessings-Kommunikationszyklus, der immer in Verwendung sein sollte.

1. Ist der Erforscher bereit, die Frage/Anweisung zu empfangen? (Erscheinung, Präsenz)

2. Der Sitzungsleiter gibt die Frage/Anweisung an den Erforscher (Ursache, Entfernung, Wirkung).

3. Der Sitzungsleiter beobachtet, dass der Erforscher die Frage/Anweisung erhalten hat.

4. Der Erforscher sucht in seinem Mind nach einer Antwort.

5. Der Erforscher erhält eine Antwort aus seinem Mind.

6. Der Erforscher gibt die Antwort dem Sitzungsleiter (Ursache, Entfernung, Wirkung).

7. Der Sitzungsleiter überprüft, ob der Erforscher alles gesagt hat.

8. Der Sitzungsleiter bestätigt den Erforscher.

9. Der Sitzungsleiter sieht, dass der Erforscher die Bestätigung erhalten hat (Aufmerksamkeit).

10. Der Sitzungsleiter überprüft, ob der Erforscher die Frage beantwortet oder die gegebene Anweisung in Nr. 2 ausgeführt hat.

Dies erfordert nichts weiter als einen Zustand der vollständigen Achtsamkeit auf Seiten des Sitzungsleiters. Dies alles reibungslos und selbstverständlich zu tun, mag einiges Training erfordern.

Drei wichtige Kommunikationslinien

Was sind die wichtigsten Kommunikationslinien und was ist die Reihenfolge ihrer Wichtigkeit, wenn Sie eine Sitzung leiten? Diese Linien sind folgende:

a. Die Linie des Erforschers zu seinem Mind.
b. Die Linie des Erforschers zum Sitzungsleiter.
c. Die Linie des Sitzungsleiters zum Erforscher.

Der Erforscher ist *'in Sitzung'*, würden wir sagen, wenn er daran interessiert ist, seine inneren Zustände zu erforschen und bereit ist, offen mit dem Sitzungsleiter zu kommunizieren. Die Definition *'willens zu sein, mit dem Sitzungsleiter zu kommunizieren'* ist nicht das Gleiche wie *'zum Sitzungsleiter zu sprechen'*.

Der Sitzungsleiter könnte die Kommunikationslinie des Erforschers mit seinem Mind unterbrechen, um eine Antwort herbeizuführen – sich aber dann wundern, warum er am GSR-Meter keine Reaktion bekommt und warum der Erforscher verärgert ist. So eine abgeschnittene Kommunikationslinie ist mit bloßen Augen nicht wahrnehmbar. Sie ist verborgen, weil sie vom Erforscher – ein geistiges Wesen, unsichtbar für den Sitzungsleiter – zum Mind des Erforschers – ebenso unsichtbar – geht.

Der Sitzungsleiter ist einfach nur da, um seine fragende Kommunikationslinie zu verwenden, um den Erforscher dazu zu bringen, seinen Mind oder inneren Zustand zu inspizieren.

Die Antwortlinie ist ein Bericht darüber, was wahrgenommen wurde; diese bringt einen Fluss an Daten hervor.

Die Reihenfolge des Gebrauchs dieser Linien in einer Sitzung ist c, a und dann b.

Wenn Sie einer dieser Kommunikationslinien in die Quere kommen, kommen Sie in Schwierigkeiten, was einen Mischmasch der einen oder anderen Art bewirkt.

Hochqualifizierte Kommunikation ist daher ein integraler Teil unserer Bewusstseinstechnologie. Es ist eine Struktur, welche wir in allem Prozessing verwenden. Es bedarf für jeden, der wünscht, als Sitzungsleiter effektiv zu sein, ein spezielles Training.

Kommunikationsfertigkeiten trainieren

Lassen Sie uns zuallererst die Trainingsroutinen aufgreifen, die für gutes Prozessing unverzichtbar sind.

Die erste wird Training 0 genannt **(TR-0)** und wird nicht schwer sein für jemanden, der bereits die Essentielle Meditation gemeistert hat. Dies ist eine Übung mit offenen Augen, bei der sich der auszubildende Sitzungsleiter und der Coach gegenübersitzen. Der Student wird darauf trainiert, einfach nur bequem da zu sein, zu schauen und seinem Partner gegenüberzutreten und nichts anderes zu tun, als da zu sein. Man übt das solange, bis man einfach da sein kann. Nachdem man das tun kann, fängt der Coach an, Dinge zu sagen, die normalerweise eine Reaktion hervorrufen oder zumindest jemanden vom einfachen Da-Sein ablenken würden. Dies wird bis zu einem Punkt fortgesetzt, an dem der auszubildende Sitzungsleiter da sein kann, ungeachtet dessen, was er konfrontieren muss bezüglich aufsässigen, unhöflichen, unsozialen, unfreundlichen oder Ärgernis erzeugenden Verhaltens auf Seiten des Coaches, der versucht, potentielle Reaktionen eines Erforschers vorzuspielen. Man nutzt diese Fähigkeit, des einfachen Da-seins, die ganze Zeit während einer Sitzung.

TR-1: Man lernt, mit natürlichem Tonfall zu kommunizieren und zu beabsichtigen, dass die Kommunikation beim Erforscher (dem Prozessierten) ankommt, so dass er sie empfängt. Das Ergebnis dieses Trainings sollte sein, dass der Erforscher den Sitzungsleiter hören kann, empfangen kann, was gesagt wird und durch die Art der Kommunikation des Sitzungsleiters nicht gestört ist.

TR-2 lehrt Bestätigungen. Hier übernimmt der Coach die Rolle des Erforschers und liest eine Zeile aus einem Buch und der Student bestätigt mit einem `gut', `in Ordnung', `danke', oder was immer angemessen ist. Die Bestätigung zeigt an, dass das Gesagte verstanden wurde. Es wird also gelehrt, dass eine Bestätigung keine Übereinstimmung ist (die Kommunikation des Erforschers sollte *wie-sie-ist* anerkannt werden und das ist alles), sondern einfach eine Methode, die Kommunikation des Erforschers zu kontrollieren und dass sie eine Kommunikation vollständig abschließt. Es wird dem Studenten beigebracht, den Erforscher weder bis an den Punkt, an dem man alles für den Erforscher beendet, *zu überbestätigen* noch *zu unterbestätigen*. Wenn Sie den Erforscher unterbestätigen, ist es für ihn eine Ermutigung, fortzufahren. Dies ist auch als Halbbestätigung bekannt und wird ebenfalls als Technik verwendet, den Erforscher zu ermutigen, weiterzusprechen und Ihnen alles darüber zu erzählen, wenn dies ansonsten nicht geschehen würde.

TR-3 lehrt den Sitzungsleiter lediglich, die Prozessanweisung immer wieder erneut zu geben, bis deren Ausführung erfolgt. TR-3 lehrt den Sitzungsleiter, einen Hinweis, eine Anweisung oder Frage ohne Abänderung zu duplizieren und bis an den Punkt zu wiederholen, an dem er dies jedes Mal in einer neuen Zeiteinheit geben kann. Es lehrt den Sitzungsleiter, keine zweite Frage zu stellen, bevor er nicht die Antwort auf seine erste erhalten hat. In anderen Worten, man lernt, eine Frage so lange zu stellen, bis man eine Antwort erhält.

TR-4 wird die *Aussage des Erforschers* genannt. Es lehrt im Fall einer Aussage (eine neu vom Erforscher initiierte Kommunikation im Gegensatz zu einer Antwort oder puren Reaktion), alles vollständig zum Vorschein zu bringen, bis an den Punkt, an dem man es zur Gänze versteht. Dann bringt man den Erforscher zum Prozess oder zur Frage, die man gelaufen ist, zurück. Wenn die Reaktivität des Erforschers stark erregt ist und er beginnt, persönliche Kommentare über den Sitzungsleiter an diesen zu richten, würde man diese ignorieren und nicht bestätigen. Jede Äußerung die eine nicht folgerichtige Antwort darstellt, würde man aufgreifen und bis zu einem Punkt klären, an dem der Erforscher nicht länger mit seiner Aufmerksamkeit daran haftet und man ihn in die Sitzung zurückbringen kann.

Es ist offensichtlich, dass diese Fähigkeiten höchst nützlich im Leben sind, wenn Sie sie jedoch in Sitzung verwenden, läuft das Prozessing erstklassig.

Es gibt ebenfalls einige höhere Trainingsroutinen, die speziell darauf abzielen, jemandes Absicht zu stärken, das bei einigen Arten von Prozessing sehr nützlich sein kann.

Diese werden als Teil eines speziellen Moduls der Workshopreihe Essenz der Kommunikation gelehrt.

All dies ist ein Muss an Training für jeden, einschließlich des Selbsterforschers, der wünscht, im Solo-Prozessing erfolgreich zu sein.

Quantitatives Erleichtern

Es ist eine unbestreitbare und beobachtbare Tatsache, dass unser Universum aus zyklischen Aktionen und Bewegung besteht. Es ist ein Universum der Quantität fortdauernder Bewegung und Rotation, oder Umdrehungen.Wenn wir darauf abzielen, unsere Kontrolle zu verbessern und danach zu trachten, mit unserem Leben inmitten dieser täglichen Umwälzungen Halt zu bekommen, muss man dies in Betracht ziehen. Was wir *quantitatives Erleichtern* nennen, besteht darin, etwas genügend oft bewusst zu tun, um fähig zu sein, den Automatismus und die Gewohnheit loszuwerden und bewusste Kreation erneut zu etablieren.

Der Grund, warum bestimmte unerwünschte Zustände, Gewohnheiten oder Unfähigkeiten bestehen bleiben, liegt in dem Unvermögen, eine riesige Menge an Ladung mit einem Mal zu entfernen. Mit dem quantitativen und repetitiven Ansatz nimmt man sich daher Stück für Stück vor, bis die gesamte Ladung verschwunden ist. Es ist die Kombination von Duplikation und Wiederholung, die Prozessing zum Funktionieren bringt.

Womit wir hauptsächlich arbeiten, sind nicht die unerwünschten Zustände direkt, sondern eher die denen zugrundeliegenden Gedankenmuster und Glaubenssätze oder Glaubenssysteme.

9. Universelles Imaginationsprozessing

„Der Geist ist der Herrscher, die Vorstellung das Instrument und der Körper die formbare Substanz.“ – Paracelsus

Definition von Imagination

In der Psychologie: Das Vermögen, Bilder, die in der Erinnerung eingelagert sind, zu reproduzieren unter der Suggestion assoziierter Bilder (reproduktive Vorstellung) oder der Rekombination früherer Erfahrungen in der Erschaffung neuer Bilder, die auf ein bestimmtes Ziel gerichtet sind oder als Hilfe bei der Lösung von Problemen (kreative Vorstellung) dienen. Dies kann auch faktische Vorstellung versus fiktive Vorstellung genannt werden. Die grundlegende Bedeutung jedoch ist die Ausformung eines mentalen Bildes.

Gemäß unserem Verständnis umfasst die Imagination das volle Panorama der Erfahrung. Das heißt, vom Konzeptuellen zum Physischen. Im Prozessing gibt es vier Merkmale, die eine Schlüsselrolle spielen; es sind Bild, Gedanke, Emotion und Empfindung, letzteres im Sinne von Körperwahrnehmung. Wir ziehen alles in Betracht, nicht nur das gedankliche Bild.

Der Psychologe Eugene T. Gendlin, Urheber von *Focusing*, betrieb ausgedehnte Forschungen und analysierte, worin der entscheidende Faktor bestand, der Psychotherapie entweder erfolgreich oder erfolglos machte. Seine Schlussfolgerung war, dass nicht die Technik an sich ausschlaggebend sei. Er fand heraus, dass ausnahmslos alle erfolgreichen Patienten sich intuitiv auf das subtile und vage innere Körpergefühl, was er *felt Sense* [gefühlter Sinn] nannte, in ihrem Inneren fokussierten. Er sagte, dass diese Informationen beinhalte, die, wenn man ihr Aufmerksamkeit schenke oder sich auf ihn fokussiere, den Schlüssel zur Lösung der Probleme bereithielte, die der Patient erfahre.[1]

Die Emotionen und die körperlichen Empfindungen, die mit der Vorstellung einhergehen, sind alles essentielle Teile davon und der Erforscher muss sich dessen bewusst sein. Sitzungsleiter, die einen Biofeedback*-Monitor oder ein GSR-Meter verwenden, erfassen die emotionalen und körperlichen Reaktionen als Fluktuationen des Hautwiderstands oder anderer Parameter.

Wenn daher jemand einen anderen anweist, sich etwas vorzustellen, dann kann man es verstehen als sich ein mentales Bild formen, welches konkret oder abstrakt sein kann. Es spielt keine Rolle, ob ein sichtbares Bild oder ein vages Konzept kreiert wird. Es kann konzeptuell eine Möglichkeit in Erwägung gezogen werden. Es gibt keine Vorwegnahme, dass die Vorstellung entgegen der Tatsachen oder nicht tatsachengerecht sein sollte. Vorstellungen können sehr wohl tatsachengerecht oder teilweise tatsachengerecht sein. Aber man nimmt sie immer entgegen, um das gesamte Panorama der assoziierten Gedanken, Gefühle und Empfindungen einzuschließen.

Wegen all dieser Gründe sind wir der Meinung, dass das *Universelle Imaginationsprozessing* ein perfektes Werkzeug für das Prozessing von limitierenden Glaubenssätzen und Betrachtungen ist und im Besonderen, um die mit diesen verbundene Ladung zu beheben.

Diese Form des Prozessings existiert in einer Anzahl verschiedener Formate und hat eine lange Geschichte. Es ist

---

1 Gendlin, Eugene T. (1982). Focusing (2. Ausgabe)

unter verschiedenen Bezeichnungen bekannt wie z.B. Konzeptprozessing, kreatives Prozessing oder *Imaginäre Expositionstherapie* zur Traumaauflösung. Letzteres wird von Psychologen und anderen verwendet und besteht daraus, den Patienten der traumatischen Szene oder Elementen aus ihr auszusetzen, um eine graduelle Entladung zu erhalten.

Wie es gegenwärtig von MGT-Praktizierenden ausgeführt wird, verbindet es die Konzeptionalisierung und Vorstellung im Sinne von tatsächlicher visueller oder vollständiger Wahrnehmungs-Imagination, ohne dabei auf die eine oder andere zu bestehen. Imaginationsprozessing wird verwendet als Betrachtungsprozessing, d.h. eine Abfolge von Vorgängen, die von einer Person an Betrachtungen ausgeführt werden, um zugrundeliegende Information sichtbar zu machen, diese und die damit verbundenen Betrachtungen zu überdenken oder zu bewerten.

Eine Betrachtung wird hier definiert als Gedanke, Glaubenssatz, Annahme, Bewertung, Schlussfolgerung, Entscheidung oder sogar eine selbst-erschaffene Wahrheit bezüglich dessen, was ist.

Das Ziel von Imaginations-/Betrachtungsprozessing im Allgemeinen besteht darin, Freiheit der Betrachtung wiederzuerlangen. Dies bedeutet, die Fähigkeit, ein bestimmtes Glaubenssystem, das sich in eine manifestierte Is-ness (Ist-Zustand) kondensiert hat, zu überdenken und zu entschaffen und es auf das offene Meer der unbegrenzten Möglichkeiten zurückzuführen.[2]

2 *In Begriffen der Quantenphysik – bis zu dem Zustand, der vor dem Kollaps der Wellenfunktion existierte, der im Augenblick der Wahrnehmung auftritt – mit anderen Worten, vor der Selektion aus der unendlichen Menge der Möglichkeiten.*

Gedanken und Emotionen sind unmittelbar verbunden. Emotionales Prozessing wurde in der Psychologie definiert als: *„Prozess, bei dem emotionale Störungen absorbiert werden und sich zu dem Maße verringern, dass anderes Verhalten und andere Erfahrungen ungestört fortfahren können.“*

Wir verwenden das Wort Prozessing oder Reprozessing ebenfalls jedoch im aktiven Sinne, da wir sicherstellen, dass emotionale Ladung, die von bestimmten limitierenden Betrachtungen stammt, vollständig im Prozess behandelt wird, damit das Individuum frei von jedweden schlummernden negativen Auswirkungen ist.

Wie wir gesagt haben, ist Imaginationsprozessing das universelle Werkzeug; lassen Sie uns daher nun dazu übergehen, präzise zu beschreiben, was zu tun ist und wie man es tut, um dem Versprechen gerecht zu werden.

Zunächst einmal werden wir es grob skizzieren, angefangen mit dem Punkt, an dem die meisten Menschen mit dem Abenteuer des unschuldig wirkenden Prozesses beginnen, entweder mit einem professionell Praktizierenden, einem Freund oder einem anderen Studenten. Imaginationsprozessing kann sowohl in Teams wie auch ganz alleine in der Behaglichkeit der eigenen vier Wände gemacht werden.

Wenn die Technik bei sich selbst angewandt wird, erfordert sie die nötige Disziplin und wird daher – zumindest anfangs – mit der Hilfe eines Sitzungsleiters getan.

Als Beispiel dient uns hier die Szene von Mary und ihrem Liebhaber. Ihr Freund liebt Camping und Mary hasst es, in einem Zelt zu schlafen. Sie hat Angst.

Bei der Besprechung ihres Dilemmas kommt ihr Problem zum Vorschein. Sie formuliert, dass es zu nahe am Boden ist und dass sie das ängstigt. Weitere Nachforschung durch den Praktizierenden, der geschickt fragt: *„Hast du denn noch nie in einem Zelt geschlafen?“*, legt die tatsächliche

Betrachtung offen. Sie sagt: „*Ja*“, und dann: „*Ich fühle mich immer, als ob ich im Boden versinke*“, und sie ist sichtlich entsetzt darüber.

Die Sitzung läuft dann wie folgt ab, sie werden folgende Anweisung laufen[3]: „*Stell dir vor, du versinkst im Boden.*“ Nun kommen ihre Vorstellungen unmittelbar aus dem automatischen Denken, da sie sich in einem tiefgelegten Rennwagen, im Schwimmbad, in der Schule, im Urlaub, in den Bergen usw. ebenfalls so gefühlt hatte, bis sie sich schließlich daran erinnert: „*Aua, ich fiel in die Felsspalte des Gletschers in den Stubaier Alpen, als ich vierzehn war...*“ usw., usw. „*Kein Wunder, ich bin beinahe gestorben und hatte solche Angst. Daher kommt es! Mein Gott, ich hatte komplett vergessen, was damals passiert war, aber ich hatte mir geschworen, nie wieder in solch eine Situation zu geraten.*“ Eine große Erleichterung ist sichtbar, während sie dies erzählt. An diesem Punkt wird die Sitzung beendet, da sie sich sicher darüber fühlt, dass es künftig anders sein wird.

Dies ist eine kurze Skizzierung dessen, wie eine Sitzung verlaufen könnte. Sie könnte 20 Minuten oder Stunden dauern – die Dauer ist ziemlich variabel.

Sitzungen

Eine Sitzung wird definiert als Zeitspanne, in welcher ein oder zwei Personen sich mit mentalen Aktivitäten oder speziell geführten Übungen befassen, um ihre Fähigkeiten und/oder Verstehen zu verbessern. Verborgenes unterbewusstes Wissen wird ans Licht befördert und/oder bestimmte Emotionen und Spannungen, die mit deren

3 laufen = Jargon für „den Prozess durchführen“. Es wird aufgrund der repetitiven Natur des Prozesses laufen genannt.

Lebenszuständen oder Problemen in Verbindung stehen, werden erleichtert.

Lassen Sie uns einen Blick darauf werfen, wer in der Sitzung wer ist.

Eine Sitzung kann in den meisten Fällen von einem selbst oder mit einem Partner als Sitzungsleiter durchgeführt werden. In jeder Sitzung gibt es zwei Rollen; es gibt einen Sitzungsleiter – außer man nimmt diese Rolle selbst ein – der die Anweisungen gibt, und es gibt den Erforscher, der diese Anweisungen ausführt. In einer Sitzungspartnerschaft werden diese Rollen abwechselnd übernommen. Wir sind uns dessen bewusst, dass die Rolle des Sitzungsleiters in den verschiedenen Praktiken unterschiedliche Namen bekommen hat, wie z.B. (Psycho-)Therapeut, Prozessbegleiter, Mentor, Analytiker, Guru, Leiter, Auditor oder Spiegel. Der Erforscher wurde Patient, Klient, Beobachter, Subjekt usw. genannt.

Gewöhnlich gibt es auch noch einen Bewusstseinstechnologie-Supervisor, der während der Sitzungen nicht körperlich anwesend ist, aber die Berichte liest, bestätigt, bei Bedarf Instruktionen und Ratschläge erteilt, den Gesamtfortschritt auf der Route des Erforschers überwacht und als Konversationspartner für den Selbsterforscher fungiert.

Sitzungsleitung

Die vorrangige Rolle des Sitzungsleiters ist es, die Instruktionen zu geben, die auch manchmal Anweisungen genannt werden, die dem Erforscher sagen, was er zu tun hat. Dies erfolgt, nachdem zu beidseitiger Zufriedenheit etabliert wurde, welches Thema in jener Sitzung angegangen werden soll. Siehe *`Das zu laufende Item formulieren´* (S. 185).

Abgesehen davon, die Instruktionen zu geben, muss der Sitzungsleiter die Gesamtkommunikation während der Sitzung leiten. Ein wichtiger Teil davon ist es, den Erforscher zu bestätigen, wenn eine Anweisung ausgeführt wurde. Dies erfordert eine bestimmte Disziplin. Wir haben es hier mit Ladung zu tun; der Erforscher mag im hitzigen Verlauf einer Sitzung so manches sagen oder tun. Dies könnte manches Mal ziemlich vulgär, emotional oder überraschend sein, und der Sitzungsleiter sollte fähig dazu sein, mit allem, was in einer Sitzung zu Tage treten könnte, umzugehen. Eine der Regeln für den Sitzungsleiter ist es, auf eine derartige Weise zu bestätigen, dass das, was vom Erforscher kommuniziert wurde, empfangen und verstanden ist, ohne jegliche Beurteilung oder Bewertung. Es gibt hier kein Moralisieren, kein Wiederholen dessen, was der Erforscher gesagt hatte und keinen Ausdruck der Zustimmung, nicht einmal die Körpersprache sollte irgendetwas anderes als eine neutrale Einstellung zum Ausdruck bringen. Was gebraucht wird, ist einfach nur ein angenehmes oder besser ein angemessenes Zeichen, dass die Botschaft angekommen ist, gehört und verstanden oder dass die Prozessanweisung ausgeführt wurde.

Diese neutrale Einstellung ist es, die während der gesamten Sitzung erforderlich ist, nicht nur während des Bestätigens. Der Erforscher wird weder unterbrochen noch wird zu dem, was er sagt, ein Kommentar abgegeben. Dies gut zu machen, erfordert meist einige Ausbildung wie einen professionellen Kurs in *Essenz der Kommunikation*.

Die andere Fähigkeit, die vom Sitzungsleiter verlangt wird, ist es, den genauen Endpunkt akkurat zu bestimmen, d.h., zu wissen, wann der Prozess beendet wird. Dies wird weiter unten noch ausführlich beschrieben.

Schritte des grundlegenden Verfahrens

Machen wir einen schnellen Durchlauf durch das Verfahren.

» Den Bereich der Ladung oder des unerwünschten Zustands feststellen.

» Das Item, das gelaufen (angegangen) werden soll, formulieren.

» Es in der allgemeinen Form adressieren, nämlich: *„Stell dir vor, du...“* (*„Stell dir vor, dass ...“* oder manchmal: *„Mach dir ein Bild von...“*, *„Denke an...“* oder *„Konzipiere...“*)

» Fahre damit fort, dieselbe Betrachtung oder dasselbe Gedankenmuster zu adressieren, bis es frei von Ladung ist.

» Den Prozess im richtigen Moment beenden.

Hierzu ein Beispiel: Eine Person, die im Verkauf arbeitet, beschwert sich, dass sie dazu neigt, nur zu einer ganz bestimmten Tageszeit Fehler zu machen. Im Gespräch finden wir heraus, dass das, was anscheinend damit verbunden ist und vielleicht dieser Schwierigkeit zugrunde liegt, folgende Vorstellung ist: *„Wenn so viele Menschen um mich herum sind, verwirrt mich das.“*

Das Verfahren wäre *„Stell dir vor, dass es dich verwirrt, wenn so viele Menschen um dich herum sind.“*. Diese Anweisung würde dann wiederholt werden, jedes Mal aufs Neue. Sie muss in einer neuen Zeiteinheit gegeben werden, damit vom Erforscher erwartet werden kann, sich das verlangte Item wieder neu vorzustellen (wiederzuerschaffen), und nicht als eine automatische Wiederholung. Der Sitzungsleiter stellt sicher, dass der Erforscher bei der Sache bleibt und sich jedes Mal derartige Szenen mit so vielen Details wie möglich vorstellt. Wenn es korrekt durchgeführt wird, wird der Sitzungsleiter beobachten können, dass sich die Sicht kontinuierlich verändert und dabei neue Aspekte auftauchen.

Dies wird fortgesetzt, während der Sitzungsleiter zuhört und jede Ausführung bestätigt, ohne zu unterbrechen, zu interpretieren oder sich auf irgendeine andere Art einzumischen. Er gibt nur die Aufforderung die jeweilige Vorstellung zu wiederholen.

Wenn der Endpunkt erreicht wurde, an dem der Erforscher ein „*aha*" oder eine neue Einsicht nennt, oder eine emotionale Befreiung oder Erleichterung oder ein Sich-besser-Fühlen zu diesem Thema zum Ausdruck bringt, dann kann diese Vorstellungs-Sequenz beendet werden. Sie vorher zu beenden, könnte den Erforscher unzufrieden oder sogar verärgert zurücklassen. Daher ist es das Beste, sich solange beharrlich zu bemühen, bis ein deutlicher Punkt mit befreitem Lachen oder Abbau von Spannungen auftritt.

Das zu laufende Item formulieren

Den unerwünschten Zustand ausfindig zu machen ist einfach, da er die meiste Zeit der eigentliche Grund für die Sitzung ist. Man muss in der Lage sein, den unerwünschten Zustand in Anbetracht des eigenen Denkens zu untersuchen. Hauptsächlich muss daran gedacht werden, dass man unerwünschte Zustände, Phänomene, Gefühle usw. anspricht, die innerhalb des Bewusstseins stattfinden. Was wir brauchen, ist ein Gedanke oder eine Betrachtung, die für den Zustand repräsentativ ist. Den finden wir dadurch, indem wir der Person zuhören, wenn sie darüber spricht. Das kann so einfach sein, wie den Erforscher zu Beginn der Sitzung zu fragen: *„Worauf liegt jetzt deine Aufmerksamkeit?“* Er wird antworten: *„Ich mache mir große Sorgen um meine Tante Sophia, man sagte ihr, sie habe Krebs. Und ich muss die ganze Zeit weinen.“* Also formulieren Sie das zu laufende Item: *„Stell dir vor, du musst die ganze Zeit weinen.“* Sie bitten die Person, auf mentaler Ebene eine Situation, ein Bild oder eine begriffliche Darstellung von Umständen und Zuständen, in denen solch ein Denken auftreten könnte, zu machen. Die Ladung liegt in der Unfähigkeit, bestimmte Zustände, die der Kontext dieses Denkens sind, zu konfrontieren. Dadurch lässt sich der geladene Bereich aus den verschiedenen Blickwinkeln erreichen.

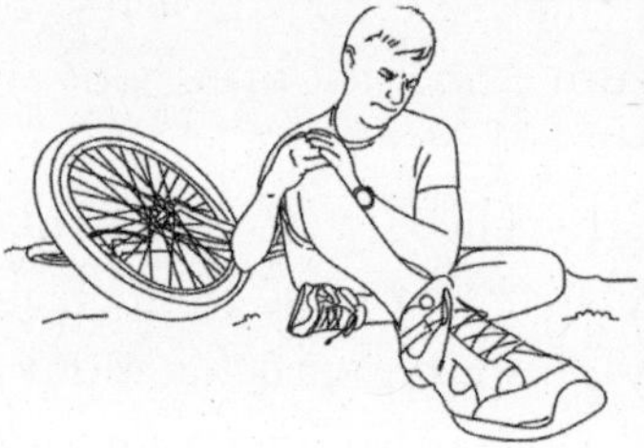

Wenn wir uns die relativ harmlose Situation anschauen, bei der ein Junge vom Fahrrad fiel, könnte eine beliebige Anzahl an Aspekten dazu dienen, uns zum geladenen Geschehnis zu führen. Das könnte sein: *`Was werden meine Eltern sagen´*, *`Ich werde es nicht schaffen´*, *`Mein Knie schaut wirklich böse aus´*, *`Ich falle immer wieder´*, *`Dieses dumme Fahrrad´*, *`Ich habe mir das Knie gebrochen´*, *`Ich werde Ärger kriegen´*, *`Ich kann einfach nicht Fahrrad fahren´*, *`Gras ist rutschig´*, etc. Bemerken Sie, dass es die Umstände, die Betrachtung oder auch die involvierten Objekte sein können. Jeder Aspekt, der zum geladenen Bereich weist, wird funktionieren.

Ein Erforscher mag etwas sagen wie: *„Ich mache mir Sorgen um meine Tochter“*, und wenn man dies bespricht, mag die Betrachtung hervorkommen *„Sie kann sich nicht selbst verteidigen“*, was er erwähnt, während er emotional zum Ausdruck bringt, zu einem gewissen Grad verzweifelt zu sein. Sie würden dann laufen: *„Stell Dir vor, sie kann sich nicht selbst verteidigen."*

Für diesen Schritt gibt es nicht nur eine Methode. Eine andere Herangehensweise wäre:

F: „Was würdest Du gerne in Deinem Leben verbessern?"

A:„Naja, ich würde gerne beim Lernen schneller vorankommen."

F: „Okay, wie verhält es sich denn bei deinem Lernen?"

A: „Ich hasse die Französischlehrerin, sie ist eine Schlampe!"

F:„Sag mal, ist irgendetwas in Bezug auf diese Lehrerin vorgefallen?"

Nachdem die Frage beantwortet wurde und darüber gesprochen wird, Hausaufgaben zu machen, sagt die Person: *„Die Sache ist die, dass ich mich einfach nicht konzentrieren kann"*, und seufzt tief.

Da dies eine persönliche Betrachtung ist, laufen Sie: *„Stell dir vor, du kannst dich nicht konzentrieren"* als vollständigen Satz von vier Anweisungen (weiter unten behandelt unter Multiple Gesichtspunkte-Prozessing).

Sobald Sie etabliert haben, was der unerwünschte Zustand ist, könnten Sie wie folgt weitermachen: Dies ist allerdings eine andere Herangehensweise. Fragen Sie zuerst:

1. *„Was weißt du sicher darüber (den Zustand/das Problem) zu haben?"*

2. *„Was wäre nötig, (den Zustand/das Problem) nicht zu haben?"*

Aus den Antworten zu den obigen Fragen werden Sie die negativen Glaubenssätze zum Problem erhalten. Folgendes sind ein paar Beispiele dessen, was hochkommen könnte:

» *„Ich bin nicht gut genug."*
» *„Ich bin wertlos."*
» *„Ich bin minderwertig."*
» *„Ich bin unbedeutend."*
» *„Keiner liebt mich."*
» *„Ich bin nicht liebenswert."*
» *„Sie werden mich nicht akzeptieren."*
» *„Ich bin nicht interessant genug."*
» *„Ich bin dumm."*
» *„Ich verstehe immer alles falsch." usw. usw.*

Wenn Sie solch einen negativen Glaubenssatz oder eine solche Betrachtung, die eine emotionale Reaktion zeigt, erhalten, können Sie sie mit Vorstellungsprozessing laufen.

Manchmal bringt ein Erforscher eine Liste an Dingen mit in die Sitzung; in solch einem Fall können Sie ihn darum bitten, jedes Item auf der Liste nach dem Grad des Interesses daran zu bewerten. Lassen Sie ihn jedes Item zweimal auf einer SUD-Skala (Subjective Units of Distress, subjektive Stresseinheiten) von 1 – 10 einstufen, die erste Einstufung darüber, wie sehr es ihn stört und die zweite, wie interessiert er daran sind, es aufzugreifen. Nehmen Sie dann die höchste Gesamtzahl und nehmen Sie dieses als das zu laufendes Item.

Professionelle verwenden fast immer ein so genanntes GSR-Meter[4] (GSR = Galvanic Skin Response, galvanischer Hautwiederstand), um ihnen bei der Aufdeckung gelade-

4 Im verbleibenden Text wird GSR-Meter oder Psychogalvanometer oft mit Meter abgekürzt.

ner Bereiche behilflich zu sein. Solch ein Meter wird eine Anzeige an emotionaler Ladung, die sich direkt unter der Oberfläche befindet, sichtbar machen.

Objektive versus subjektive Situationen

Es gibt objektive Situationen und subjektive Reaktionen zu diesen. Es mag nicht ratsam sein, objektive oder tatsächliche Situationen in faktischer Form zu laufen, wie zum Beispiel, dass die Person insolvent ist. *„Stelle dir vor, bankrott zu sein."* Ein Wesen, das dies erfolgreich laufen kann und bald erkennen kann, dass es nur eine Betrachtung ist und es darüber fröhlich sein kann, ist selten. Der Grund, warum eine Person eine Sitzung oder Hilfe braucht, ist, dass die tatsächliche Situation als unkonfrontierbar angesehen wird.

Eine sanftere Herangehensweise ist, herauszufinden, welche Bewertungen, Reaktionen, Widerstände, Einstellungen und Emotionen mit dieser objektiven Sachlage verbunden sind. Dann kann man Dinge laufen wie z.B. *„Stell dir vor, du bist verzweifelt darüber, bankrott zu sein."*, *„Stell dir vor, du wirst es nie schaffen,..."*

Die gegen das Überleben gerichtete Situation oder Beschwerde

Sagen wir, die Beschwerde wird folgendermaßen zusammengefasst: *„Ich werde nie einen Job finden, weil ich die Bewerbungsgespräche immer vermassle."* Die erste Sache, die man erkennen sollte, ist, dass dies eine zusammengesetzte Aussage ist, die eine Situation enthält plus die Begründung dafür.

In solchen Fällen gibt es mehrere Möglichkeiten. Die eine ist, dass das Vermasseln der Bewerbungsgespräche der wahre Grund dafür ist, dass kein Job gefunden werden kann; in dem Fall wäre das die korrekte Sache, die man angehen sollte. Die andere Variante ist, dass das Vermasseln lediglich eine Erklärung oder Ausrede dafür ist; in diesem Fall würde es die Job-Angelegenheit nicht lösen, wenn man es aufgreifen würde.

Gewöhnlich ist nicht einmal der Person selbst die Situation oder Beschwerde klar, denn wenn es dies wäre, hätte sie sie höchst wahrscheinlich bereits gelöst. Die arbeitslose Person, die die obige Aussage mach, könnte einfach nur entschieden haben, aufzuhören Bewerbungsgespräche zu vermasseln und wäre fähig, einen Job zu bekommen, oder sie macht sich auf und findet einen Job, für den ein Bewerbungsgespräch nicht nötig ist. Aber dies ist eine emotional geladene Situation, daher sind höchst wahrscheinlich die Elemente Ladung und Verwirrung beide anwesend. Dies ist ein Charakteristikum jeder Situation, die sich nicht löst, da ausreichend elektrische und emotionale Ladung klares analytisches Denken in diesem Bereich verhindert.

Ein Sitzungsleiter müsste tiefer graben, um das tatsächliche Problem genau zu bestimmen. Es könnte sogar sein, dass die gesamte Situation einen viel tiefer liegenden Zustand nur überdeckt, wie zum Beispiel eine generelle Abneigung, zu arbeiten. Es gibt an dieser Stelle keinen Ersatz für einen intelligenten Leiter, seine Intuition und/oder sein Meter zu benutzen, um ihn zur eigentlichen Sache hinzusteuern. Ein Sitzungsleiter, der wirklich interessiert ist, herausfinden will und sorgfältig zuhört, wird mit diesem Schritt keine Schwierigkeiten haben.

Natürlich macht es ein Meter viel leichter, da der Bereich der Ladung sichtbar anzeigen wird. Aber im Betrachtungs-/Imaginationsprozessing – welches oft solo gemacht wird – kann man nicht leicht etwas falsch machen. Man könnte jeden Bestandteil der ersten oben genannten Beschwerde nehmen und laufen *'Du wirst nie einen Job finden'* und dies gründlich entladen. Dies mag bereits das Problem handhaben, oder man mag nachfolgend laufen *`immer Bewerbungsgespräche zu vermasseln´*, um beides zu entladen. Natürlich wäre es weise, dem zu folgen, was am Meter anzeigt und/oder woran der Erforscher interessiert ist – je größer die Anzeige, umso leichter wird es für das Wesen sein, die Ladung zu konfrontieren. Beim Gespräch über Bewerbungsgespräche könnte passieren, dass die Person plötzlich mit Folgendem herausplatzt: *„...aber Vorgesetzte machen mich immer nervös!"*, was eine große Anzeige ergibt. Dies wäre offensichtlich eine `heiße´ Betrachtung, die direkt gelaufen werden kann und dazu führen kann, die gesamte `Job-Situation´ zu lösen. Auf welchem Weg auch immer man es angeht, dieses *`Vorgesetzte machen mich nervös´* wird, wie man dann merkt, zum tatsächlichen, darunterliegenden Geschehnis führen, welches solch eine Betrachtung oder Entscheidung beinhaltet. Daher, wenn es die zugrundeliegende Ladung ist, wird es tatsächlich auftauchen, wenn man eine der oben genannten Formulierungen als zu laufendes Item nimmt.

In jedem Fall würde man sich jedoch immer beim Erforscher vergewissern, um sicherzustellen, dass die ursprüngliche Situation oder Beschwerde gehandhabt wurde. Und, falls nicht, würde man alles sonstige damit Verbundene laufen, bis dies eintritt.

Es gibt ein wichtiges Prinzip, das bekannt ist als *`Verwirrung und das stabile Datum´*. In einer Verwirrung ist alles in Bewegung, alle Teile, alle Daten, bis man irgendein Datum auswählt, um den Rest damit zu vergleichen – das stabile Datum.

Das stabile Datum ist eine willkürliche Wahl. Es ist das, welches die Verwirrung unter Kontrolle bringt, aber es ist nicht notwendigerweise wahr. Die negativen, gegen das Überleben gerichteten Betrachtungen und Gedankenmuster, die wir angehen wollen, sind die, die die Ladung und Verwirrung an Ort und Stelle halten. Dies ist auch der Grund dafür, warum eine der Hauptregeln beim Prozessing lautet, dem Wesen zu erlauben, vollständig alles mit der *vorgestellten* Szenerie und/oder dem Geschehnis verbundene Material zu kommunizieren. Dies wird es entwirren und wenn alles kommuniziert worden ist, wird der Bereich frei von Ladung sein und die Person wird vernünftig denken und die Probleme in diesem Bereich lösen können.

Kommen wir zurück auf das Auswählen des zu laufenden Items. Es gibt eine weitere eher formale und sehr gründliche Herangehensweise, die *Pre-Assessment* genannt wird. Diese Methode wird ausführlicher in dem Text über *Geschehnisprozessing* beschrieben. Man nimmt die gesamte Situation und listet Betrachtungen, Einstellungen (welche auf den Emotionen sitzen), Bewertungen usw., die mit dieser Situation oder Gesamtbeschwerde verbunden sind (wie z.B. Frauen; Sex; unfähig, mit katholischen Priestern zu reden), und läuft die anzeigenden Items in der Reihenfolge nach der Größe der Anzeige. Falls kein Meter verwendet wird, verwendet man die SUDs und das Interesse des Explorers.

Den Prozess laufen

Der Sitzungsleiter sollte die Prozessinstruktionen oder -anweisungen jedes Mal neu und frisch ohne Abänderung wiederholen. Das ist wichtig. Die meisten Menschen tendieren dazu, einige Schwierigkeiten damit zu bekommen, wenn sie denselben Wortlaut immer und immer wieder wiederholen sollen und würden ihn dann gerne abändern oder variieren. Dies sollte nicht getan werden, da die Kraft des Prozessings in seiner Unveränderlichkeit liegt. Es gibt verschiedene theoretische Betrachtungen, die dem zugrunde legen, wie z.B. die Struktur des Minds und der Erinnerungen.

Eine gewisse Disziplin wird auch vom Erforscher bei der Ausführung der Anweisungen verlangt. Vorstellung ist natürlich frei (uneingeschränkt), aber es sollte anerkannt werden, dass durch den Prozess Emotionen, Gefühle, Empfindungen und manchmal auch Schmerzen wie auch alte Überzeugungen und Gedanken aus der Vergangenheit aufgewühlt werden. Dies sollte so sein. Diese Reaktionen sollten nicht so aufgefasst werden, dass sie tatsächlich mit dem Jetzt zu tun haben, selbst wenn es sich für den Erforscher so anfühlt. Um ein Beispiel zu geben: Nachdem ein stark geladenes Gedankenmuster eine halbe Stunde gelaufen wurde, beschließt der Erforscher: *„Ich bin müde und brauche etwas Ruhe"*, oder er denkt und sagt: *„Ich kann nicht mehr denken"*, *„Das wird sich nie ändern"*, *„Ich kann es nicht mehr länger aushalten"*, oder irgendeine Variation dessen und sie können richtig überzeugend sein. Dies muss jedoch im Kontext der vergangenen Erinnerungen gesehen werden, die sich zu zeigen beginnen und dass es der unbewusste Mind ist, der da spricht.

Die altbewährte Regel des Prozessings findet hier Anwendung: *„Was es einschaltet, schaltet es auch wieder aus."*

Daher werden diese Verfahren gewöhnlich mit einem professionell Praktizierenden oder einem erfahrenen Sitzungsleiter begonnen, der in der Tat dazu fähig ist, den Erforscher reibungslos durch derartige zu erwartende Vorfälle zu leiten.

Das Leiten einer Sitzung kann sehr leicht erlernt werden, aber es ist eine Kunst, die tatsächlich eine gewisse Gewandtheit erfordert. Beispielweise ist eine der benötigten Fähigkeiten, den Erforscher auf dem Kurs und den Prozess in Gang zu halten, während gleichzeitig frei kommuniziert werden soll. Man muss interessiert sein und auch ermutigen können, falls es erforderlich ist. Ein Sitzungsleiter erledigt seinen Job, ohne die Aufmerksamkeit auf sich selbst zu ziehen. Das erfordert eine sanfte, unaufdringliche Präsenz.

Glücklicherweise steht hierfür eine Ausbildung zur Verfügung und man kann in einigen Wochen intensiven Trainings ein ziemlicher Experte werden. Wenn man als Team arbeitet, wobei die Partner die Rolle des Sitzungsleiters und Erforschers abwechselnd übernehmen, ist dies ein idealer Weg und es ist gleichzeitig auch die preiswerteste Variante.

Schwerwiegende Geschehnisse aus vergangenen Erfahrungen kommen in Sicht

Geladene Geschehnisse werden natürlich auftauchen, dies ist schließlich der ganze Zweck des Prozessings. In früheren Versionen der Imaginationsprozessings-Technik wurde nicht darauf eingegangen, was zu tun ist, wenn ein besonders schwerwiegendes oder traumatisches Geschehnis ausgelöst wird. Die meisten Praktizierenden würden dem Erforscher gestatten, mehrere Mals durch das Geschehnis zu gehen oder es ausführlich zu beschreiben. Es wäre ein grober Fehler des Sitzungsleiters, weiterhin auf strikter *Vorstellung* zu bestehen, wenn der Erforscher eindeutig sagen kann, was tatsächlich geschah. Im Übrigen wird die Ladung nicht durch die *Phantasie* erzeugt, wir nutzen lediglich die *Vorstellung*, um auf das Material zugreifen zu können. Die Realität, die in diesem Fall an die Oberfläche kommt, nicht zu bestätigen, wäre abwertend und kann dazu führen, dass der Erforscher sie nicht vollständig entladen wird.

In solch einem Fall würde der Sitzungsleiter unter Verwendung eines Psychogalvanometers meist starke Anzeigen erkennen und würde diesen nachgehen, oder bis zur vollständigen Entladung dieses *historischen* Materials nachfragen. Falls erforderlich, kann der Sitzungsleiter das Wann, Wo und Was-genau-geschah ermitteln, um die Duplikation und Entladung zu unterstützen. Auf der anderen Seite würde man niemals darauf bestehen, dass etwas im *Universellen Imaginationsverfahren** real ist, aber wenn es so gesehen wird, erkennt man es an.

Eine optimale Handhabung besteht darin, den Erforscher so lange reden zu lassen, wie Ihr Meter Reaktionen zeigt. Sie müssen nicht immer Fragen dazu stellen und es besteht keine Notwendigkeit, es wie beim *Trauma Reprozessing* zu laufen, um die Entladung zu ermöglichen. Sie könnten zum Beispiel Folgendes fragen: *„Was ist die Verbindung zwischen dem Geschehnis und dem, was wir hier angehen?"*, um den Erforscher direkt zurück zum Hauptprozesses zu bringen.

Multiple Gesichtspunkt-Prozessing

Dieses sind die sozialen, menschlichen und ultimativen Verantwortungsschritte.

Sobald das Thema wie oben adressiert wurde, wird dasselbe Thema nochmals aufgegriffen, nun jedoch in einem weiteren Kontext. Es gibt drei weitere Schritte, die dazugehören, die da wären: Wie würde es von jemand anderem erlebt werden, wie von anderen und wie würde es aussehen und sich anfühlen, wenn man komplette Verantwortung dafür übernehmen würde – sogar dafür, es selbst erschaffen zu haben.

Letzteres wird nicht gemacht, bevor bei den vorangegangenen Items keine Ladung mehr vorhanden ist. Es wäre beispielsweise zu viel, eine Frau zu fragen die aufgebracht darüber ist, schrecklich missbraucht worden zu sein, darüber nachzudenken, dies selbst verursacht zu haben. Sogar, wenn sie an Karma glauben würde .

Nachdem 1.\ *„Stell dir vor, dass du dich nicht konzentrieren kannst"* (persönlich) bis zum EP* (Endphänomen) gelaufen wurde, wären die weiteren Anweisungen folgende:

2. *„Stell dir vor, ein anderer kann sich nicht konzentrieren."* (sozial)
3. *„Stell dir vor, andere können sich nicht konzentrieren."* (Menschheit)
4. *„Stell dir vor, du verursachst dir selbst, dass du dich nicht konzentrieren kannst."* (ultimativ)

Und jede von diesen würde nacheinander repetitiv gelaufen werden, bis jeweils ein passender Endpunkt erreicht wird.

Es ist ein einfaches Verfahren und Sie mögen überrascht sein, welch heftige Reaktionen erfolgen können, besonders wenn schwer geladene Bereiche adressiert werden. In all solchen Fällen bleibt der Sitzungsleiter ruhig und gelassen und leitet den Erforscher durch den Leidensweg hindurch.

Flussrichtungen

Es gibt mindestens vier Flussrichtungen, die Interaktionen zwischen Menschen mit sich bringen:

Fluss 1: Etwas geschieht einem selbst.
Fluss 2: Etwas einem anderen verursachen.
Fluss 3: Andere verursachen anderen etwas.
Fluss 0: Sich selbst etwas verursachen.

Obiges ist ein Muster, das seit vielen Jahren verwendet wird. Interaktionen können variieren und komplizierter als das sein. Fluss 1 wie oben formuliert ist unpersönlich, aber man könnte den ersten Fluss beschränken auf ein anderer (eine andere Person) verursacht einem etwas. Wenn der Fluss auf diese Art limitiert wäre, würde er beispielsweise vom Blitz getroffen zu werden ausschließen, da in diesem Fall niemand dafür verantwortlich zu machen wäre – außer dieser andere wäre Zeus persönlich.

Die Flussrichtungen werden beschrieben, wie sie vom eigenen Gesichtspunkt aus gesehen werden: (1) es geschieht einem selbst, (2) es ist ausgehend von einem selbst, (3) man selbst beobachtet, dass andere anderen etwas verursachen, (0) man selbst verursacht sich etwas. In anderen Worten gibt es vier Gesichtspunkte: 1) Opfer, 2) Täter, 3) Zuschauer oder 4) gleichzeitige Ursache und Wirkung.

Im *Universellen Imaginationsprozessing* sind die vier Prozessanweisungen so formuliert, dass sie all diese möglichen Interaktionen und Ansichten in der Reihenfolge der Ausweitung des Anwendungsbereiches beinhalten. Daher ist das allgemeine Schema, nach Folgendem zu fragen:

1. eine Vorstellung, in der man… (das Item) in Bezug auf sich selbst betrachtet:
   » *Stell dir vor, du hast…*

2. eine Vorstellung, in der man… (das Item) in Bezug auf einen anderen betrachtet:
   » *Stell dir vor, ein anderer hat…*

3. eine Vorstellung, in der man… (das Item) in Bezug auf andere betrachtet:
   » *Stell dir vor, andere haben…*

o. eine Vorstellung, in der man sich selbst als die Ursache von… dem Item betrachtet:
» *Stell dir vor, du verursachst dir selbst,… (das Item) zu haben.*

Somit kann man je nach der Art des Konzepts, das man sich vorstellt, Ursache oder Wirkung sein.

Der Grundgedanke dieser verschiedenen Anweisungen besteht darin, die Zone von Verantwortung kontinuierlich zu weiten, mit dem Resultat, dass volle Verantwortung für die Erschaffung eines bestimmten Gedankenmusters oder einer bestimmten Betrachtung übernommen wird.

Theoretisch könnte man die Flussrichtungen weglassen, wenn man eine unpersönliche Betrachtung erhält (die kein Personalpronomen beinhaltet), wie z.B. die Formulierung *`nicht fähig zu sein, sich zu konzentrieren´*. Dann würde man das Konzept in seiner Gesamtheit laufen: *„Stell dir vor nicht fähig zu sein, sich zu konzentrieren.“* In diesem Fall wären alle Gesichtspunkte in einer einzigen Prozessanweisung berücksichtigt.

Optimale Endpunkte

Dies ist relativ einfach, da man subjektiv eine Erleichterung fühlt oder einen emotionalen Auftrieb – abhängig davon, wie geladen das Item war. Wenn einer einen anderen leitet, ist es gewöhnlich genauso offensichtlich.

Die exakten Endpunkte oder -phänomene gestalten sich wie folgt und Nr. 1 und Nr. 2 werden sich immer manifestieren:

1. Der Erforscher äußert ein *„Aha!“*, eine neue Einsicht, Realisation oder ein neues Verständnis, was direkt mit dem Thema des Prozesses zu tun hat.

2. Er drückt eine emotionale Erleichterung oder Befreiung aus und fühlt sich besser über das Thema. Dies manifestiert sich auf unterschiedlichste Weise, wie z.B. sichtliche Zufriedenheit, Heiterkeit oder lautes Lachen.

3. Die Imaginationsanweisung wird jetzt ziemlich zügig ohne Veränderung der jeweiligen Zeitverzögerung ausgeführt, d.h. die Zeit, die es braucht, zu antworten oder es sich vorzustellen.

4. Nur wenn unter Verwendung eines Instrumentes – das GSR-Meter zeigt ein Sinuswellenmuster oder eine freie, harmonische, schwebende Nadel auf dem Anzeigefeld.

All das in Summe zeigt, dass das Thema ladungsfrei ist.

Man bemerke, dass während eines Prozesses mehrere *„Ahas!“* und schwebende Nadeln auftauchen können. Dies zeigt, dass Fortschritt erzielt wurde. Der Prozess wird jedoch nicht beendet, bevor sich das Erkennen dessen, was offensichtlich dem Ganzen zu Grunde liegt, einstellt. Auch eine eindeutige neue Sicht, Denkweise oder Einstellung wird zum Ausdruck in Bezug auf das gesamte Thema gebracht.

Eine Regel, die verwendet werden kann, ist folgende: Wenn Prozessanweisungen drei Mal hintereinander vergnügt ausgeführt werden, ohne emotionale Entladung und ohne erkennbare Veränderung der Reaktionsverzögerung*, sieht man den Prozess als zum Ende gekommen an.

Es liegt keine wirkliche Gefahr darin, ein paar weitere Anweisungen zu laufen, wenn man im Zweifel darüber ist, ob das Thema ladungsfrei ist oder nicht. Wenn es vollständig entladen ist, wird die Person fähig dazu sein, zu diesem Thema fröhlich weiter zu phantasieren. Dies wird gewöhnlich nicht getan, da die oben genannten Endpunkte ausreichende Beweise dafür sind, dass der Prozess entladen wurde. Wenn der Endpunkt wie oben beschrieben klar erreicht wurde und man weiter fortfährt, mag der Erforscher daran zu zweifeln beginnen oder die Tatsache abwerten, dass der Prozess seinen Zweck erreicht hat und demnach auch seine Erkenntnis abwerten. Dies wäre ein Überlaufen eines Prozesses.

Integration & Aktivierung

Es gibt ein paar mögliche zusätzliche Stufen, die der endgültigen Erkenntnis des Erforschers, dass das Thema komplett gelöst ist, folgen. Die erste ist, dass man einen Moment brauchen mag, dieses neue Verständnis in die eigene Sicht des Lebens oder in angrenzendes Wissen zu integrieren. Sitzungen werden daher oft an solch einem Punkt beendet und die Integration findet außerhalb der Sitzung statt. Es sollte jedoch bemerkt werden, dass dies eine zu erwartende Konsequenz ist und sollte daher weder verweigert noch sollte darüber hinweggegangen werden. Dieser Schritt muss nicht sehr langwierig sein, da manchmal das Ergebnis einfach darin besteht, dass eine Art von Stopp nicht mehr da ist, dass Dinge getan werden können und dass es keine Angst oder Zweifel mehr gibt. Was immer es ist, man erlaubt dem Erforscher, in welcher Weise er oder sie auch immer möchte, auszudrücken, dass das Leben nun anders aussieht oder jetzt erfreulicher ist.

Ein weiterer Grund, warum wir überhaupt Prozessing machen – nämlich, Zustände zu verändern – ist die

Aktivierungsstufe. Meistens wird dies nicht als Teil eines Prozesses getan, aber es könnte als Teil der Nachbearbeitung gesehen werden. Manche Praktizierenden bitten den Erforscher, ihnen beispielsweise zu beantworten: *„Wie sieht das Leben (oder das Thema des Prozesses) jetzt für dich aus?"* Wenn dies getan ist, und es wird oft mehr oder weniger automatisch getan, könnte man sagen, dass sich der Kreis geschlossen hat. Wir begannen mit einem unerwünschten Zustand und wir enden damit, dass dieser gesamte Zustand vollständig gelöst und durch den erwünschten Zustand ersetzt wurde. Dies kann in der Sitzung selbst oder dann erfolgen, sobald gewisse Aktionen im physikalischen Universum implementiert sind.

Man könnte sich fragen, warum die Vorstellung so mächtig ist? Dies wird am besten beantwortet, indem man das Prozessing selbst erlebt, und am Ende wird man herausfinden, dass sowieso ALLES VORSTELLUNG IST.

Verborgene Gegenabsichten & Unbewusste Selbstsabotage (Psychologische Umkehrung)

Man mag die Situation vorfinden, bei der der Erforscher Gegenabsichten oder negative Betrachtungen hat, deren er oder sie sich nicht bewusst ist. Diese würden dem Fortschritt aber im Wege stehen, wenn sie nicht adressiert werden. Diese sind Zweifel, Skepsis oder negative Einstellungen, die das Ziel, Dinge aufzuklären oder jemandes Gesichtspunkt zu verändern, störend beeinflussen. Beispiele sind: *„Es wird nicht funktionieren."*, oder subtiler: *„Es wird niemals die gesamte Sache handhaben."*, *„Es könnte wiederkommen."*, *„Manche Dinge können sich einfach nicht ändern."* usw.

Da der Erforscher sich auf den Weg begeben hat, herauszufinden und mit diesem Zweck in Sitzung ist, ist er sich normalerweise dieser Hindernisse nicht bewusst. Wenn es also plötzlich auftaucht oder vom Sitzungsleiter bemerkt wird, sollte es sodann adressiert werden. Die Eliminierung dessen wird mit der Imaginationstechnik oder manchmal mit anderen Techniken, z.B. des *Geschehnisprozessing*, bewerkstelligt.

Einige Regeln

Einige der Fähigkeiten eines Praktizierenden des Imaginationsverfahrens haben nichts mit dem Wissen zur Theorie oder Technik zu tun.

Eine grundlegende Fähigkeit liegt darin, eine passende und sichere Umgebung zu schaffen, in der Imaginationsprozessing stattfinden kann. Eine kontrollierte Umgebung (Raum, passende Zeit) wird benötigt, weil das Imaginationsprozessing intensive Konzentration erfordert und zu Inhalten führen kann, die oft schwer fassbar oder schwierig anzuschauen sind. Ein Erforscher, dessen Aufmerksamkeit in mehrere unterschiedliche Richtungen zerstreut ist, wird in Sitzung nicht gut vorankommen.

Stellen Sie sicher, dass der Erforscher für die Sitzung in optimaler körperlicher Verfassung ist, also ausreichend genährt, ausgeschlafen und genügend ausgeruht ist sowie keine Drogen, Alkohol oder bewusstseinsverändernde Medikamente in den letzten 24 Stunden zu sich genommen hat.

Ein Sitzungsleiter muss die Kommunikationszyklen, die in Sitzung stattfinden, reibungsfrei kontrollieren. Damit sind alle zehn der inneren Zyklen gemeint, die in Kapitel 8 aufgeführt wurden. Auch Solo-Sitzungen – diese sogar noch mehr – bedürfen einer gewissen Kommunikationsdisziplin. Diese Fähigkeiten wurden bereits beschrieben, sie erfordern allerdings einiges an Training und Praxis.

Die hier gegebenen Regeln für den Sitzungsleiter sind nur wenige, sind einfach und ohne Umschweife.

1. Erlauben Sie dem Erforscher immer, selbst zu entdecken. Bewerten Sie nicht, bieten Sie keine Interpretationen an und werten Sie keine Daten ab.

2. Die richtige Einstellung eines Sitzungsleiters ist es, interessiert, hilfreich, nicht urteilend, verantwortlich, vorhersehbar, beharrlich und sachlich zu sein.

3. Gehen Sie mit den Inhalten der Sitzung streng vertraulich um und belassen Sie die Inhalte nur zwischen Ihnen und dem Erforscher.

4. Halten Sie die Sitzungstermine ein, die sie vereinbart haben.

5. Wenden Sie die Kommunikationsdisziplin gemäß der Kommunikations-Trainingsroutinen an.

6. Fahren Sie mit dem Prozess so lange fort, wie es notwendig ist, um das Endresultat zu erreichen – und nicht länger.

Lernen Sie die Theorie, lassen Sie sich in den Fertigkeiten der Kommunikation ausbilden, bekommen Sie etwas Erfahrung darin, Sitzungen zu geben und bald werden Sie auf Ihr Prozessing schwören und darüber hinaus deren Ergebnisse genießen.

Warum brauchen wir Führung?

Da Imaginationsprozessing oft solo gemacht wird, kommt manchmal die Frage auf: *Warum ist ein Sitzungsleiter oder überhaupt eine Führung erforderlich?* Einer der Gründe wird am besten durch Einsteins berühmtes Zitat ausgedrückt: *„Probleme kann man niemals mit derselben Denkweise lösen, durch die sie entstanden sind.“*

Manchmal sieht man, dass ein Erforscher an einem bestimmten fixierten Gesichtspunkt festhängt oder sich mit einer bestimmten Entscheidung identifiziert, die er in der Vergangenheit gemacht hat, oder mit Realitätsaspekten, die vorübergehend in der Sitzung auftauchten. Beispielsweise *'Sich vorstellen, unfähig zu sein, zu schwimmen'*. Der Erforscher entscheidet, dass es einfach eine genetische Beeinträchtigung ist und dass es keinen Sinn ergäbe, mit dem Prozess fortzufahren, da es einfach ein Fakt sei. Punkt.

Der Erforscher beginnt, so etwas als eine unveränderliche, solide Realität anzusehen. Dies könnte sich in Aussagen wie *`aber es IST einfach so´* ausdrücken. Wenn wir in Betracht ziehen, dass wir es mit Bewusstsein zu tun haben und mit dessen eigener Flexibilität, ist es niemals in Stein gemeißelt. Tatsächlich muss man wissen, dass Gedanken das sind, was Dingen vorangeht, sie erschafft und jeden existierenden Zustand aufhebt und nicht umgekehrt. Daher ist es in kritischen Augenblicken entscheidend, dass ein Sitzungsleiter nicht mit derartigen limitierenden Aussagen in Übereinstimmung geht und den Erforscher ruhig an sein flexibles Bewusstsein erinnert, welches jederzeit in der Lage ist, Glaubenssätze oder -systeme zu verändern.

Daher kann ein Begleiter, der einen externen Gesichtspunkt hat, leichter das Problem der Person spiegeln, da er nicht Teil der Erschaffung ist. Dies geht sogar einen Schritt weiter, da viele Sitzungsleiter zusätzlich einen

Bewusstseinstechnologie-Supervisor haben, der sie zwischen den Sitzungen führt, berät und unterstützt.

Weg zur Wahrheit

Es wurde gesagt, dass man auf dem Weg zur Wahrheit den ganzen Weg gehen muss. Das Imaginationsverfahren besitzt die Fähigkeit, die Tore zu höheren Ebenen der Wahrheit zu öffnen, aber es ist nicht das Verfahren oder die Technik selbst, wie wir zuvor hervorgehoben haben.

Die Technik kann den ganzen Weg zur Unendlichkeit weisen, aber das geistige Wesen hat seinen freien Willen. Es tut alles, um das Bewusstsein zu erhöhen oder es tut es nicht – oder es mag sogar in die gegengesetzte Richtung gehen. Daher kann ein Sitzungsleiter nicht mehr tun, als ein Beispiel zu geben und den Weg zu zeigen, aber es liegt am Individuum selbst, diesen Weg zu gehen, seinen Weg.

Als Schlussbemerkung muss gesagt werden, dass nach der Handhabung der Negativität die Universelle Imaginationstechnik auch im positiv-kreativen Sinn genutzt werden kann, was wir normalerweise Visualisierung nennen.

10. Der Anwendungsbereich der Bewusstseinstechnologie

Es existieren eine Menge Techniken, um unbewusstes oder unterbewusstes Material freizulegen oder andere Dinge im Bereich der Bewusstseinserweiterung zu tun. In diesem Kapitel werden wir ein paar dieser Techniken auswählen einige von denen können leicht von beinahe jedem angewendet werden.

Multi Genius Technologie für bewusstSEIN basiert auf dem Prinzip, dass das Ergebnis für den Einzelnen das ist, was zählt, und dies mag eine individuelle Herangehensweise benötigen.

Alle Bewusstseinstechnologie-Methoden arbeiten mit Bewusstsein (Psyche oder Mind) und seinen Inhalten. Lassen Sie uns einige der allgemeinen Prinzipien der MGT-Herangehensweise erneut durchgehen:

» Die grundlegende Idee hinter allen Bewusstseinstechnologie-Prozessen ist Nicht-Widerstand. Alles, was als Inhalt des Mind hochkommt, wird genau wie-es-ist angenommen, ohne den Versuch zu unternehmen, es abzuändern. Es erfordert vollständige Ehrlichkeit* mit sich selbst.

» Die Leitung der Sitzungen geschieht wertungsfrei, es gibt kein Bestreben, zu urteilen, zu analysieren, zu interpretieren oder vorgefundenes zu erklären.

» Es kommt darauf an, sich über alles, was in der Gegenwart hochkommt, bewusst zu werden.

Es gibt einige Techniken, die wir für universal funktionsfähig erachten, obwohl das nicht bedeutet, dass es nie eine Ausnahme geben kann.

Einige dieser hier angegebenen Techniken sind Ad-hoc-Entwicklungen, andere sind differenzierter und belegt.

„Ich erkannte, dass ich litt, wenn ich meinen Gedanken Glauben schenkte, aber wenn ich ihnen nicht glaubte, ich nicht litt, und dass das für jedes menschliche Wesen zutrifft. Freiheit ist so einfach wie das. Ich fand heraus, dass leiden optional ist. Ich fand eine Freude in mir, die nie von mir wich, nicht für einen einzigen Moment. Diese Freude steckt in jedem, immer.“
– Byron Katie

Eine alternative Methode, mit Glaubenssätzen zu arbeiten, die der Grund unnötigen Leidens sind, stellte Byron Katie zur Verfügung. Im Folgenden wird kurz skizziert, was von Katie als *The Work* [Die Arbeit] bekannt ist[1]:

Schreiben sie jeden Stress verursachenden Gedanken, den sie finden können, auf und stellen Sie sich dann dazu vier Fragen.

- » Ist das wahr?
- » Kann ich mir ganz sicher sein, dass das wahr ist?
- » Wie reagiere ich, wenn ich diesem Gedanken Glauben schenke?
- » Wer wäre ich ohne diesen Gedanken?

Danach, wenn sie den Gedanken vollständig nieder gerungen haben, ersetzen Sie ihn mit einer *Trendwende*

1 Aus der Ausgabe 'O – Das Oprah Magazine' vom Mai 2010, siehe auch Byron Katies Webseite http://thework.com/do-work

– einem entgegengesetzten Gedanken, einem, der 'ebenso wahr oder wahrer' ist und der Ihnen kein Leid beschert.

Einfache Technik bei einem kürzlich erlittenen Schock oder Trauma

Die leichteste Art, einen kürzlich erlittenen Schock zu lindern, besonders bei einem Kind, besteht darin, die Person einfach nur darüber sprechen zu lassen und aufmerksam zuzuhören. Manche Menschen müssen Sie dazu ermutigen, mehr zu erzählen. Dies könnten Sätze sein wie *„Sag mir, was passiert ist!"*, *„Ist sonst noch irgendetwas passiert?"*, *„Gibt es etwas (oder sonst noch etwas), was du mir darüber sagen möchtest?"* oder ähnliche Aufforderungen können verwendet werden, bis die Person Ihnen alles darüber erzählt hat.

Sprechen Sie weder positive noch negative Wertungen aus. Denken Sie nicht einmal wertend. Bestätigen Sie einfach, indem Sie das Kind oder die Person wissen lassen, dass Sie es oder sie gehört haben und verstehen, was gesagt wurde. Gewöhnlich ist jemand bereit oder sogar erpicht darauf, Ihnen von einem traumatischen Geschehnis zu erzählen, wenn Sie eine Person sind, zu der man gefahrlos sprechen kann. Sie werden als eine solche Person angesehen, wenn Sie Interpretationen und Wertungen vermeiden und der üblichen Kommunikationsdisziplin folgen. Seien Sie gewillt und darauf vorbereitet, eine längere Beschreibung zu erhalten, und werden Sie nicht ungeduldig und versuchen Sie es auch nicht, diese abzukürzen. Wenn die Person Ihnen von dem Geschehnis erzählt hat, aber immer noch Aufmerksamkeit darauf hat, bitten Sie sie, Ihnen nochmals davon zu erzählen. Dies können Sie so lange wiederholen, wie es für die Person nötig ist, wieder in bessere Stimmung und mehr ins Hier und Jetzt zu kommen.

Wenn ein Kind einen Albtraum hatte, wird es nach einem oder mehrmaligem Wiedererzählen des Geschehnisses die Emotionsskala durch Gram oder Angst zu einem fröhlicheren Punkt hinaufkommen. Es wird dann fähig dazu sein, sich zu entspannen und wieder schlafen zu gehen. Der Endpunkt bei einem Kind ist oft eine plötzliche Extroversion der Aufmerksamkeit und kein weiteres Interesse daran, das Geschehnis wieder zu erzählen. Kinder verbalisieren oft bedeutsame Einsichten oder andere Bewusstseinsverschiebungen nicht; die Extroversion der Aufmerksamkeit ist der verlässlichste Indikator des Endpunkts. Üblicherweise erreichen sie diesen in einem kurzen Zeitraum, achten Sie daher darauf, den Endpunkt bei einem Kind nicht zu übergehen.[2]

Trauma Reprozessing

In diesem Verfahren werden emotionale oder traumatische Geschehnisse direkt angegangen und desensibilisiert. Die Essenz dieser Herangehensweise ist die komplette Auslöschung jeglicher emotionaler Ladung in Verbindung mit der Begebenheit. Dies wird erreicht, indem die Aufmerksamkeit des Erforschers schrittweise zu einer eingehenden Untersuchung des Geschehnisses, Unfalls oder aus was auch immer die emotionelle oder traumatische Erfahrung bestand, geleitet wird, um diese zu bereinigen. Teil des Prozesses ist das in ihn eingebundene Hingreifen und Zurückziehen zum und vom Brandherd, etwa so, als ob die Aufmerksamkeit wie Wechselstrom fließt.

---

2 *Basierend auf TIR-Materialien [eng.: Traumatic Incident Reprocessing]*

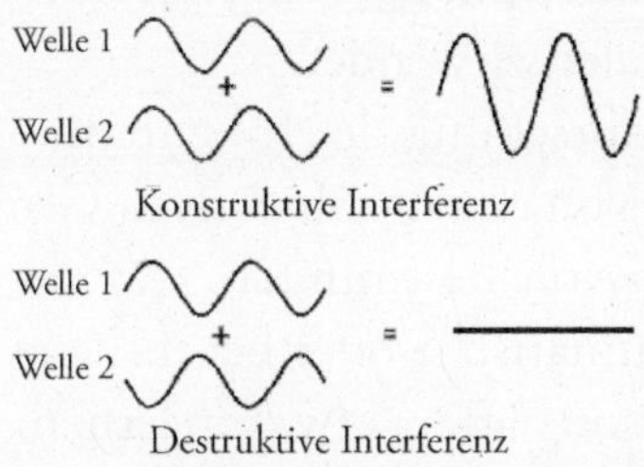

Das wiederholte Durchgehen durch ein bestimmtes Geschehnis führt dazu, dass immer mehr Details auftauchen. Man neigt naturgemäß zum Vergessen und dazu, von unangenehmen und schmerzhaften Erfahrungen Abstand zu gewinnen. Unglücklicherweise führt dieses Ausweichen, da es eine Gegenanstrengung zur Anstrengung (Energie) des Geschehnisses selbst ist, was als überlebensgefährdend wahrgenommen wurde, zu einer energetischen Schwelle oder Blockade. Es ist eine Tatsache, dass sobald ein Geschehnis vollständig dupliziert wurde, es nicht nur desensibilisiert, sondern faktisch verschwunden ist. Dies ist der destruktiven Interferenz[3] des energetischen Wellenmusters der Gedächtnisaufzeichnung zu verdanken. Wenn sich ein einzelnes Geschehnis nicht reduziert, ist es Teil einer Kette oder eines Netzwerks früher ähnlicher Geschehnisse, die ihrerseits bereinigt werden müssen, bevor sich alles auflöst.

Diese Technik macht sich die klassische Konzeption der Katharsis zu Nutze, die seit Freud und auch schon zuvor bekannt ist. Verschiedene Versionen der Geschehnisprozessing-Technik werden unter verschiedenen Bezeichnungen praktiziert. Eine der Versionen, die ich unter der Überschrift TIR ausfindig machte, wurde hochtrabend als regressives Desensibilisierungsverfahren zur Reduzierung oder Auslöschung des Einflusses einer traumatischen Erfahrung beschrieben. Dieses Verfahren hat Anerkennung

3 *Die Überlagerung von zwei Wellen mit gleicher Frequenz und der gleichen Amplitude in entgegengesetzten Richtungen, resultierend in ihrer Auflösung.*

gefunden und wird von einer wachsenden Anzahl professioneller Psychologen und Psychiater verwendet.[4]

Wir benutzen sie bei der Erforschung des Innenraums nur, sofern dies erforderlich ist. Von einem subjektiven Gesichtspunkt gibt es gewöhnlich von bestimmten *bekannten* Geschehnissen, die eine traumatische oder beachtliche emotionale Wirkung auf die Person hatten, etwas zu lernen. Die Technik findet manchmal Anwendung als Teil eines regulären Programms, das auf persönliche Harmonie abzielt.

Geschehnis-Reprozessing mag ein wenig komplizierter sein als *Imaginationsprozessing.* Es hat sich aber beim Adressieren und Lösen von durch Traumata, größeren Verlusten, Unfällen, Verletzungen und anderen schmerzhaften Lebenserfahrungen ausgelöstem Stress als effektiv erwiesen und handhabt besonders Posttraumatische Belastungsstörungen (PTBS).

Es wird eine weitere Art des Trauma Reprozessings verwendet, wenn es kein bestimmtes bekanntes Geschehnis zu laufen gibt, aber psychosomatische Leiden, negative Emotionen und/oder Empfindungen mit einem bestimmten Thema oder einer Lebenserfahrung verbunden sind. Beispielsweise wird jemandem jedes Mal übel, wenn er ein Museum besucht.

In solch einem Fall würde der Sitzungsleiter Geschehnisse lokalisieren, die solch ein Gefühl von Übelkeit verursacht haben könnten.

In anderen Fällen ist das allgemeine geladene Thema bekannt, aber es kann kein bestimmtes Gefühl ausgemacht werden, wie in dem Beispiel, in dem jemand seit langem diverse Schwierigkeiten mit *Lernen* hat. Ein geschickter

4 *http://www.healing-arts.org/tir/training.htm#reviews_of_trauma_therapy_trainings Es gibt eine Anzahl an ähnlichen Verfahren, die von Praktizierenden der Neo-Hubbard'schen und Post-Hubbard'schen Scientology verwendet werden, wie z.B. DEEP Geschehnis-Klärung und R3X.*

Sitzungsleiter, der ein Meter verwendet, mag dann eine ganze Liste von möglichen Reaktivitäten überprüfen, wie z.B. Schmerzen, Empfindungen, Emotionen, Gefühle, Ängste, Nichtmögen usw., die größte Ladung finden, einen speziellen Wortlaut erhalten und dann diesen laufen. Nehmen wir an, es war Ärger in der Schule.

Und, sagen wir, dass *Schmerzen* die größte Reaktion erzeugt hat. Nun mag man herausfinden, dass es Schmerzen am Hinterkopf waren und, wenn man diesem nachgeht, ein Geschehnis findet, in dem der Schüler vom Lehrer in der guten alten Zeit auf den Hinterkopf geschlagen wurde.

Universelles Imaginationsprozessing wird ebenfalls traumatische Geschehnisse hochkommen lassen. Die Herangehensweise ist aber anders und, da es dort keine Notwendigkeit gibt, ganze Geschehnisse zu laufen oder die Zeit (das Datum) und die Geschehnisdauer zu erhalten, ist es ausreichend, dass der Erforscher das konfrontiert, was ihm als Vorstellung in den Sinn kommt. Die wichtigsten geladenen Aspekte eines Geschehnisses werden auf jeden Fall auftauchen und der Sitzungsleiter wird sicherstellen, dass der Erforscher die Freiheit hat, solche *realen* Vorkommnisse zu untersuchen.

Die grundlegenden Sitzungsverfahren und -regeln sind dieselben, die auch beim Imaginationsverfahren Anwendung finden, außer dass *Trauma Reprozessing* immer mit einem Sitzungsleiter durchgeführt wird.

Allgemeines Fähigkeitsprozessing

Dieser Prozessingstil ist dem Imaginationsprozessing ähnlich. Der Hauptunterschied besteht im Wortlaut der Prozessanweisungen und der spezielle Entwurf jedes Prozesses, der auf eine bestimmte Fähigkeit abzielt. Gewöhnlich wird dies mit einem Sitzungsleiter durchgeführt, jedoch können die Techniken durch das Absolvieren der Kurse gelernt werden und dann im Co-Prozessing angewendet werden. Co-Prozessing wird von zwei Personen gemacht, die in der erforderlichen Technik zum Sitzungsleiter ausgebildet wurden und die sich dann beim Geben der Sitzungen miteinander abwechseln.

Dies ist die Prozessingart, die als Teil der *Erforschung des Selbst*-Route verwendet werden kann. Siehe Kapitel 11.

Powerprozessing

Dies bezieht sich auf eine Anzahl von verwandten Prozessen, die sich grundlegend mit Themen wie Ursprung, Existenz und Zuständen befassen. Es gibt ein wenig mehr zur Theorie als das, was hier erklärt werden kann, aber es sollte ausreichen, zu erwähnen, dass dieses Prozessing dafür gemacht ist, einige der grundlegendsten Elemente des persönlichen Unterbewusstseins zu handhaben. Das Ergebnis wird einheitlich als eine sehr kraftvolle Befreiung erlebt.

Geführte Imagination

Dies ist eine klassische Form, die Vorstellung zu verwenden und kann für Einzelpersonen genauso wie für Gruppen verwendet werden.

Im Institut verwenden wir sie selten, da sie auf gewisse Art bewertend ist und zu einem großen Teil von der Person abhängt, die sie durchführt. Ich habe sie manchmal verwendet, wenn ich jemandem spontan geholfen habe.

Einmal hatte einer meiner Freunde Angst davor, einer bestimmten Person die Türe zu öffnen. Ich ließ sie sich diese

Person vorstellen, in verschiedenen Abständen zu ihr und in verschiedenen Formaten und ließ sie dann eine Kopie von dieser Person erstellen und dann zwei und dann drei und so weiter, bis sie lachend von Hunderten dieser umringt war und eine plötzliche Entspannung dieses Themas empfand.

Dies war zufällig eine Anwendung des quantitativen Erleichterungsprinzips, welches den Prozess zum Funktionieren brachte.

Ein weiterer Imaginationsprozess

Das Vermögen zu lügen ist eine Funktion unserer Vorstellung. Sie ist eine kreative Fähigkeit.

Dies gibt uns einen weiteren Prozess. Sagen wir, der Erforscher hat Schwierigkeiten mit seinem Vater. Eine leichte Herangehensweise, etwas davon zu entladen, wäre Folgendes:

» *Erzähle mir ein paar Lügen über … (deinen Vater).*
» *Erzähle mir mehr Lügen über … (deinen Vater).*

Bis zum EP wiederholen. Dieses Prinzip kann auf viele Arten angewendet werden.

Yin-Yang-Imagination

Dies ist ein einfaches, jedoch wirksames Verfahren zur Lösung jeglicher Probleme. Es funktioniert folgendermaßen: Sie lassen sich das Problem erklären. Wenn Sie eine tatsächliche Situation geschildert bekommen, wie beispielsweise: „Ich habe überhaupt kein Geld mehr“, dann müssen Sie den subjektiven Teil davon herausbekommen. Möglich wäre, zu fragen: *„Wie fühlt sich das an für dich?“* Dann erklären Sie, dass das

Ying immer etwas Yang enthält und umgekehrt. Oder: Das Gute kann auch etwas Böses enthalten und das Böse etwas Gutes. Dann laufen Sie:

1. *Stell dir vor, es gibt auch etwas Gutes an...* (Geschildertes Problem).

2. *Stell dir vor, es gibt auch etwas Schlechtes an...* (Geschildertes Problem).

Wechseln Sie die Anweisungen wiederholend bis zum EP, der erreicht wurde, wenn das Problem verschwunden ist. Bei der Anwendung des gleichen Prnzips können unterschiedliche Formulierungen genutzt werden.

Prozessing von Polaritäten

Imaginationsprozessing kann in solch einer Art genutzt werden, dass zwei Aspekte, die gegensätzliche Pole sind, gelaufen werden können. Es ist einfach ein abwechselnd/wiederholender Prozess, wobei man mit der positiven Anweisung beginnt, worauf nach der Ausführung dann die negative folgt. Statt strickt abwechselnd/wiederholend vorzugehen, kann die erste Polarität auch wiederholend gelaufen werden, bis keine Antworten mehr mitgeteilt werden. Dann geht man zur anderen Polarität über. Bei dieser Art von Prozessing ist es wichtig, dass die Vorstellung vollinhaltlich stattfinden darf. Zum Beispiel:

1. *Stell dir vor, reich zu sein.*
2. *Stell dir vor, arm zu sein.*

Jede Antwort, wenn nötig, wird weiter befragt mit:

» Was war das Bild?
» Was hast du darüber gedacht?
» Was hast du gefühlt?
» Was war die körperliche Empfindung dabei?

Entitäts-Prozessing

Man kann auf böse Geister, Gespenster, Naturgewalten, Entitäten oder wie auch immer sie genannt werden, treffen und, obwohl sie sich oft in routinemäßigem Imaginationsprozessing handhaben lassen, mag es manchmal ein spezielles Adressieren benötigen. Am MGT Institut werden dann bewährte Techniken verwendet, die für die Person, die diese Phänomene erlebt, maßgeschneidert sind.

Techniken des Listings

Eine dieser Techniken ist die unvollständige Satz-Technik. Man beginnt damit, einen Satzanfang zu nennen, wie z.B.: *„Morgens fühle ich mich immer…“* Dieser Satz wird dann mit dem, was in den Sinn kommt, vervollständigt, wobei dies ziemlich zügig gemacht wird, um unbewusstes Material nach oben zu bringen. Man fährt damit so lange fort, bis man eine Erkenntnis der einen oder anderen Art hat.

Eine andere Variante wäre, eine Antwortenliste zu einer Frage zu erstellen. Diese besteht daraus, alle Antworten oder möglichen Antworten zu einer bestimmten Frage niederzuschreiben, bis man eine Erkenntnis erlangt oder das bedeutsamste Item auf der Liste herausfindet. Ein Beispiel wäre: *„Wer oder was aus deiner Vergangenheit hätte kleine Tiere getötet?“* – zu verwenden, wenn jemand in diesem Bereich Ladung hätte. Herauszufinden, wer es war, könnte ausreichend sein, diese Angelegenheit zu entladen. Falls nicht, fährt man mit Imaginationsprozessing oder einem anderen Prozess fort.

Emotionale Energie-Übung

Die folgende Übung ist dazu bestimmt, jemandes Beziehung zu Gefühlen wie beispielsweise Angst, Wut oder Eifersucht zu verändern. Sie befasst sich ausschließlich mit der Energie der Emotionen.

1. *Wo fühlst du die Emotion im Körper?*
2. *Was ist ihre Form, Farbe, Größe etc.?*
3. *Jetzt sei sie! (Nicht derjenige, der sie fühlt.)*

Es gibt verschiedene Übungen, die direkt Emotionen bearbeiten. Eine andere ist, die Emotionen neu zu bezeichnen, sie mit ihrem Namen zu nennen und sie schließlich einfach nur als Energie ohne irgendwelche Bedeutung zu erleben.

Assessment der Talente

Methode:
Erstellen Sie eine Liste von allen möglichen Talenten, die Sie haben und die Ihnen gerade einfallen.

Technik:

1. Nehmen Sie das erste Item der Liste.

2. Fragen Sie sich, ob und wie Sie dieses Talent nutzen.

3. Fragen Sie sich, falls Sie dieses Talent nicht nutzen: „*Wer entmutigte dich, dieses Talent zu nutzen?*“ Bekommen

Sie den Zeitpunkt, den Ort und wie die Entmutigung erfolgt war, sowie was die Absicht dieser Person war und schreiben Sie es in allen Einzelheiten nieder.

4. Schreiben Sie jetzt mehrere mögliche Wege auf, wie Sie damit beginnen könnten, dieses Talent zu nutzen.

5. Wiederholen Sie dies für jedes Item auf der Liste.

Hinweis: Führen Sie jede Sitzung bis zu einem Gewinn durch.

Eine unendliche Vielzahl an Techniken

Es gibt viele weitere Techniken, die hier aufgelistet werden könnten. Der Zweck dieses Kapitels bestand darin, eine grobe Skizze dessen zu präsentieren, was es über das universelle Imaginationsprozessing hinaus noch alles gibt.

11. Die Erforschung des Selbst

„In manchen Fällen wird man eine gewisse Zeit darauf verwenden, die Ausdrucksformen des getrennten Selbsts auf konventionelle therapeutische Art zu erforschen, bevor der Fokus des Interesses natürlicherweise seinen Schwerpunkt auf das Ich selbst verlagert.“ – Rupert Spira

Persönliche Harmonie ist das erste Etappenziel der Bewusstseinstechnologie. Was genau persönliche Harmonie bedeutet, wird der Einzelne immer für sich selbst bestimmen und beurteilen. Mit sich selbst in Harmonie zu sein, dreht sich ausschließlich um die Angelegenheiten des gegenwärtigen Lebens und darum, sich mit seinem eigenen Mind und dessen Inhalt vertraut zu machen. Diese Domäne ist die des Persönlichen. Es geht darum, was Sie persönlich sein, tun und haben mögen. Dieser Route zu folgen wird in der Fähigkeit resultieren, ein adäquates Maß an persönlicher Harmonie, wie man diese für sich selbst definiert hat, zu erreichen und zu erhalten.

Auf dieser Route handhabt man die Identifikation als Körper, als ein einzelnes menschliches Leben. Indem man jemandes Erinnerung auf die Erfahrungen vergangener Leben erweitert, wird dieser natürlich den Schluss ziehen, dass das Selbst mehr ist als eine einzige Verkörperung.

Was wir unter persönlicher Harmonie verstehen, wurde bereits ausführlich in früheren Kapiteln dieses Handbuchs beschrieben. Es wird im Kasten unten zusammengefasst. Jetzt ist es an der Zeit, uns anzuschauen, wie wir dorthin gelangen.

> ***Persönliche Harmonie***
> *Der Zustand einer Person, die sich in einer guten gesundheitlichen Kondition befindet, ungezwungen und in Kommunikation mit seiner unmittelbaren Umgebung ist und die keine ungelösten persönlichen Probleme hat. Jemand, der gemäß seinem eigenen Standard ethisch ist, keine persönlichen ungelösten Verstimmungen oder beständigen negativen Emotionen und keine Aufmerksamkeit auf Schuld oder Karma der Vergangenheit hat. Er oder sie hat keine fixierten Ideen über sich selbst und ist im Allgemeinen fröhlich.*

Gesundheit

Selbstverständlich wäre die Gesundheit das erste Anliegen und es ist nicht ungewöhnlich, dass eine Person, die körperlich krank ist, sich in ärztlicher Behandlung befindet. Die Ärzte, Mitglieder des medizinisch-pharmazeutischen Kartells, sind gewöhnlich damit befasst, Drogen und Medikamente zu verabreichen und das Leiden von Krankheiten und Gebrechen zu erleichtern. Generell gesagt, sind sie aus wirtschaftlichen und anderen Gründen nicht wirklich an deren zugrunde liegenden Ursachen interessiert, noch daran, Krankheit vollständig zu beseitigen. Chirurgen sind die High-Tech-Leute, zu denen man zur Reparatur geht, wenn der Körper ernsthaft durch Unfall oder anderes beschädigt wurde. Dann gibt es ganzheitlich Praktizierende im Gesundheitswesen, die nach Ernährungsdefiziten suchen, von denen angenommen wird, dass sie hinter den körperlichen Zuständen liegen. Es gibt jedoch viele weitere Methoden der Heilung, die keine biochemischen Mittel verwenden. Chiropraktik, Akupunktur, Massage, Bioenergetik, Licht, Klang, Elektrizität und Magnetismus sind nur einige der nicht-biochemischen Methoden der Heilung. Diejenigen, die wissen, dass ein hoher Prozentsatz an Krankheiten psychosomatisch ist, suchen nach spirituellen und mentalen Ursachen. Sie würden Gebet, Beratung, Heilung durch Absicht usw. verwenden.

Ein wirklich holistischer Ansatz würde bei jeder Beurteilung und Behandlung von Krankheitsfällen immer die spirituellen und mentalen Aspekte der Person miteinbeziehen, zusammen mit dem körperlichen Zustand und den ernährungsbezogenen, biologischen (Bakterien, Viren, etc.), biochemischen und elektromagnetischen oder bioenergetischen Einflüssen.

Die MGT-Herangehensweise rät zur Verwendung jedweder funktionierender Technik, physisch wie auch mental, um Krankheiten anzugehen.

Eine Kategorie von Techniken, die als Notfall-Hilfen bekannt sind, werden verwendet, nachdem Erste Hilfe angewendet wurde, um sich um die psycho-spirituellen Aspekte von Unfällen und Verletzungen zu kümmern. Die Berührungs-Hilfe stellt die Kommunikation mit dem verletzten Körperteil wieder her. Es gibt verschiedene solcher Abhilfen, die leicht in nur wenigen Stunden erlernt werden können. Im Fall von Krankheit schauen wir nach möglicher Veranlagung und nach auslösenden Faktoren und handhaben diese mit Imaginationsprozessing. Diese Techniken werden in Workshops oder Minikursen am MGT Institut gelehrt, siehe *Kursverzeichnis*[1].

Die Prinzipien jeder Technik, die wir verwenden, sind immer dieselben: Bewusstsein darüber erhöhen, was vor sich geht, statt zu versuchen, Schmerz und Elend zu vermeiden oder zu unterdrücken.

Manche Menschen, die einen chronischen körperlichen Zustand haben, wie z.B. fehlende Gliedmaßen, finden

1 *http://www.mgtconcepts.com/courses--workshops.html*

bemerkenswert raffinierte Methoden, damit zu leben und können sehr wohl persönliche Harmonie empfinden. Jemand, der an PTBS (Post-traumatische Belastungsstörung) oder an einer anderen psychosomatischen Beschwerde leidet, ist gewöhnlich nicht im Zustand der Harmonie mit sich selbst. Einige dieser Zustände können leicht mit Trauma Reprozessing gehandhabt werden, einer Technik, die die Auswirkungen einer traumatischen Erfahrung entlädt. Schließlich ist Unfälle, Krankheiten und jegliche traumatische Geschehnisse zu handhaben, die bei der Person ihre Spuren hinterließen (energetisch im emotionalen Mind aufgezeichnet) und nach wie vor die Person beeinflussen, ein vorrangiges Ziel bei der Selbsterforschung.

Es gibt einen weiteren Punkt, der die Gesundheit beeinträchtigt, der erwähnt werden sollte, und dieser ist die Möglichkeit von Verlusten und emotionalen Vorkommnissen, die jemanden festhängen lassen und dazu führen, dass negative Emotionen wiedererlebt werden oder beständig sind. Dies kann aufgeklärt werden und das Ergebnis dann ist, gesund und glücklich zu sein.

Kommunikation

Der erste Schritt besteht darin, allgemein das Bewusstsein bezüglich des Themas Kommunikation zu erhöhen, was hier einen weiten Definitionsrahmen hat, der die Wahrnehmung umfasst. Dies befasst sich mit viel mehr als nur Kommunikationsschwierigkeiten.

Die Prozessabfolge, die der Kommunikation gewidmet ist, besteht aus einer Serie von Prozessen, die alle mit Kommunikation zu tun haben und dafür bestimmt sind, die Fähigkeit, Dinge zu erkennen, zu erhöhen. Da Prozessing selbst ein Verfahren ist, dessen Grundlage die

Kommunikation ist, ist es am besten, damit zu beginnen. Ebenso neigt eine Person, die nicht kommunizieren kann, dazu, in Probleme zu laufen.

Anhand eines Beispiels werden wir hier den ersten Prozess dieser Abfolge beschreiben. Diese Prozesse werden am besten mit einem Sitzungsleiter durchgeführt; dies kann ein Partner sein, ein Freund oder jeder, der dazu bereit ist, das nötige – aber nicht allzu umfangreiche – Training zu absolvieren. Es wird Prozessing von Seins-Zuständen genannt. Die Anweisungen lauten:

„Schau dich hier um und finde einige Objekte, bei denen es dir nichts ausmacht, dass sie hier sind.“

„Finde etwas anderes, von dem es dir nichts ausmacht, dass es hier ist.“ – bis es keine Reaktionsverzögerung mehr gibt oder bis zum EP.

„Nun, siehst du dieses … (Objekt) hier?“

„In Ordnung, was sonst noch würde dir nichts ausmachen, dass dieses … (Objekt) wäre?“ – bis es keine Reaktionsverzögerung mehr gibt oder bis zum EP.

„Nun, was dürfte von dir aus dein Körper sein?“

„Und jetzt, was sonst noch dürfte von dir aus dein Körper sein?“ – bis es keine Reaktionsverzögerung mehr gibt oder bis zum EP.

„Lass uns jetzt etwas finden, was zu sein dir nichts ausmachen würde.“

„Was sonst noch würde dir nichts ausmachen zu sein?" – bis zum EP.

Es gibt keinen Ersatz dafür persönlich zu erleben, wie der Prozess an Ihnen gelaufen wird. Aber Sie können einen Eindruck davon bekommen, wohin er führt. Dies adressiert direkt das zu Dinge gewordene Bewusstsein – oder mit anderen Worten – Identifizierungen. Es gibt über 15 dieser Prozesse; jeder von ihnen greift einen anderen Kommunikationsaspekt auf und jeder baut auf den anderen auf.

Fügen Sie all das zusammen und Sie haben eine immens gesteigerte Bewusstheit, die sich auf verschiedene Arten zeigt: Als größere Anerkennung von Dingen und der Fähigkeit, unter jeglichen Umständen mit jedem über jedes Thema frei zu kommunizieren.

Probleme

Jetzt kommen wir zur nächsten Sache, nämlich Probleme und Probleme lösen, welches eine andere komplette Prozessabfolge darstellt. Es gibt eine genaue Anatomie von Problemen. Unentschlossenheit ist ein Bestandteil eines Problems, sowie zwei genau entgegengesetzte Dinge. Ob es Emotion/Gegenemotion, Anstrengung/Gegenanstrengung, Absicht/Gegenabsicht, Idee/Gegenidee oder Gedanke/Gegengedanke sein mag, `zwei sich genau entgegengesetzte Dinge' ist die grundlegende Definition eines Problems.

Hier finden wir Prozesse wie z.B.: *„Erfinde ein Problem von vergleichbarer Größe zu..."*, die alle dazu bestimmt sind, die Ladung von Lebensproblemen und früheren ähnlichen Problemen zu entfernen.

Es gibt noch viel mehr dazu und es sollte klar gesagt sein, dass wir hier nur an der Oberfläche kratzen.

Aktionen, Unterlassungen & ihre Konsequenzen

Wie oft in Filmen gezeigt wird, sind es die Flashbacks früherer Zeiten, die gezeigt werden, um sich mit dem Erleben des gegenwärtigen Moments zu vermischen. Im Film Tödliche Weihnachten spielt Geena Davis als Samantha Caine eine Hausfrau in einer Kleinstadt und ist die ideale Mutter für ihre 8-jährige Tochter, bis sie Stück für Stück mit ihrem früheren Leben als todbringende Top-Secret-Agentin konfrontiert wird.

Hier kommt Verantwortungsprozessing als rettende Hilfe. Sobald jemand besonnen gelernt hat, seiner Vergangenheit ins Auge zu sehen, wie lange sie auch immer her ist, und mit den Taten und Unterlassungen, die – möglicherweise unvorhergesehen – negative Konsequenzen hatten, klarzukommen, empfindet er gewöhnlich eine große Erleichterung.

Und das ist exakt das, worum es in dieser Abfolge von Prozessen geht und es gibt nichts Mächtigeres, um Ursächlichkeit wiederherzustellen, als die vergangenen (Un-)Taten zu untersuchen, nicht zu vergessen diejenigen Dinge, von denen man dachte, dass man sie hätte tun sollen, aber nicht getan hat. Und die Dinge, die hätten kommuniziert werden sollen, aber nicht wurden. Diese Dinge, die man bereut, haben mit Schuld und Unschuld zu tun, ganz zu schweigen von Gerechtigkeit* und Ungerechtigkeit.

Veränderung

Teil dessen, ein harmonisches Leben zu führen, ist die Fähigkeit, Veränderungen zu konfrontieren. Man sträubt sich oft und heftig gegen plötzliche Veränderungen und erschafft daher Ladung. Das Thema Veränderung ist Teil des Lebens und man begegnet ihm ständig in Form von

Verstimmungen der einen oder anderen Art sowie den Emotionen, die damit einhergehen. Daher ist es für ein Individuum wertvoll, wenn man damit in weitem Sinne umgehen kann, und dem ist die Veränderungsprozessing Reihe gewidmet.

Fixierte Ideen

Und schließlich handhaben wir Dinge wie Rechtfertigungen und fixierte Gedankenmuster, die Richtig-Falsch-Konflikte und unerwünschte Gewohnheiten und fixierte Reaktionsmuster und Denkweisen schaffen. Es überrascht einen manchmal, wenn man dies über sich selbst herausfindet.

Glücklichsein

Es gibt von der eigenen vergangenen Geschichte abgesehen andere Einflüsse, die negative Emotionen kreieren können. Wir alle wissen, dass Arbeit, Beziehungen, Familie und Geld ebenfalls Faktoren sind, die auf den Zustand des relativen Wohlbefindens einer Person einen Einfluss haben. Es gibt gewisse bekannte Faktoren, die Unglücklichsein kreieren; diese werden, falls sie nicht offensichtlich sind, in Life Audits oder tiefgehenden Interviews gefunden.

Man mag sein Lebensziel finden oder sein Leben reorganisieren müssen. Das *MGT Institut für bewusstSEINs Erforschung* bietet das *Coaching für Lebensziele & Planung* an, um Menschen zu helfen, sicherzustellen, dass sie in Übereinstimmung mit ihren Zielen handeln. Wenn Glücklichsein beim Überwinden mancher Hindernisse, die den Zielen im Wege liegen, besteht, dann wird es eine große Unterstützung darstellen, sein Leben in diesem Sinne neu zu ordnen.

Zu tun, was man liebt und zu lieben was man tut, kann einen großen Beitrag zur jemandes Glückseligkeit leisten. Besonders, wenn man sich zuerst darauf konzentriert, zu lieben, was man tut, wird es sich zum Guten wenden.

Life Audit

Es beginnt alles mit einem Life Audit, welches aus einem oder mehreren ausgedehnten Interviews und möglicherweise zusätzlichen Tests besteht. Wir haben alle einen unterschiedlichen Werdegang. Manche haben Jahre der Meditation und anderer Techniken hinter sich und welche Route man nehmen sollte, ist eine individuelle Sache. Das Life Audit dient dazu, herauszufinden, welche Route genommen werden sollte.

Das Life Audit ist einfach ein gründlicher und kritischer Blick auf jemandes Leben, eine Einschätzung, die man in regelmäßigen Abständen vornehmen sollte, um sicher zu stellen, noch auf dem richtigen Kurs zu sein. Es mag der erste Schritt auf dem Weg zur persönlichen Harmonie sein!

Definition von „Audit":

eine systematische Überprüfung oder Einschätzung von etwas

Wortursprung

spätes Mittelenglisch: Vom Lateinischen audire `hören', im mittelalterlichen Latein auditus (compoti) 'audit (eines Kontos)'; ein Audit wurde ursprünglich mündlich präsentiert.

In einem Life Audit werden Sie gehört werden. Solch ein Audit wird üblicherweise Standards entsprechend (Stufen von Qualität oder Leistungen) durchgeführt, sowie allgemeinen Standards und, wichtiger noch, gemäß Ihren persönlichen Standards. Mit Standards meinen wir die Fähigkeit zu kommunizieren, die Geschwindigkeit beim Problemlösen, die Anpassungsfähigkeit bezüglich Veränderungen im Leben oder Umständen usw. Im Vorangegangenen haben wir verschiedenen Themenbereiche beschrieben, um Dinge wie Kommunikation, Probleme usw. auszuwerten.

Als theatralische Analogie gesehen, wäre das Life Audit eine Selbst-Einschätzung und eine kritische Untersuchung des Lebens und des Drehbuches durch den/die SchauspielerIn selbst, mit der Unterstützung eines Mentors. In unserem Fall ist der Mentor ein Experte in Bewusstseinstechnologien.

Zweck

Ein Life Audit resultiert immer in einem Programm von empfohlenen Aktionen, der die Person folgen und denen sie übereinstimmen kann; diese zielen auf eine bestimmte Verbesserung im persönlichen Wohlbefinden ab.

Die komplette Bewusstseinstechnologie kann dann angewandt werden, um ein Individuum zu befähigen, einen bestimmten Kurs in Richtung auf mehr Bewusstheit anzusteuern, um so die Faktoren, die die Qualität des Lebens ausmachen, zu begreifen.

Mögliche Bereiche der Einschätzung

Körperlicher Zustand, chronische Zustände und allgemeine Gesundheit, chronischer emotionaler Zustand (gelangweilt, wütend, ängstlich, zufrieden, begeistert, konservativ usw.), Zustand der Allgemeinbildung, spezielles Arbeitswissen. Harmonisiert es mit dem, was tatsächlich erforderlich ist? Zustand der verwendbaren Fähigkeiten

(Führungsqualitäten, soziale Kompetenz, Empathie, Kommunikation, emotionale Intelligenz usw.) Fehlt einem was? Zustand des persönlichen Lebensmanagements und der Lebensorganisation (inkl. Zeitmanagement, sogar Hygiene). Hat die Person ein Ziel und wird es verfolgt? Auftreten und Status des sozialen Netzes (Einschätzung durch andere), gegenwärtige Verpflichtungen und Verantwortlichkeiten, vergangene Verantwortlichkeiten. Gibt es Bereiche von Überlastung? Das Ausmaß an Kontrolle über das Leben.

Die Methoden

Diverse Techniken können als Teil dieser Route verwendet werden und eine der Haupttechniken ist die Universelle Imaginationstechnik, welche bereits beschrieben wurde. Eine Person, die die universelle Imaginationstechnik solo anwendet, kann bei sich selbst erhebliche Fortschritte hinsichtlich persönlicher Harmonie erreichen.

Um die spezifischen unten aufgelisteten Themen vollständig anzugehen, ist die Hilfe eines Supervisors und/oder eines Sitzungseiters unverzichtbar. Diese sind:

- » Gesundheit & Emotionale Angelegenheiten
- » Kommunikation
- » Probleme
- » Aktionen, Unterlassungen & ihre Konsequenzen
- » Vergangene Verstimmungen und plötzliche Veränderungen im Leben
- » Fixierte Ideen

Liste der zur Verfügung stehenden Werkzeuge & Techniken:

Universelles Imaginationsprozessing, Trauma Reprozessing, Allgemeines Fähigkeitsprozessing, Objektives Prozessing, Power-Prozessing, Meditation und Kommunikationstechniken, Talent-Assessment, Coaching für Persönliche Integrität sowie für Lebensziele & Planung, Kurs für Verstehen von Soziopathie, Neubeurteilung des Lebensstils (Ernährungsgewohnheiten, Arbeitsumfeld, Drogen/Medikamente usw.)

Das MGT-Konzept ist, jene Techniken zu verwenden, die erforderlich und geeignet sind, um sie zutreffend für die individuelle Situation entweder solo oder mit einem Begleiter durchzuführen.

Die meisten Techniken können professionell im MGT Institut in Deutschland und in Österreich geliefert werden.

Die universelle Imaginationstechnik kann nach etwas Training, was ein gutes Verständnis der Prinzipien und Techniken, die in diesem Handbuch vorgestellt werden, beinhaltet, solo durchgeführt werden.

Die meisten Menschen brauchen zuerst ein grundlegendes Training, wie z.B. den *Bewusstseinserforschungs-Kurs*, der auf diesem Handbuch und den Workshop-Modulen der *Essenz der Kommunikation* basiert. Diese stellen die nötigen praktischen Fertigkeiten und einige Anleitung zur Verfügung, um dann allein fortfahren zu können. Professionelle geben oft Einführungssitzungen mit Anleitungen, solo fortzufahren.

Erwarten Sie, hell und strahlend daraus hervorzugehen, nicht lediglich in Harmonie mit sich selbst und mit größerer Bewusstheit, sondern als ein neu und bewusst erschaffenes *Ich*!

Höhere Bewusstseinserforschungs-Routen

„… daß ich erkenne, was die Welt im Innersten zusammenhält…" – J. W. von Goethe, *Faust*

Persönliche Harmonie ist ein mächtiger Schritt nach innen, nach außen und nach vorne. Sobald diese erreicht ist, gibt es weitere Gebiete zu erobern. Wir haben bereits über diese unter der Überschrift *`Jenseits persönliche Harmonie* gesprochen. Der Traum davon, das eigene Erleben eines objektiven physikalischen Universums in die einer völligen Subjektivität, in anderen Worten in ein Erleben einer wissentlich kreierten eigenen Welt, zu wenden, war lange eine motivierende Kraft des Menschen, und kein wahrer Erforscher wird mit der Forschung aufhören, bevor er das ultimative Ziel des kosmischen oder Bewusstheit des Einsseins, oder wie auch immer Sie es nennen mögen, erreicht haben wird.

In der realen Quantenwelt ist Ihr Bewusstsein die einzige Realität und Ihr Gehirn ist das Nebenprodukt der Bewusstseinsevolution, um bessere und noch bessere Repräsentationen all der für Sie greifbaren, mentalen Bedeutungen hervorzubringen, und so in all den unterschiedlichen Kontexte zu erkunden, was Sie bei Ihrer Erforschung entdecken können. Es ist wahr, dass Ihre vergangenen Forschungen bedingte Wegstationen für Ihre Persönlichkeit und Ihren Charakter produziert haben, aber Sie müssen in keiner von Ihnen stecken bleiben. Sie können immer weitergehen und ihre alte Ordnung ändern und sie mit der neuen ersetzen. Sie werden intuitiv leicht erahnen, dass dies eine aufregende Reise ist. Ich unterbreite Ihnen, dass der Sinn unseres Lebens in dieser Reise liegt und dass wir bereits seit vielen Leben mit dieser befasst sind – ungefähr so wie der Protagonist des Films `Und täglich grüßt das Murmeltier'.
– Dr. Amit Goswami

Keiner kann garantieren, dass Sie es erreichen. Das limitierte Ich – das können wir bereits mit Sicherheit sagen – wird es niemals erreichen. Deshalb sind alle Routen auf die eine oder andere Art mit dem Selbst befasst. Die höchste Ebene ist oberhalb der Erfahrung, die wir persönlich nennen, über den Gesichtspunkt des (limitierten) Selbst hinaus.

Das Selbst ist die zentrale Sphäre, aber wie die Matrjoschkas, die russischen Steckpuppen, gibt es weitere Sphären zu erforschen, und das ist es, worum es in diesen Routen geht.

Den intuitiven Bewusstseinserforschungs-Routen folgt man der Reihe nach. Es gibt zwei Stufen: 1) Persönliche Harmonie 2) Jenseits Persönlicher Harmonie

Persönliche Harmonie ist das Ergebnis, wenn man der ersten Route gefolgt ist. Die verbleibenden drei Routen gehen über persönliche Harmonie hinaus und sind manchmal als die oberen Bewusstseinserforschungs-Routen bezeichnet. Die vier Routen sind:

1. Die Erforschung des Selbst
2. Das Transzendieren des Selbst
3. Das Integrieren der Selbst
4. Die Lösung des Selbst

Die erste Stufe des MGT für bewusstSEINs-Programms haben wir bereits gesehen. Es besteht daraus, jedwede Lebensaspekte und gegenwärtige Probleme etc. zu handhaben. Sobald ein vernünftiger Grad an persönlicher Harmonie erreicht ist, mag man sich auf den Weg der drei verbleibenden Routen machen.

MGT stellt zu allen vier aufeinander folgenden Bewusstseinserforschungs Routen Begleitung zur Verfügung. Diese bestehen aus programmierten Stufen zur Bewusstseinserforschung, was wir Routen nennen, um die Tatsache zu betonen, dass der Weg zur Wahrheit individuell ist. Daher können die Routen, die wir präsentieren, lediglich vorgeschlagene Wege, sich der Wahrheit zu nähern, sein und können von Individuum zu Individuum variieren.

Die inneren Domänen gründlicher zu erforschen führt zu mehr Bewusstheit, Fähigkeit und Potential. Das Potential muss aktiv in den äußeren Domänen erforscht werden, um in dem Bereich, in dem das menschliche Leben stattfindet, einen Wert zu haben. Dies bedeutet studieren, ausprobieren und experimentieren (Erfahrungen machen). Daher gibt es zwei Modi, den intuitiven Modus und den, sagen wir mal, *extuitiven* Modus. Letzterer ist der Weg, durch Studium und Erfahrung wachsendes Wissen über die physikalisch manifestierte Welt zu erreichen. Auch hier muss man die Balance finden.

Jede dieser Routen hat daher introspektive und extrospektive Komponenten. Es gibt verschiedene Stile. Man kann einer Route oder einem Teil einer Route folgen, indem man Solo-Prozessing durchführt. Dies ist Selbsterforschung, bei der man einfach die Prozesse direkt an sich selbst ohne Sitzungsleiter durchführt. Manche mögen sich dazu entscheiden, mit einem Partner im Tandem zu arbeiten. Dies wird Co-Prozessing genannt. Beide Partner studieren die erforderlichen Kurse oder nötigen Theorien und geben sich dann abwechselnd gegenseitig Sitzungen. Ein anderer Weg wäre, sich Sitzungen von einem Professionellen liefern zu lassen. Die meisten wählen eine Kombination daraus aber im Laufe der Bewusstseinserforschungs Routen mag auch das sich verändern. Letztlich sollte es jeder am Ende solo durchführen und es ganz zuletzt überhaupt nicht mehr brauchen.

Das grundlegende Training, das für die Solo-Durchführung erforderlich ist, ist dreigeteilt und besteht aus den folgenden Kursen:

1. Bewusstseinserforschungs-Kurs
2. Essenz der Kommunikation / Workshops
3. Psychogalvanometrie / Kurs

Das MGT Institut für bewusstSEINs Erforschung stellt jeden Falls stets Begleitung für die verschiedenen Routen zur Verfügung. Wann und wo gebraucht wird, beraten Supervisor bei der Auswahl der Items und Prozesse, die gelaufen werden sollen. Ein Supervisor könnte auch anzeigen, ob und auf welchem Gebiet Training oder Re-Training ratsam wäre. Allgemein sind sie ein stabiler Kommunikationspartner für die neu erworbenen Einsichten und Realitäten.

Das Transzendieren des Selbst

„Eines der tiefen Geheimnisse des Lebens ist, dass alles, was wirklich wert ist zu tun, das ist, was wir für andere tun." – Lewis Carroll

Auf diese Route geht es um das Transzendieren – leben, denken, sein, tun und haben über die persönliche Domäne hinaus. Man wird merken, dass dies mit der Bereitschaft, sein Interesse und seine Verantwortung zu erweitern zu tun hat, sowie mit dem Erkennen dessen, was man mit seinen eigenen Gedanken in anderen Domänen erschafft.

Alles Wissen und alle Energie steht in einem Kontext. Alles steht in Beziehung mit allem anderen. Wenn man über die persönliche Domäne hinausgeht, trifft man unmittelbar auf das Thema von Beziehungen mit einem anderen oder mit anderen als auch mit seiner Umgebung. In Wirklichkeit kann man nicht einmal persönliche Harmonie erreichen, ohne zumindest zu einem gewissen Grad andere mit zu berücksichtigen.

Es ist wichtig, mit vergangenen Existenzen (Alter-Egos, Unterpersönlichkeiten, Selbste), mit denen man sich identifiziert hat – sowie mit deren Interaktionen mit anderen – aufzuräumen (sich ihrer zu entledigen, sie zu entladen). Auf dieser Route lernt man, sich zu ent-identifizieren und mehr als nur einen Schimmer von der Wahrheit zu erkennen, dass das ganze Abenteuer aus einem unendlichen Potential stammt und nicht von einem fixierten Sein oder einem fixierten Selbst.

Dies wird erreicht, indem man die Glaubenssätze, Gedanken und/oder Betrachtungen, die diese Identifikationen ausmachen, erkennt. Identifikation mit einer Form/Formen, ob es sich dabei um materielle Besitztümer, den Körper, jemandes sozialer Rolle, jemandes Selbst-Bild, einen Gedanken oder Emotionen handelt, ist das, was Furcht unterliegt. Das Realisieren der Essenz dessen, wer man wirklich ist als eine innere Dimension von Bewusstsein, löst dies alles. Dieses Erkennen kommt dadurch zustande, dass man sein Bewusstsein, wie es auf dieser Route vorgegeben ist, sorgfältig lenkt.

Einige der Themen und Fragen, die auf dieser Route erforscht werden, sind folgende:

» Was ist das Geheimnis wahrer Individualität?
» Welche Beziehung ist der Schlüssel zu allem anderen?
» Die Auswirkung und Verantwortung des eigenen Denkens
» Wahre Gerechtigkeit
» Wohin uns Identifikationen führen können
» Mit der Welt in Harmonie leben
» Die eigene Realität mit oder trotz anderen erschaffen?
» Subjektives Erleben von Unendlichkeit

Die verwendete Technik ist prinzipiell das *Universelle Imaginationsprozessing*, andere Techniken können aber auch miteinbezogen werden, wenn dies vom Supervisor angeraten wird. Einige der auf dieser Route adressierten Themen sind Hilfe, Ethik, Familie, Gruppen, die Gesellschaft, Regeln, (Un-)Gerechtigkeit, Beziehungen und Interaktion mit anderen, Kommunikation.

Diese Route wird in der Fähigkeit kulminieren, allen und jedem Problem oder Situation auf allen Domänen ohne jede Schwierigkeit, Ladung oder jeden Stress ins Auge sehen zu können. Einem initiierten Bewusstsein des höheren *Selbst* als Unendlichkeit, das an sich nicht identifiziert ist.

Das Integrieren der Selbst

Um die Selbst zu integrieren, scheint es, dass man eine Unendlichkeit integrieren muss. Willentlich und wissentlich Unendlichkeit zu sein, aber nach wie vor im Leben und in Spielen involviert zu sein, das ist das, was diese Route erforscht.

Es gilt jede Ladung, die einen davon abhalten könnte, die Fähigkeit auszuüben, wissentlich und willentlich die ganze Schöpfung zu sein, zu handhaben. Zweifel, Zurückhaltung oder sogar Zurückweisung dieses zentralen Seinszustands – der sowohl Ursache als auch Wirkung erlebbar macht – sind die essentiellen Faktoren, die ein Wesen dazu bringen, sich selbst zu reduzieren.

Kontrolle

1. *Vorhersagbare Veränderung*
2. *Die Bereitschaft zu starten, zu verändern und zu stoppen*
3. *Die Absicht und die Ausübung dessen*

Die eigenen Vorstellungen, nicht in Kontrolle zu sein – nicht Ursache, oder nur bedingt Ursache über seine eigenen Erfahrungen zu sein – repräsentiert das zentrale Thema dieser Route. Die Prozesse werden bis zum Punkt der vollständigen Rehabilitierung der Ursache- und Effektpositionen im Bewusstsein gelaufen.

Die Realisierung, tatsächlich unendliches Bewusstsein zu sein und daher die Quelle aller Gesichtspunkte, macht es möglich, nicht nur fähig dazu, jede dieser Bewusstseinseinheiten zu sein, sondern sie auch zu kontrollieren (zu starten, zu verändern, zu stoppen).

Indem man sich eingehend mit den Betrachtungen und Übereinstimmungen befasst, die die Struktur des Lebens und der Spiele, die gespielt werden, ausmachen, kann jetzt die Rolle eines transzendierten, *höheren* Selbst in der Welt der Aktion erforscht werden. Einige der Themen und Fragen, die auf dieser Route erforscht werden, sind:

- » Was liegt oberhalb von Ursache und Wirkung?
- » Was bedeutet es, beide Seiten des Spiels zu kontrollieren?
- » Bewusstheit darüber, wie die Wahrnehmung des Gegenwärtigen zustande kommt.
- » Wovon ist man wirklich abhängig?
- » Haben oder nicht haben?
- » Seine eigene Realität erschaffen
- » Wie man sich selbst und zugleich in Kontrolle ist.

Harmonisierung ist die Bereitschaft und Fähigkeit, die Faktoren des Lebens auf eine solche Weise auszurichten, dass zwei oder mehr Kräfte, Individuen, Gruppen usw. in eine wünschenswerte, erfreuliche und/oder effektive Kombination integriert werden. Es geht darum, sämtliche Elemente des Lebens (Individuen, Gruppen, Planeten, geistige Wesen oder Identitäten) in ein vereintes Ganzes zu bringen, dessen Charakter intrinsische Harmonie ist.

Diese vielfältigen Schritte, die auf dieser Route getan werden, resultieren in der Gewissheit, auf den gewählten Domänen harmonisierende Wirkungen erschaffen zu können. Auch wird es weder Zweifel an noch Abwertung von der eigenen Unendlichkeit geben und damit auch nicht davon, die Quelle von Ursache und Wirkung zu sein. Diese Route wird zu einer Fähigkeit führen, harmonisierende (wünschenswerte) Wirkungen in Beziehungen und der Umgebung zu erschaffen, indem man die Kraft der Gedanken nutzt.

Die Lösung des Selbst

Dies ist die Route des Erlebens der Realität und davon, nicht länger Realität von einem (limitierten) Selbst erschaffen zu müssen, was in der vollständigen Lösung des Selbst kulminiert. Die endgültige Lösung für Getrenntsein oder Einsamkeit. Freiheit von der Fixiertheit und Solidität des Erschaffenen.

Während verschiedene Techniken verwendet werden mögen, bleiben wir nach wie vor dem Universellen Imaginationsprozessing treu, und zwar deshalb:

„*Der Zweck ist es, die Kontrolle über den Mind zu erlangen, fähig dazu zu werden, mentale Konstruktionen zu erschaffen, mit mächtigen Kräften – selbst Produkte des Minds – in Kontakt zu treten und höhere Bewusstseinszustände zu erreichen, in welchen die Nicht-Existenz des eigenen Seins und der nichtdualen Natur der Realität von intellektuellen Konzepten zu erfahrbarem Bewusstsein transformiert werden. Nicht-Dualität wird nicht länger nur für wahr erachtet, sondern empfunden.*“
– aus *Tantric Mysticism of Tibet* [Der Weg zur Macht. Praktischer Führer zur tantrischen Mystik Tibets] von J. Blofeld

Einige der Themen und Fragen, die auf dieser Route erforscht werden, sind folgende:

» Was benötigt man, um sich jeglichem stellen zu können?
» Der versteckte Modus operandi einer geisteskranken Welt
» Stärke – woraus besteht sie wirklich?
» Tod und jenseits davon
» Wie kann man erlebbare Realität auf die höchste Ebene bringen?
» Die Grenzen des Bewusstseins
» Logik und Unlogik
» Was es bedeutet zu sein UND nicht zu sein!

Diese Route erinnert etwas an ZEN, und auch das folgende Zitat ist hier zutreffend:

„Sterbet, während du lebst und sei absolut tot. Dann mache und handle, wie du willst, und alles wird gut sein.“ – 15. Jahrhundert, japanischer Zenmeister Bunan.

Diese Route kulminiert in der Fähigkeit – die sich aus der vollständigen Lösung des *Selbst* ergibt – das Leben als einen Bewusstseinsfluss zu erleben, ohne die Notwendigkeit oder den Drang, sich in dessen Erschaffen einzumischen in dem Wissen, dass es sich so wie betrachtet auch ergeben wird, und in vollständiger Harmonie mit den universellen Realitäten zu leben, während diese sich entfalten.

Sobald man diese letzte Route bis zu Ende gegangen ist, wird man die Schönheit all dessen genießen, nämlich jetzt bewusst jedes *Selbst* erschaffen oder wieder-erschaffen zu können, und das schließt den Kreis.

12. Heil(-ig) & gesund

Zum Schluss ein paar Worte zum verkörperten Selbst, die nützlich sein mögen: *'...Mens sana in corpore sano...'* (...ein gesunder Mind in einem gesunden Körper...) ist ein altes geflügeltes Wort und wurde interpretiert, dass nur ein gesunder Mind zu einem gesunden Körper führen könne, oder gleichermaßen, dass nur ein gesunder Körper einen gesunden Mind erzeugen oder aufrechterhalten könne. Wir brauchen uns nicht in diesen Dualismus vertiefen unter der Voraussetzung, dass wir, wenn wir es mit dem Körper zu tun haben, es mit manifestiertem, aber nicht unveränderlichem Bewusstsein zu tun haben. Wir haben bereits bei persönlicher Harmonie die Rolle der Gesundheit diskutiert. Jetzt ist es an der Zeit, praktischer zu werden. Gemäß der Weltgesundheitsorganisation [World Health Organization], wird Gesundheit wie folgt definiert: *„Ein Zustand vollkommenen Wohlbefindens und nicht allein das Fehlen von Krankheit und Gebrechen."*

Diese Definition könnte sogar dazu herangezogen werden, die mentalen und spirituellen Aspekte von Gesundheit einzubeziehen, was oft als ganzheitliche Sicht bezeichnet wird. Die Herkunft des Wortes *'health'* [eng.: Gesundheit] stammt vom Alt-Englischen *haelþh* und bedeutet „Ganzheit, ein Ganz-Sein, Gesund- oder Wohlsein".

Körperliche Gesundheit findet nur statt, wenn alle Ebenen unseres Seins integriert sind. Es können keine Ebenen übersprungen werden. Nur am mentalen oder spirituellen zu arbeiten, während man sich schrecklich ernährt und sich praktisch nicht bewegt, wird es nicht bewerkstelligen, außer, man hat bereits eine solche Kontrolle über den Körper, dass es nicht länger eine Rolle spielt, wie *schrecklich* man sich ernährt; in diesem Fall wird der Körper gehorchen und jede eingenommene Substanz in Harmonie verdauen.

Ärzte sind darauf spezialisiert, Krankheiten und Gebrechen *zu verwalten*. Es ist ziemlich offensichtlich, dass eine Person, die körperlich krank ist, meist die Hilfe eines Arztes oder von einer ähnlichen Art von Heiler bekommen wird. Jeder, der einem anderen dabei assistieren kann, seine Krankheiten zu heilen, würde diesen Titel verdienen.

Viele Artikel, Bücher, Videos und Tipps werden tagtäglich publiziert in Bezug darauf, was wir für unsere Gesundheit tun sollten, oft in Form von Werbung für Produkte und Wundermittel gegen die verschiedensten Leiden und Zustände. Wir könnten einfach nur unsere Augen und Ohren vor dieser Informations- (oder sogar Desinformations-)Flut schließen und damit aufhören, uns über unsere Gesundheit Sorgen zu machen. Dies ist eine Art, damit umzugehen. Oder wir können alle verfügbaren Daten zu unserem Vorteil nutzen, wenn und falls nötig.

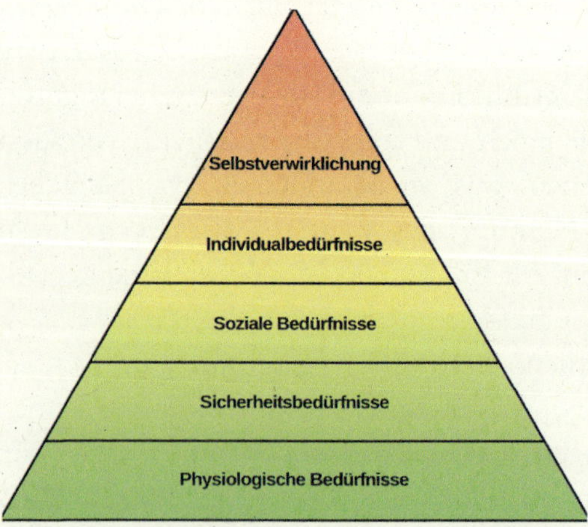

Eine Interpretation der Maslow'schen Bedürfnishierarchie, als Pyramide dargestellt mit den grundlegenderen Bedürfnissen zuunterst.

Das Internet kann sehr hilfreich sein und oft sind nützliche Daten frei verfügbar. Es gibt jedoch eine Fertigkeit, die in dieser Hinsicht wichtig ist, und das ist die Fähigkeit, Daten sowie relative Wichtigkeiten und die relative Wahrheit dessen, was präsentiert wird, auszuwerten (siehe Kapitel 7 *'Verstehen und Auswertung von Information'*).

Ein Psychologe mit dem Namen Abraham Maslow entwickelte einst eine Motivationsskala, die als die *Maslow'sche Bedürfnishierarchie* bekannt ist.

Man muss niedrigere Grundbedürfnisse befriedigen, bevor man damit fortfahren kann, Bedürfnisse auf höherem Niveau zu befriedigen. Sobald diese Bedürfnisse einigermaßen befriedigt sind, mag man zur Selbstverwirklichung fähig sein – zum Entwickeln der eigenen vollständigen Kapazitäten.

Unsere physiologischen Bedürfnisse können in den Bedürfnissen nach Atmung, Essen, Wasser, Sex, Schlaf, Homöostase und Ausscheidung zusammengefasst werden.

Man kann mit Gewissheit annehmen, dass man diesen Bedürfnissen im vernünftigen Ausmaß nachkommen muss, um etwas wie persönliche Harmonie genießen zu können. Es existiert kein weitreichender Konsens darüber, was ein menschlicher Körper tatsächlich benötigt. Da dies ein Handbuch ist, das das Ziel hat, praktischen Nutzen zu haben, werden wir einige Tipps geben, die wir aus unserer Erfahrung gewonnen haben. Lassen Sie uns jedoch zunächst einige grundlegenden Prinzipien hervorheben. Das grundlegende Prinzip der Gesundheit kann seltsamerweise in einem einzigen Satz zusammengefasst werden:

Moderate Mengen an nahrhaftem Essen ergänzt mit Vitaminen und Mineralien, saubere Luft und Wasser, etwas Sport und sich umweltbedingter und biologischer Verschmutzung (Strahlung, Toxine, Parasiten) nicht aussetzen, alles dafür zu tun, die körpereigenen Abwehr- und Selbstheilungssysteme zu unterstützen, zusammen mit einer positiven Zukunftsaussicht und einem Ziel im Leben wird viel dazu beitragen Gesundheit aufrecht zu erhalten.

Physiologische Bedürfnisse

Atmen

Man könnte sagen, dass Atmen automatisch abläuft und warum man sich also darüber Gedanken machen müsse, besonders in einem Buch über spirituelle Dinge. Nun gut, wir sind nicht länger darauf beschränkt, dass der Geist nur etwas ist, das den Himmeln zuzuordnen ist.. Unseren grundlegenden Postulaten zufolge ist Geist überall. Das lateinische Wort für Atmen lautet *anima*, welches ebenfalls das Wort für die Seele ist.

Im Yoga und in anderen Praktiken wird der Atem aufmerksam kontrolliert und beinahe alle Yoga-Übungen beinhalten kontrollierte Atmung. Allein durch das Beobachten des eigenen Atem-Rhythmus' tendiert man dazu, negative Gedanken und Emotionen zu eliminieren. Es ist eine Methode, in der Gegenwart zu sein.

Aber das körperliche Bedürfnis ist hauptsächlich das nach sauberer Luft, und das mag etwas Aufmerksamkeit erfordern.

Nahrung

Viele Bücher und Artikel und Diskussionen haben sich intensiv mit Diäten und der richtigen Ernährungsweise beschäftigt. Wir alle wollen für uns selbst das Beste. Viele Bücher versuchen, den Leser davon zu überzeugen, dass ihre vorgeschlagene Diät die einzig richtige ist und man dies besser glaubt, oder man wird andernfalls bald sterben. Das Internet ist eine Quelle von Daten und besonders von widersprüchlichen Daten bezüglich Nahrung und verwandten Themen, daher sollte man etwas Vorsicht walten lassen.

Gibt es denn irgendwelche universalen Prinzipien, die man zu diesem Thema formulieren könnte? Wir denken, dass es sie gibt.

Die Lebensmittelchemie ist eine Wissenschaft in der Entwicklung und sie ist weit weg davon, vollständig erforscht zu sein, aber einige Dinge erscheinen als gesichert: z.B., dass ein großer Bestandteil der Nahrung aus Wasser besteht. Nahrung besteht des Weiteren aus Kohlenhydraten, Lipiden (Ölen und Fetten), Proteinen, Enzymen, Vitaminen und Mineralien.

Es gibt sieben Makromineralien, die in relativ großen Mengen benötigt werden; diese sind Kalzium, Magnesium, Kalium-Chlorid, Phosphor, Natrium und Schwefel. Dann gibt es die Mineralien, die in winzigen Mengen gebraucht werden, genannt Spurenelemente; diese bilden eine lange Liste und können im Internet gefunden werden.

Bemerkung zu Vitaminen

Grundsätzlich ist es am besten, seine Vitamine und Mineralien auf natürliche Weise durch die Lebensmittel zu sich zu nehmen oder indem man sich im Falle von Vitamin D kontrolliert dem Sonnenlicht aussetzt. Vitamin C ist das einzige Vitamin, das der Körper nicht selbst herstellen kann. Es scheint keinen Unterschied zu ergeben, ob das Vitamin C natürlich oder synthetisch ist.

Die Vitamine A, D, E und K können in zwei unterschiedlichen chemischen Strukturen vorkommen, und nur eine ist natürlich und bekömmlich. Wenn bei Vitamin E die Aufschrift nicht besagt, um was es sich handelt, oder es nicht die Voranstellung dl- besitzt, dann ist es synthetisch. Natürliches Vitamin D ist D3, während D2 synthetisch ist, und natürliches Vitamin K ist K1 oder K2, während K3 synthetisch ist. Die Vitamine A in der Form von Acetat oder Palmitat sind synthetisch. Natürliches Vitamin A wird am besten aus Heilbutt-Leber-Öl gewonnen (Kapseln).

Multivitamintabletten enthalten fast alle synthetisches Vitamin A, und viele auch das synthetische Vitamin E, D oder K. Spirulina ist eine exzellente Ergänzung für viele Vitamine und Mineralien, und besonders für Vitamin K und Karotin.

Quantität & Qualität

Zunächst einmal gibt es zwei Aspekte von Nahrung; der eine ist die Qualität und der andere ist die Quantität. Es wurde beobachtet, dass besonders Menschen des Westens dazu neigen, mehr als nötig zu sich zu nehmen, weil es so lecker schmeckt. Was die Qualität anbelangt, gibt es einen weiteren Faktor, der in unserer `Zivilisation´, ins Spiel kommt: Man könnte ohne Übertreibung sagen, dass skrupellose kommerzielle und profitbedingte Motive in die Nahrungskette eingedrungen sind.

Einige Fakten, Konzepte & Prinzipien

» Nicht alles, das als Nahrung oder als essbar präsentiert wird, ist tatsächlich Nahrung oder notwendig, um sich gesund zu halten. Denken Sie an Eiscreme, Bonbons, Schokolade, Lakritze, alkoholische Getränke oder Limonaden etc. Raffinierter Zucker und umstrittenerweise hinzugefügtes raffiniertes Tafelsalz sind weder erforderliche noch nützliche Lebensmittel.

» Viele Lebensmittel sind mit Inhaltsstoffen gemischt, die keine Lebensmittel sind, wie z.B. Konservierungsstoffe, Zusätze und Füllsubstanzen, ganz zu schweigen von Schadstoffen aus dem Herstellungsprozess. (Google *'Foods that are not Foods'* [= Lebensmittel, die keine sind], um eine eindrucksvolle Liste zu bekommen.) Mit wachsendem Bewusstsein wird man zu spüren beginnen, was die Absichten der Produzenten waren.

» Menschen sind laut Beobachtung Allesfresser. Es gibt keinen Ernährungsplan, der für jeden der richtige ist. Das liegt an persönlichen, jahreszeitbedingten, klimatischen, genetischen (möglicherweise Blutgruppen-abhängigen) und anderen Faktoren. Aber Gemüse und Obst und Nüsse und Samen werden beinahe universal akzeptiert, was man nicht über Getreide, Milchprodukte oder Fleisch sagen kann.

» So lange wir unsere Nahrung von nährstoffarmen, ausgelaugten Böden erhalten, in einer verschmutzten Umwelt leben und mit Stress fertig werden müssen, mögen wir eine gewisse Menge an ergänzenden Vitaminen, Mineralien und Spurenelementen, essentiellen Fettsäuren und Antioxidantien brauchen.[1]

» Lebensmittel zu nutzen, die lokal hergestellt wurden, gibt uns den Vorteil, diese leichter zu überprüfen, den Hersteller und die Herstellungsbedingungen zu kennen. Denken Sie an Kühe, die Gras von der Weide fressen oder an freilaufende Hühner; es ist einfacher, wenn Sie sie mit eigenen Augen sehen können.

1 *Mikronährstoffe http://www4.dr-rath-foundation.org/index.html*

» Claudias Tipp ist, zu fragen: „*Hatten diese Pflanzen und Nahrungsmittel die Möglichkeit, sich voll zu entwickeln oder auszureifen, konnten sie sich zu derjenigen Qualitätsstufe entfalten, die das Optimum im Auge der Natur ist?*“ Wenn die Antwort ja lautet, heißt das, dass die Enzyme vorhanden sind. Aus ähnlichen Gründen kann es wichtig sein, die ganze Pflanze zu nutzen, nicht nur Extrakte.

» Biologisch-dynamische Landwirtschaft, wie ursprünglich von Rudolf Steiner entwickelt – besser geht's nicht. Biodynamik ist eine spirituell-ethische-ökologische Herangehensweise an die Landwirtschaft, Gärten, Nahrungsmittelproduktion und Ernährung. Dieser integrale Ansatz beabsichtigt, eine ganze Bandbreite von kosmischen Energien den Menschen durch Pflanzen wieder verfügbar zu machen. Kosmische Kräfte wieder mit der Erde zu verbinden, wird der Menschheit bei ihrem spirituellen Wachstum und Entwicklung helfen.

» Es mag sogar etwas geben, das man kosmische Ernährung nennen könnte. Rudolf Steiner sprach von Substanzen und Kräften, die in das menschliche Wesen von allen Seiten der Umwelt eindringen. Beispiele wären unter anderem Wärme, Sonnenlicht, Luft, Geräusche und visuelle Eindrücke – auch Spurenelemente von Mineralien und Metallen, die aus dem kosmischen Raum in die Erdatmosphäre gelangen, und die Millionen von Tonnen jährlich betragen. Diese kosmischen Einflüsse gelangen in uns über die Haut, die Atmung und, wie Steiner ein halbes Jahrhundert, bevor es durch die Naturwissenschaften bestätigt wurde, angab, auch durch unsere Sinnesorgane.

» Der pH-Wert des Körpers gehört ebenfalls unter die Überschrift *Balance* oder *Harmonie* (Yin/Yang); er kann durch ein Übermaß an sauren wie auch durch ein Übermaß an alkalischen Nahrungsmitteln gestört sein. Ein einfacher, erster Schritt, um einen sauren pH-Wert des Körpers zu korrigieren, wäre, das Übermaß an Zucker aus unserem Ernährungsplan zu streichen. Eine weitere mögliche Regel wäre, 80 % basenbildende Nahrungsmittel zu sich zu nehmen und nicht mehr als 20 % säurebildende Nahrungsmittel, wie z.B. Fleisch.

» In der Yoga-Philosophie der Hindus ist die manifestierte Welt aus drei Arten von Energie aufgebaut, den Gunas. Diese verschiedenen Energiearten werden Sattva, Rajas und Tamas genannt. Alles Existierende ist energetisch vorherrschend eine dieser Energieformen, aber es mag auch Elemente der anderen beiden beinhalten. Sattva ist der Zustand von Harmonie, Sein und Reinheit. Rajas ist die Energie von Veränderung und Aktion. Tamas ist die untätige Energie. Nahrungsmittel fallen in alle drei dieser Kategorien. Sattva erfordert Reinheit, welches der Hauptzweck ist, um Harmonie zu erreichen – das höchste Ziel. Sattvische Nahrungsmittel erzeugen Freude und positive Gedanken. Zu diesen gehören beispielsweise Vollkorngetreide und Hülsenfrüchte, frisches Obst und Gemüse, das oberhalb der Erde wächst. Zu den rajasischen Nahrungsmitteln gehören gebratene Nahrungsmittel, würzige Speisen und Stimulantien. Zu viel zu essen wird als tamasisch angesehen. Zu den tamasischen Lebensmitteln gehören Fleisch und verdorbene Lebensmittel und solche, die chemisch behandelt, verarbeitet oder raffiniert wurden. Eine vorherrschend sattvische Ernährung wird als die beste dafür angesehen, gute Gesundheit, Wohlbefinden und eine regelmäßige Yoga-Praktik zu unterstützen.

» Mäßigung ist ein Bekenntnis zu Balance und Ganzheit. Mäßigung, wenn wir sie auf Essen anwenden, ist möglicherweise ein so allgemeines Prinzip wie: *Essen Sie nicht zu viel.* Wenn man sehr genau sein möchte, kann die Regel lauten: *Essen Sie nur, wenn Sie hungrig sind.*

Nachdem das nun gesagt ist, gibt es noch einen weiteren Faktor, der beim Essen und der Lebensmittel-Auswahl eine Rolle spielt. Jeder hat so seine Vorstellungen darüber, was auf Grundlage der eigenen Erfahrung, der Erziehung, von Diät-Gurus, der Werbung oder welcher Quelle auch immer zu essen richtig oder falsch ist. Wenn man etwas isst oder trinkt, von dem man zuvor annahm oder glaubte, dass es nicht in Ordnung wäre, wird dies zu einem mentalen Konflikt führen, wenn auch nur zu einem geringen. Sagen wir, man hat sich fest dazu entschlossen, keinen Zucker in den Kaffee mehr zu geben, aber dann, aus Gewohnheit, Schwäche oder anderem Grund, sündigt man. Doch jedes Mal, wenn dies passiert, bricht man ein kleines bisschen seine Integrität. Das ist eine weitere Art, Stress oder Ladung zu erzeugen.

Es gibt jedoch einen Ausweg und einige der Techniken, die in diesem Buch beschrieben sind, mögen dabei hilfreich sein, auch dies in Ordnung zu bringen. Statt der oben beschriebenen Glaubenssätze, Regeln oder mehr oder weniger willkürlichen Daten, die von der Erfahrung von anderen stammen, könnte man mit seinen Vorurteilen gegenüber Essen und Trinken auch vollständig aufhören.

Dies würde bewirken, das komplette Thema in den gegenwärtigen Moment zu bringen. Nun kann man das

Harmonie-Prinzip anwenden. Fühlt sich das, was da ist, richtig an oder harmoniert es mit meinem Körper und seinen Bedürfnissen? Einige Menschen benützen ein Pendel oder angewandte Kinesiologie-Techniken, auch wenn dies ein wenig unpraktisch sein mag. Man könnte daraus schlussfolgern, dass der optimale Weg wäre, sich von der Intuition bei der Entscheidung dessen leiten zu lassen, was und wann man isst, statt von der Gewohnheit oder davon, was konventionell ist.

Es könnte weit mehr dazu gesagt werden, aber das wichtigste ist, dass es alles von einem Grad an Bewusstsein abhängt, das man bereit oder fähig ist, auf dieses Thema anzuwenden.

Lassen Sie uns nun mit den physiologischen Bedürfnissen fortfahren.

Wasser

Der menschliche Körper besteht zu ungefähr 70 % aus Wasser. Wasser sollte sauber und gereinigt sein oder sogar selbst-destilliertes Wasser scheint eines der Besten zu sein. Man kann einen Mangel oder zu viel Wasser haben und man muss eine Balance finden.

Sex

Es ist fraglich, ob Sex als solcher strenggenommen ein physiologisches Bedürfnis ist oder ob er gebraucht wird, um in der persönlichen Domäne zu funktionieren und wenn, zu welchem Grad; siehe auch die Domäne von Familie und Partnerschaft. Der Aspekt aus einem persönlichen Gesichtspunkt heraus wäre sexuelle Empfindungen, Erleichterung und Erleben, die einen in Harmonie mit den persönlichen Bedürfnissen halten.

Schlaf

Schlaf, um gut ausgeruht zu sein; es gibt keine festgelegte Menge, die für jeden richtig ist. Man kann zu viel oder zu wenig schlafen; man sollte sich durch seine Intuition führen lassen.

Ausscheidung

Die Regelmäßigkeit der Darmbewegungen und die Beschaffenheit des Stuhls (google *Bristol-Stuhlformen-Skala*) sind Indikatoren für die Effizienz der Verdauung. In der Praxis kann man viel Unterschiedliches beobachten. Verstopfung ist definitiv ein Indikator dafür, dass etwas im Argen liegt, aber es ist nicht immer die Ernährungsweise, die korrigiert werden sollte. Sie mag manchmal eine Stauung in anderen Bereichen reflektieren.

Homöostase

Die oben aufgelisteten Faktoren bestehen aus der multidynamischen Ausbalancierung und aus Regulationsmechanismen, die Homöostase möglich machen.

Homöostase ist das Prinzip, nach dem Ihr Verbrennungsthermostat vorgeht: Wenn es kalt wird, schaltet er die Hitze an; wenn es zu heiß wird, schaltet er die Hitze aus. Auf dieselbe Weise entwickelt der Körper, wenn ihm eine bestimmte Substanz fehlt, einen Hunger danach; wenn er genug davon hat, dann endet das Hungergefühl. Ich habe mich oft gefragt, wie es möglich ist, dass einige Menschen alle Gesundheitsregeln verletzten und sich unmöglich ernährten und dennoch gesund waren. Es könnte sein, dass in diesen Fällen der Glaube an die heile Gesundheit so stark war, dass die energetische, molekulare Struktur des Körpers keine andere Wahl hatte, als sich danach zu richten. Glaubensheilung könnte man sich analog dazu erklären.

Einige nützliche Daten zum Körper im Allgemeinen sowie zu seinen Teilen werden hier gegeben, da sie vielleicht nicht durchwegs bekannt sind.

Der Körper & seine Teile

Zähne

Folgen Sie z.B. dem Rat von Dr. Gerald Judd, werfen Sie Ihre normale fluorid- und glycerinhaltige Zahnpasta weg und benutzen Sie ein Stück Kernseife zum Zähneputzen.[2] Es gibt einige Bücher darüber, wie man Ärger mit den Zähnen im Vornherein vermeidet und was dabei hilft, Schäden zu begrenzen, wenn es bereits welche gibt; siehe Rezept im Anhang oder Informieren Sie sich auch über die Vorteile von Kokosöl und Ölziehen.

Muskeln

Etwas Sport wird nötig sein, um den Körper gut in Form zu halten; wie z.B. Aerobic-Übungen fürs Herz, das ja auch ein Muskel ist.

2 *Buch 'Good Teeth, Birth to Death', Dr. Gerald Judd*

Krankheiten & Gebrechen

Nur mit einigem Zögern ließ ich mich auf diesen Abschnitt des Buches ein. Wir können jedoch die Tatsache nicht verleugnen, dass wir mit Krankheiten und Gebrechen um uns herum regelmäßig konfrontiert werden, ob wir wollen oder nicht. Daher sind wohl ein paar Bemerkungen darüber nicht fehl am Platz.

Viele greifen, wenn sie krank werden, zum einen oder anderen verfügbaren Hausmittel. Wenn dieses nicht seinen Zweck erfüllt und man sich dazu entscheidet, die übliche medizinische Behandlung zu erhalten, muss man den Arzt über alle eingenommenen pflanzlichen Mittel informieren. Es ist besser, dies zu tun, bevor man irgendwelche verschreibungspflichtigen Medikamente akzeptiert, da sich einige Kombinationen schädlich auswirken könnten.

Was wichtiger ist, ist zu wissen, dass das grundlegende Prinzip, auf dem das hauptsächlich westliche medizinische Monopol zu operieren scheint, lautet, dass ein geheilter Patient ein verlorener Kunde ist.

Diese Ärzte (natürlich nicht alle) wurden meist in allopathischer Medizin ausgebildet und favorisieren Symptombehandlung, statt nach den zugrundeliegenden Ursachen zu suchen. Es gibt glücklicherweise Alternativen unter den verschiedensten Namen, wie z.B. Elektromedizin und die frühe Homöopathie und Traditionelle Chinesische Medizin. Letztere geht nach einem ziemlich anderen Prinzip, nämlich, dass keine Krankheit möglich ist, wenn der Körper in perfekter Balance ist. Daraus folgen ein paar Regeln:

» Halten Sie den Gebrauch von Drogen und Medikamenten auf dem absoluten Minimum. Diese sind alles Gifte mit *`wünschenswerten´* Nebenwirkungen der Symptomunterdrückung. Die anderen weniger wünschenswerten Nebenwirkungen sind oft im begleitenden Beipackzettel gelistet. Sie heilen meist nicht die darunter liegende Krankheitsursache.

» Impfung: Theoretisch wirken Impfungen mit einem Prinzip, das dem der Homöopathie ähnlich ist. Aber im Gegensatz zur Homöopathie wurde nicht bewiesen, dass Impfungen sicher sind. Impfstoffe sind nicht *`relativ harmlos´*... Zehntausende wurden geschädigt und starben als Impffolge. Impfstoffe sind oft mit Aluminium, Quecksilber etc. verunreinigt und mögen eventuell überhaupt nicht funktionieren. Eine viel bessere Strategie ist, sein Immunsystem im Allgemeinen zu stärken.[3]

» Wenn man sich mit ernsthaften körperlichen Zuständen konfrontiert sieht und zu Operationen geraten wird, sollte man sich zumindest eine Zweitmeinung einholen. Es mag sogar wichtiger sein, einen Heilpraktiker oder einen ganzheitlichen Mediziner zu konsultieren, da sich diese meist mehr mit den zugrunde liegenden Ursachen statt mit der Symptombehandlung befassen.

---

3 Buch `Vaccination Voodoo´, Catherine Frompovich. Siehe auch Dr. Mercola http://www.mercola.com/article/vaccines/statistics.htm und Ermittlungsreporter Jon Rappoaport's Seite https://jonrappoport.wordpress.com/category/vaccinegate/

Krankheitsursachen

Es gibt diverse Theorien zu den generellen Gründen von Krankheiten und Leiden.

Es wurde gesagt, dass ca. 80 % aller Krankheiten psychosomatisch verursacht sind. Aber wie soll man psychosomatisch definieren? Eine Definition besagt: Eine Psychosomatik liegt vor, wenn sowohl Mind als auch Körper betroffen oder involviert sind. Es wird jedoch mittlerweile allgemein zugegeben, dass fast alle körperlichen Krankheiten mentale Faktoren besitzen, die für deren Entstehung, Auftreten, Aufrechterhaltung, Behandlungsfortschritt und Auflösung entscheidend sind.

Gemäß Dr. J. H. Tilden[4] sind alle so genannten Krankheiten Krisen einer Sepsis, und bemerken Sie, wie ebenfalls der mentale Faktor mit einberechnet wird; siehe nachstehendes Kästchen.

4 *Toxemia Explained: The True Interpretation of the Cause of Disease, Dr. med. J. H. Tilden*

„Definition von Sepsis und Sepsis-Krisen: – Im Prozess der Gewebebildung (Metabolismus) gibt es Zellbildung (Anabolismus) und Zellzerstörung (Katabolismus).

Das zerstörte Gewebe ist toxisch und im guten Gesundheitszustand – wenn die Nervenenergie normal ist – wird es vom Blut, ebenso schnell, wie es entsteht, eliminiert. Wenn die Nervenenergie aus irgendeinem Grund – körperliche oder mentale Aufregung oder schlechte Gewohnheiten – aufgebraucht ist, wird der Körper entkräftet (geschwächt). In so einem Fall wird die Aussonderung gehemmt, was eine Retention an Toxinen im Blut oder eine Sepsis hervorruft.

Diese Akkumulation von Toxinen wird, sobald sie sich aufgebaut hat, aufrechterhalten, bis die Nervenenergie wiederhergestellt ist, indem man die Ursachen beseitigt hat. Die so genannte Krankheit ist das Bemühen der Natur, die Toxine aus dem Blut herauszuschaffen. Alle so genannten Krankheiten sind Sepsis-Krisen.“ – Dr. Tilden

Dr. Tilden definiert eine normale, gesunde Person als eine, die selbstsicher (selbstkontrolliert) ist und die keine Nerven zerstörenden Angewohnheiten besitzt. Ein selbstkontrollierter Mensch ist ein Mensch, der nicht von Gewohnheiten kontrolliert, getreten, gefesselt oder getrieben ist. Der Mensch ist entweder sein eigener Herr, oder sein Appetit und seine Sinneslust bestimmen ihn. Ersteres sollte ihn dazu führen, sich bester Gesundheit zu erfreuen, bis zu dem Punkt der Erschöpfung, was in einem Alter zwischen 90 und 150 Jahre sein sollte.

Nebst anderen behauptete Hulda Clark, dass die primären ursächlichen Faktoren in allen Krankheiten Schadstoffe und/oder Parasiten seien. Sie fand nie Mangel an Bewegung, Vitaminmangel, sowie den Hormonspiegel oder irgendetwas anderes als einen primären ursächlichen Faktor. Sie entdeckte auch die Effektivität von Elektrizität, um Viren,

Bakterien und Parasiten zu töten. Ihre Lösung für Schadstoffe war, diese zu meiden. Das ist bei unseren gegenwärtigen Umweltbedingungen einfacher gesagt als getan. Es beginnt jedoch mit der Bewusstheit über die Tatsachen der Schadstoffbelastung.

Was sie und viele andere in den Heilberufen nicht sagen, ist, dass Ihre Gefühle, Emotionen, Ihr Verhalten und was Sie in Ihrem Leben magnetisch anziehen, alles direkt oder indirekt von Ihren Gedanken ausgeht.

Naturheilmittel

Die Hauptprinzipien von Naturheilmitteln sind, den Körper mit frischer, roher Nahrung zu reinigen, die natürlichen Bakterien im Darm wiederherzustellen, die Schadstoffe und schädlichen Mikroben zu beseitigen, Zugang zu frischem Wasser, sauberer Luft, Sonne, Aktivitäten außer Haus und ein in emotionaler und spiritueller Hinsicht befriedigendes Leben zu bekommen.

Bedürfnisse der Geborgenheit

Wenn physiologische Bedürfnisse befriedigt sind, wird das Bedürfnis nach Geborgenheit auftauchen. Geborgenheit und Sicherheit sind allen anderen Wünschen im Rang übergeordnet. Diese beinhalten:

- » Körperliche Sicherheit – Schutz vor Gewalt, Verbrechen, Aggressionen
- » Sicherheit, den Arbeitsplatz zu behalten
- » Sicherheit von Einkommen und Ressourcen
- » Moral und physiologische Sicherheit
- » Familiäre Sicherheit

- » Sicherung der Gesundheit
- » Schutz von persönlichem Eigentum vor Verbrechen

Eine gut funktionierende Gesellschaft tendiert dazu, seinen Mitgliedern einen Grad an Sicherheit zu gewähren. Andernfalls ist man von der Bereitschaft und Fähigkeit, sich selbst zu verteidigen, abhängig.

Sicherheit

Um sich wohlzufühlen, braucht man meist einen sicheren Ort, an dem man leben kann, sein persönliches Hab und Gut aufbewahrt und an den man sich zurückziehen kann. Es gibt da eine große Bandbreite; manche bevorzugen ein Schloss mit Dienern, um sich wohlzufühlen, und andere sind mit einem Zelt oder einer Bank glücklich. Ein paar Freunde oder Familienmitglieder um sich zu haben, denen man vertrauen kann, gehört ebenso zu einem grundlegenden Überlebens-Set-up. Fügt man dem noch den Respekt seiner Mitmenschen für das, was man ist oder tun kann und tut, hinzu, haben wir das persönliche Überleben zu einem gewissen Grad garantiert.

Arbeit

Im Bereich des Arbeitslebens ist die Frage, ob man sich bei dem, was man tut, wohlfühlt. Sind Sie zufrieden und glücklich in Ihrem Tätigkeitsbereich und ist das, was Sie tun, mit Ihren persönlichen Zielen und Zwecken im Einklang? Falls nicht, wäre es an der Zeit, Ihre Prioritäten neu zu bewerten.

Höherrangige Bedürfnisse

Wir haben Maslow hauptsächlich deshalb zitiert, weil er uns eine übersichtlich angeordnete Bedürfnisliste geboten hat. Seine Theorie besagte, dass die niedrigeren Bedürfnisse vor den höheren erfüllt werden müssen. Dies ist höchst fragwürdig und es gibt reichlich Beispiele von Menschen, die alle möglichen Bedürfnisse, einschließlich Sicherheit, Hunger etc. übergehen, um ihr Vorhaben erreichen zu können. Wir hätten auch keine *`Mission Impossibles´* gesehen, wenn das Bedürfnis nach Sicherheit zuerst käme.

Wenn der Mensch gleichermaßen ein geistiges Wesen ist, dann sollte man fragen, worin die Bedürfnisse eines geistigen Wesens bestehen. Ein Wesen [eng.: Spirit] ist nicht erdgebunden, es ist mehr als der Atem. Im Lateinischen ist das Wort für Atem spiritus. Deshalb kann ein Wesen sich erlauben zu spielen, denn was hat es zu verlieren? Alles oder Nichts!

> *„Der Zweck des Lebens ist zu beweisen, dass gewisse Dinge möglich oder unmöglich sind und etwas Spaß zu haben.“* – G. Amicalis

Der weltbeste Tennisspieler tut alles, was er kann, um zu beweisen, dass es ihm möglich ist zu gewinnen und es für den anderen Spieler unmöglich ist, dass dieser gewinnt. Dies ist die Natur von Spielen, und vielleicht ist das Leben in der Tat ein Spiel.

Dies bringt uns direkt zur Selbstverwirklichung zurück, dem Drang, sein eigenes persönliches Potential auszuschöpfen. Es ist so etwas wie Träume Wirklichkeit werden zu lassen; etwas zu beweisen bedeutet, etwas in der tatsächlichen Realität sichtbar und offensichtlich zu machen. Hinter all dem finden wir natürlich immer ein Ziel. Der Tennisspieler würde ohne das Ziel und den Antrieb zu gewinnen, nicht sehr weit kommen; der Bankräuber möchte es der Bank unmöglich machen, das Geld im Tresor zu behalten. Es gibt ein Ziel – ein gutes oder schlechtes.

In unseren Beschreibungen der persönlichen Harmonie haben wir die Rolle einer individuellen Sinngebung bereits dargelegt. Sobald eine grundlegende Zielsetzung vorhanden ist, ist die Bühne frei für individuelle Entfaltung, die wir Selbstverwirklichung nennen können.

Maslow fügte später eine höhere Motivationsstufe hinzu, die er *Selbst-Transzendierung* nannte. Er definierte diese als das Streben danach, eine Angelegenheit außerhalb des Selbst zu fördern und eine Verbundenheit durch Gipfelerlebnisse über die Grenzen des Selbst hinaus zu erleben.

13. Neue Einsichten & Resultate

Was nach der Bewusstseinserforschung und dem Prozessing als Resultat berichtet wird, ist oftmals nicht unmittelbar objektiv messbar, sie sind jedoch definitiv subjektiv erfahrbar.

Die Resultate bestehen aus dem, was ein Individuum als jene erachtet oder definiert. Daraus folgt, dass solche Ergebnisse immer einen subjektiven Gesichtspunkt widerspiegeln.

Es gibt eine Besonderheit, die spirituellen Resultaten zu eigen ist, nämlich das ein Resultat nur vorrübergehend auftritt. Ich will damit sagen, dass das, was wie eine für immer wiedergewonnene Fähigkeit mit völliger Gewisse und begleitet von freudestrahlender Emotion, erschien, sich als nicht bleibend erweisen könnte. Viele Wesen, die sich auf dem als allgemeinhin bezeichneten *Weg zur Wahrheit* befinden, haben das erlebt. Man muss mit der emotionalen Auswirkung zu Recht kommen, wenn sich herausstellt, dass es da noch mehr dazu gibt oder dass die Fähigkeit nicht immer zur Verfügung stehend scheint. All dies kann als Teil des Weges zur Wahrheit betrachtet werden.

Eines Tages wird man fliegen…

Dies geschah beispielsweise in Fällen, in denen sich eine Fähigkeit einschaltete, wie etwa Fernwahrnehmung, die dann nicht bei anderen Gelegenheiten reproduziert werden konnte.

Das mag entmutigend erscheinen, es zeigt jedoch auch, einen flüchtigen Blick darauf, was möglich, aber in Abwesenheit des vollständigen Verstehens nicht stabil ist. Der Grund warum ich das erwähne, ist, dass dies nicht zu wissen, dazu führen kann, dass man invalidiert, die Fähigkeit oder das Phänomen überhaupt je erfahren zu haben.

Es gibt übrigens eine interessante Lektion, die viele durch ihre Erfahrungen mit ihren Mitmenschen gelernt haben, und diese besteht darin, nicht nach Anerkennung für die eigenen Erkenntnisse zu streben.

Bei der folgenden Aufstellung der Zusammenfassungen der Ergebnisse sind diese als die Gesichtspunkte der Personen zu verstehen, die diese Resultate erzielt haben.

Die Resümees in diesem Kapitel wurden nach der Anwendung diverser MGT-Techniken geschrieben. Diese Gewinne und Erfahrungen sind für denjenigen, den es betrifft, manchmal herausragende, völlig exorbitante und himmelhohe Errungenschaften.

Einige Erforscher drückten auf ihre eigene, besondere Art aus, was beim Universellen Imaginationsprozessing und anderem geschieht:

„Ich bin völlig von der Effektivität dieser Technologie überrascht. Obwohl ich hunderte Stunden von Prozessing im Scientology-Stil gemacht habe, konnte ich jetzt in wenigen Stunden Situationen klären, die meine Intension seit 30 Jahren blockiert hatten.“

– A. G., Italien

„Folgendes ist mein Gewinn:

1. *Greife eine Prozessanweisung auf, die geladen ist, und laufe sie.*
2. *Du bemerkst, dass du es nicht konfrontieren willst.*
3. *Es verändert sich, sowie man herausfindet, was oder wer man tatsächlich ist, was man tatsächlich tut und was die anderen tatsächlich tun etc.*
4. *Es verändert sich erneut, sobald du es plötzlich wirklich konfrontieren möchtest.*
5. *Du steigst auf der Emotionsskala.*
6. *Erkenntnisse tauchen auf.*
7. *Und das Schönste dabei: Du bist emotional plötzlich so hoch, dass du all das Glücklichsein und die Liebe, die da draußen im Universum auf dich warten, kaum glauben kannst. Du wurdest vom Zuschauer zum Spieler.*
8. *Und es ist passiert – da ist es. Das Glücklichsein! Liebe! Wohlbefinden und Vergnügen! Spaß!"*

– H. H., Deutschland

„Das laserscharfe Prozessing bei euch war für mich ein riesiger Erfolg. Es hat den Weg frei gemacht heraus aus den eigenen bewussten und unbewussten Kümmernissen, um mich voll und mit uneingeschränkter Absicht genau auf diese ursprünglichen Ziele und in das aktuelle, damit verbundene frühere und ganz frühe Geschehen zu stürzen; verbunden mit dem kontinuierlichen Lernen, Erfahren und neu Ordnen und Aufklären. Die Wahrheit befreit und macht uns zu dem, was wir eigentlich sind."

– G. L., Deutschland

„Lösung des Selbst von Verstrickungen

Es ist das Loslassen – das Abnabeln vom Ist – der bisherigen Realität. Eine Verwandlung des Ichs zur Vollkommenheit des gesamten Körpers, sowie seiner Wahrnehmungen im Inneren und dann auch im Äußeren. Die Körperwahrnehmung verbindet sich zur Einheit des Selbst. Es findet der Ausgleich in den Regionen des Körpers statt, sowie in den energetischen Ebenen des Selbst. Der Prozess verändert die Wahrnehmung des Seins im Inneren und bei weiterer Entwicklung auch im Äußeren. So konnte ich den inneren Konflikt auflösen und die Energie dieser gebundenen Kraft in meinem Körper fließen lassen, damit alle Organe und Zellen davon profitieren konnten und können. Dies erschafft ein volles Bewusstsein in allen Zellen des Körpers und ergibt die Wahrnehmung von Unstimmigkeiten, mit denen sich der Körper auseinandersetzt. Er erkennt den Prozess der Heilung, sowie die Veränderung zum Guten in sich selbst. Ein Gefühl von Vollkommenheit dehnt sich aus. Dies ist das Ergebnis der heutigen Sitzung.

Danke für die Begleitung und Führung!"

– P. D., Deutschland

Introworkshop zur Selbsterforschung

„Der große Gewinn, den ich durch dieses Buch und diesen Workshop, aber auch durch die bekommenen Sitzungen habe, ist folgender: Du bekommst, was du brauchst und möchtest (keinerlei fixierte Abfolge oder 'der Supervisor weiß alles' Einstellung). Das ist die größte Veränderung an diesem neuen Weg zu vollständigem Bewusstsein. Der Bewusstseinserforschungs-Routen Supervisor oder Sitzungsleiter hört DIR zu anstatt einem sehr eng zugeschnittenen Programm roboterhaft zu

folgen, weil eben ein Guru es so bestimmt hat. Genau das, was in diesem Moment dein Problem oder deine Sorge ist, wird hier in Ordnung gebracht! :)

Ich für mich selbst kann sagen, dass ich jetzt große Gewinne habe und das gehandhabt bekomme, was ich mir für so lange Zeit gewünscht habe. Endlich!! Dies kann ein sehr vielversprechendes Abenteuer werden."

– A. A., Niederlande

„Es ist eine Möglichkeit sich bewusster zu sein, warum das Leben geschieht wie es geschieht; zu erkennen, dass man selbst die Möglichkeit hat zu verändern – durch diese Methode – umso wieder in die eigene Mitte / Balance zu kommen; diese auch selbst anzuwenden und sogar weiter gehen zu können."

– M. S., Deutschland

„Ich verstehe nun, was in der Vergangenheit schief gelaufen ist und habe hier eine Technologie gefunden, die es mir ermöglicht, die Dinge wieder richtig laufen zu lassen. Schon alleine die Einführung hat mir Daten gegeben, mit denen schädliche Kommunikationen und Handlungen als solche entlarvt werden können. Die Informationen bieten ein wertvolles Instrument, auf dem richtigen Pfad voran zugehen, ohne sich beirren zu lassen. Am Ende wird man sich selbst entdecken."

– A. A., Deutschland

Essenz der Kommunikation / Workshops

„Ich muss sagen, dass dieser Kurs extrem gut entwickelt wurde. Die Struktur ist unglaublich brauchbar und verständlich. Es ist schwer zu glauben, in einer Woche tatsächlich verändert

zu werden. Bezüglich Kommunikation bin ich persönlich verwirrt. Besser gesagt, ich war. Jetzt fühle ich mich total geheilt.

Ich fühle mich sehr viel selbstsicherer. Ich gebe der Kommunikation, den Stimmen im Kopf keine Bedeutung mehr, da ich ihre Struktur kenne. Vielen Dank an alle, die dies möglich machten! Ich weiß es sehr zu schätzen. Jetzt freue ich mich darauf, meine neuen Werkzeuge im draußen im Leben zu verwenden. Bereits jetzt schon fühle und genieße ich es viel mehr als zuvor. Ich bewege mich nun sicher im Mind und auf der Erde. Das ist ehrlich ein gutes Gefühl. Danke, dass ihr seid!"

– E. B., Niederlande

„Hallo, ich bin total begeistert, wie der Komm. Kurs mir geholfen hat, dass ich mir Fragen beantworten konnte, die bei Ron's Org in FFM, Mindwalking und mit SCN-Original offen geblieben sind. Endlich WEISS ich, dass ich bei MIR ansetzen muss, wenn ich Probleme bereinigen will. (Nicht bei der `Bank´ [Ansammlung negativer, geistiger Ladungen], oder meinen `Overts' [Missetaten] oder bei anderen Geistigen Wesen.) Auch wenn der Unterschied zu SCN nicht sofort erkennbar ist, aber diese Methode unterscheidet sich GRUNDLEGEND von SCN und ist wirklich und nachhaltig eine Hilfe. Danke es war eine Sternenstunde."

– E. O., Deutschland

Effektives Lernen & Verstehen / Kurs

„Ich habe erkannt, dass es um Verstehen an sich geht, die Essenz des wirklichen Wahrnehmens! Mit dieser Studiertechnologie habe ich ein Werkzeug erlernt, dies tun zu können.

Mein persönlicher Gewinn und das Resultat daraus ist, mir über meine benutzten Worte klar zu sein und deren gesamte Bedeutung zu kennen und zwar in den unterschiedlichsten Zusammenhängen. Ich habe mir darüber Sicherheit verschafft, den richtigen Ausdruck für meine Vorstellung zu wählen, ob ich nun rede oder schreibe – ich kann mich mitteilen!"

– P. D., Deutschland

Bewusstseinserforschungs-Kurs

„Ich empfand den MGT Bewusstseinserforschungs-Kurs als fantastisch, es gab solch ein gutes Fundament im Bewusstsein selbst – es hat tatsächlich mein Verständnis über das Leben erweitert. Auch verstand ich endgültig die wahre Bedeutung von Meditation und wie man meditiert. Es ist so unglaublich entspannend und angenehm – es macht einen glücklich! Tatsächlich zu lernen mich selbst in Sitzung zu nehmen, war ein großer Gewinn für mich, da ich das nun für den Rest meines Lebens kann, um jegliche Situation zu bewältigen. Ich erhielt Imaginationsprozessing von Caspar und es war das beste Prozessing, das ich jemals bekommen habe! Ich habe so viel davon gelernt :)

Claudia war ein fantastischer Kursleiter für den gesamten Kurs. Danke Claudia, Caspar & Magdalena! Meine allerbesten Wünsche"

– J. W. R., Großbritannien

„Ich erfuhr einige technische Erklärungen, die mir zu einem besseren Verständnis über Bewusstseinstechnologie verhalfen. Während dieser Ausbildung studierte ich einige sehr schöne Zitate & Aussagen über Bewusstsein (Philosophie), diese sind überaus interessant für mich.

Es ist ein angemessen weitgehender & umfassender Kurs über Philosophie und Technologie des Bewusstseins. Es war mir ein Vergnügen mit meinem Studierpartner und dem Supervisor über die verschiedenen Konzepte zu diskutieren.“

– S. B., Großbritannien

Persönliche Harmonie **(1. Bewusstseinserforschungs-Route)**

„Selbstbestimmt als 1 Domäne zu sein, bedeutet für mich, so sehr im Jetzt angekommen zu sein und dadurch die volle Gewissheit darüber zu erlangen, dass nichts, wirklich nichts – außer dem was man im jetzt erschafft – existiert. Es bedeutet volle Kontrolle über sein Denken zu haben. Nicht mehr dem Strom von Gedanken ausgesetzt zu sein, sondern selbst aus dem Strom von Möglichkeiten genau diejenigen auszuwählen, die man denken und erleben möchte. Und natürlich auch in seinem Dasein als 1 Domäne genau das zu erleben, was man erleben möchte – und zwar genau nur das, ohne unerfreuliche Konsequenzen und auch ohne Kompromisse einzugehen. Das höchste Erleben, was man aus einem menschlichen Gesichtspunkt erleben kann. Und die Reise geht weiter – denn jetzt wird's erst richtig spannend!“

– S. S., Türkei

„Ich erinnere mich, C. R., dass du vorgeschlagen hattest, dass ich bezüglich `Prozessing funktioniert nicht an mir´ etwas tun und dies laufen sollte. Dann hab ich mir die Zeit dazu genommen und Gott sei Dank habe ich es gemacht. Ich habe jetzt große Gewinne, große Hoffnungen und das Gefühl von Freiheit, von totaler Freiheit. Vielen Dank und ich hoffe, bald mehr Sitzungen mit euch zu machen.“

– M. G., Kroatien

„Das Schöne an Selbstbestimmt auf der ersten Domäne zu sein, ist die Kraft, Dynamik und Kreativität, die ich erfahre. Ich kann die Fülle all meiner Erfahrungen fühlen. Fülle bedeutet für mich die unterschiedlichen Perspektiven jeder Erfahrung wahrnehmen zu können und den Handlungsspielraum, der immer vorhanden ist, zu leben. Das Opfer ist `Schnee von gestern´ :)"

– M. A., Österreich

Coaching zur Persönliche Integrität und Lebensziele & Planung

„Durch das Absolvieren dieses Kurses gewann ich einen neuen Zugang, ein neues Werkzeug zur Kreation des Lebens. Ich verstand, dass Abwertung und ein darauffolgender Integritätsbruch am Beginn jedes Erlebens steht, das nicht im Einklang mit der eigenen Wahrheit kreiert wird.

Lösung: Sei du selbst, handle als du selbst, behalte die FN über dich selbst – sei einfach jetzt, entscheide jetzt > sei Ursache über Energie, Raum und Zeit."

– C. M., Österreich

„Ich kann völlig aus Null starten. Wenn ich die Idee hatte, da war etwas in der Vergangenheit, dann bin ich mir jetzt gewiss, dass ich es in der Gegenwart erschaffe. Was die Planung anbelangt, habe die Erkenntnis, dass alle Punkte, welche ich aufgeschrieben habe, aus der Unendlichkeit heraus kreiert werden. Ich muss nicht die Idee haben, als erste Domäne mühevoll und zeitaufwendig etwas aufzubauen. Ich erschaffe als Unendlichkeit auf meinen Impulsen. Darum kann ich auch das langfristige Ziel erreichen, weil mir unendlich viele Möglichkeiten und Ressourcen zur Verfügung stehen."

– V. S., Österreich

Das Transzendieren des Selbst (2. Bewusstseinserforschungs-Route)

„Es ist mir wieder bewusst geworden, dass ich fähig bin, mir vorzustellen. Die Fähigkeit `rehabilitiert´, sich vorzustellen, zu kreieren. …Und auch die Unendlichkeit ist nur eine Vorstellung, eine Kreation. Realität kreiert man durch Kommunikation (im Spiel) – Kreation aus dem eigenen Universum ins physikalische Universum bringen.

Kommunikation! Wundervoll – voll Wunder! Voll Kreation!"

– M. M., Österreich

(Diese Ergebniszusammenfassung wurde nach ein paar Monaten an Sitzungen und Solo-Sitzungen geschrieben, die Teil der Route *Das Transzendieren des Selbst* waren.)

„Verbessertes Verstehen dessen, was Unendlichkeit ist, es ist etwas ohne Grenzen, schreitet weiter voran; ich bin alles, ich bin alles, ich bin eine Art Kraft, fähig dazu, alles (positiv wie negativ) zu tun, aber bin nicht materiell. Was sich veränderte hat, ist, dass ich, ich meine ich, wirklich in Sitzung war. Wenn ich keine Vorstellung in meinem Mind erschaffen kann, wie kann ich dann erwarten, dass es jemals passieren wird?

Ich war in einer Art Gedanke festgefahren, dass ich etwas bin … wie ich, ein menschliches Wesen … das nach den Regeln der Religion usw. leben müsse. Dieses Netz an Gedanken beginnt auseinanderzubrechen!! Ein Gedanke kann daher ein Wesen für eine kurze oder auch lange Zeit insofern festhalten, ein Frosch oder ein Mensch oder nichts etc. zu sein. Den Imaginationsprozess verwendest du, um aus diesem Gedankennetz auszubrechen. Es ist einfach ein Traum, der immer noch weitergeht."

– S. N., Curaçao

„Endlich kann ich ohne Zweifel sagen, dass ich diesen Weg gegangen bin. Alle Spuren von Zweifel, die ich noch über meine wahre Identität hatte, sind verflogen, um niemals zurück zu kehren. Jeder von uns, der diesen Weg vollständig gegangen ist, weiß wie schwierig es ist, diesen erreichten Zustand zu beschreiben und dabei zu wissen, dass die wirkliche Reise erst begonnen hat!! Wow! Es sollte hier der Hinweis genügen, dass die Sicht aus der Perspektive dieser Stufe wahrlich unglaublich ist. Den Drang andere oder dich selbst zu verurteilen gibt es nicht mehr – dieser innere Friede, die Freude und Zuversicht ist so unglaublich!

Meine Reise hat mehr als 30 Jahre gedauert und hatte viele Umwege und Sackgassen, aber letztlich bin ich am Ende dieses Abschnittes angekommen und freue mich auf die nächste Bewusstseinserforschungs Route.“

– C. B., Kanada

Das Integrieren der Selbst **(3. Bewusstseinserforschungs-Route)**

„So ich habe es geschafft! :) Wow, was für eine Reise! Ich danke dir Claudia so sehr für deine Unterstützung und Begleitung auf dieser Reise!

Sie war teilweise hart, schwierig und fühlte sich an, als wäre sie unüberwindbar und da steh ich jetzt mit einem dicken Smile über meine ganze Erscheinung. Ich fühl mich ganz. Ich bin ich. Drei kleine Worte, die mich zwischendurch ins Schwanken gebracht und irritiert haben! Aber jetzt kann ich das wahrlich mit Gewissheit und Tränen der Glückseligkeit in meinem Inneren sagen – Ich bin Ich! DANKE!!!

In der letzten Sitzung heute – nach etlichen Stunden über 3 Jahre verteilt – an zuerst Schwierigkeiten, Tränen, Schmerz, Monstern und am Ende an Glückseligkeit, Freude, Liebe, Sein und vielen anderen Erkenntnissen und wiedergewonnenen Fähigkeiten wie zu lieben, habe ich ein so grundlegendes Missverständnis aufgelöst! Ich dachte Geistiges Wesen (GW) ist ein Ghost, ein semi-festes, aber eine doch körperliche, herumfliegende Seele, die ich – wie ich vor einigen Tagen zur Erkenntnis gekommen bin – nicht bin. Ich kann eben nur der Körper sein! Ich bin nicht ein Geist, der einen Körper übernimmt... ich kann mich als Geist erschaffen, aber genauso eben als Körper... das ist die gleiche Ebene! Ja das stimmt auch, ABER ein GW – Ich, damit ist eben nicht dieser Geist gemeint! Ein GW ist die Einheit an Bewusstsein... das ist man! Das bin ich. Ich hatte also mich not-issed, weshalb ich dann jegliches Unwohlsein, Betroffenheit, Protest oder anderes körperlich manifestiert und empfunden habe. Aber nein! Nicht mehr, ich muss es nicht körperlich machen damit ich es erlebe, Ich bin der Körper, ja, aber ich BIN nicht nur das, das ist nur die `feste Erscheinung´, Manifestation. Ich bin Ich, ich bin eine Einheit von Bewusstsein, die sich auf geistiger Ebene mit Schwierigkeiten und Schönheit befassen kann! Ich bin, ich liebe, ich lebe, ich erlebe!

Was nun zur der Definition des Endphänomens (EP) der Integrieren der Selbst Route zusagen ist, ja das stimmt natürlich, aber es ist bereits auf der Ebene der Kreation, da reden wir von Kräften mit- oder gegeneinander, aber das ist nicht der Zustand, in dem ich mich jetzt befinde. Das EP ist eine viel mehr darüber liegende Ebene, in der man durch zielgerichtete Absicht etwas kreiert, das dann gleich oder gegeneinander gerichtet sein kann. Das EP ist Einheit des Bewusstseins zu sein, dich (wieder) auf dieser Ebene zu befinden. Wenn du was startest, veränderst und stoppst, liegt das auf dieser Ebene und hat Auswirkungen dann auf der Eben der Kreationen!

There you are – there you go :)

Die Bereitschaft und Fähigkeit zu starten, zu verändern und zu stoppen, seien die Kräfte entgegengesetzt oder nicht. ...nein einfach nur... seien sie!

In vollkommener Liebe und Ganzheit der Unendlichkeit
– Ich“

– M. M., Österreich

„Ich bin noch nicht einmal mit dem zweiten Abschnitt dieser Route fertig, aber habe bereits so viele Gewinne und Erlebnisse von Veränderungen, dass es Stunden brauchen würde, sie alle aufzuschreiben. Bis zu einem gewissen Punkt zeichnete ich sie alle auf, dies habe ich jedoch irgendwann aufgegeben, da es einfach zu viele wurden. Eine jedoch sollte eine besondere Erwähnung erhalten, da sie eine völlige Veränderung des Gesichtspunktes herbeiführte. Eines Tages in Sitzung fühlte ich mich total `wieder-verbunden/reconnected´. Ich konnte den Puls des Lebens fühlen. Es war als ob ich mich selbst an die Kraftquelle, die durch das Universum fließt, angeschlossen hätte. Ich war nicht ein Teil des Lebens, ich war das Leben. Ich BIN das Leben. Mit dieser Erkenntnis kamen neue Fähigkeiten. Jetzt kann ich das Leben mit all seinen verschiedenen Aspekten wahrnehmen, vom Mikroskopischen zum Makroskopischen.

Diese Bewusstseinsroute hat Zeit und Raum aufgehoben. Ich kann überall mit dem winzigsten Funken des Lebens kommunizieren, ihn verstehen und auflösen. Es gibt kein `sie´ [plural] getrennt vom `ich´ mehr. Es gibt nur LEBEN.

Ich hatte viele Gelegenheiten, die Macht dieses neuen Gesichtspunktes in seinen zahlreichen, sichtbaren Auswirkungen – in dem, was wir `reales Leben´ nennen – zu erleben.

Ich dachte, dies ist wichtig genug, um es mit euch allen zu teilen und es ist unnötig zu erwähnen, dass ich begierig bin, die verbleibenden Teile dieser Bewusstseinserforschungs-Route zu entdecken.

Mit all meiner Liebe"

– J. R., Frankreich

Die Lösung des Selbst (4. Bewusstseinserforschungs-Route)

„Es war eine fabelhafte Reise, die nicht wirklich mit Worten zu beschreiben ist, bis auf das: Ich bin da, bin angekommen, ich bin Selbst.

Ich habe mich für das größte Wohl entlang aller Lebensimpulse bereits entschieden: Mit der Kreation, dass ich sie es selbst tun lasse … gemäß ihrer Selbstbestimmung, auf der jeweiligen Basis des Bewusstseins. Ich anerkenne sie in ihrem Sein, obwohl ich weiß, dass es Jetzt-Vorstellung aus Unendlichkeit ist.

Es ist alles gut, es ist kein Widerspruch… und genau aus diesem Grund die volle Verantwortung / volles Bewusstsein als jeder Daseinsimpuls, wähle ich dieses Spiel. Ich will, dass sie es erleben – ihr eigenes Sein beschließen und bestätigen. Ich muss sie nicht mehr zwingen, da ich in Selbst / Zero / in mich vertraue. Ich ist Nichts / ist jetzt / ist Alles. Es ist kein Sein / keine Festlegung, ist kein Impuls / keine Bewegung. Ich ist das

Potential zu sein mit der Fähigkeit zu kreieren / wahrzunehmen / zu erleben als.

Jeder Impuls (Drang, Antrieb) ist bewusste Kreation – keine Frage (no doubt)… ist Beschluss im Jetzt, jede Vorstellung von `es dann zu sein' ist Spiel und nicht Wahrheit. Ich hebe alles Erleben auf Zero…: Alles startet / ist / wird erlebt / und nicht mehr kreiert aus dem absoluten Nichts, im absoluten Jetzt.

Rehabilitierte Fähigkeit: Ich kann im Jetzt völlig neu erschaffen – unendliche Fähigkeit im Jetzt, Bewusstsein des unendlichen Potentials.

Erstaunlicherweise bleibt am Ende `Nichts' – ich will sagen ich bin dieses Nichts – Sein ohne Identifizierung, ohne Festlegung, ohne Denken in der Unendlichkeit der unendlichen Möglichkeiten in jedem unendlichem Jetzt. Sein ohne Etwas zu sein und somit die erlebte Fähigkeit alles – und ich meine buchstäblich alles – kreieren zu können.

In Liebe und Anerkennung für diese großartige Kreation."

– C. M., Österreich

„Ich musste weder herausfinden, wer ich bin, noch hatte ich irgendetwas zu handhaben. Diese spezielle Route ist ein Luxus, auf den ich um alles in der Welt nicht verzichten würde. Es ist insofern ein Luxus, dass sie nur von denen, die es sich leisten können, effektiv gemacht werden kann. Sie kann nur von einem Wesen gemacht werden, das sich bereits in einer super Verfassung befindet.

Sobald du bequem im Himmel angelangt bist und es nichts gibt, das irgendwie irgendwo falsch ist und was dich aus der Fassung bringt, dann könntest du dich sicher genug fühlen, einfach mal so zum Spaß einen kurzen Blick in die Hölle zu werfen.

Nachdem man spirituelle Technologie bis zum Äußersten angewandt hat, mag man das obere Ende von Ursächlichkeit und Effektivität erreicht haben. Aber was ist mit den niedrigeren Ebenen, dem Verbotenen, den trostlosen Bereichen der Existenz über schiere Kriminalität und Leiden hinausgehend, bei denen sogar eine Pflanze zu weinen beginnen würde?

Kannst du diese Bereiche der Existenz berühren und immer noch deine FN erhalten?

Nun, du ahnst es. Totaler Konfront (oder die Bereitschaft, allem Vorstellbaren ins Auge zu sehen), nicht mehr und nicht weniger – das ist es, was es bedeutet. Ich dachte, ich hätte schon alles gesehen, bis mir diese Route Aspekte der Existenz zeigte, von denen ich nicht im Traum gedacht hätte, dass sie existieren.

Es gibt nicht nur einen Weg zur Wahrheit, wie einige Religionen dich glauben lassen wollen. Es gibt viele. Ich habe das viele Male sagen gehört, aber jetzt, wo ich einen dieser Wege bis zu seinem absoluten Ende gegangen bin, verstehe ich dies sehr gut. Es ist nicht der Weg, der zählt, sondern, dass man ihn bis zum Ende geht! Sitzungen, Meditationen, Beratung, Therapie, all dies dient zu größerem oder kleinerem Grad dazu, die Wucht abzuschwächen, schrittweise damit klarzukommen und die Realität zu verstehen, wie sie – von EINEM – geschaffen wurde.

Was alle diejenigen, die wertvoll sind oder die Hilfe leisten, gemeinsam haben, ist die Befähigung, dich dazu zu bringen zu beobachten, bewusst über etwas zu werden oder dem Offensichtlichen entgegenzutreten. Das ist es, was ich nur immer wieder sagen kann, jetzt, wo ich das Ende des Weges erreicht habe. Es ist so offensichtlich! Es gibt keine Fragen mehr. Ich fand heraus sein UND nicht sein ist die Antwort. Meine Freunde, ich hab's geschafft und diese Reise ist zu Ende und ist für immer erledigt.

Man könnte es Erleuchtung oder Desillusionierung nennen. Wir nennen es `die Lösung des Selbst´. Man könnte auch sagen, dass ich einen vollständigen und erfolgreichen NEUSTART gemacht habe. Und nun spiele ich wieder mit Elan.“

– C. R., Niederlande

NB: Einige dieser Zeugnisse stammen aus der Zeit, als wir mit einer früheren Technologie gearbeitet haben, die Spiritologie genannt wurde. Diese Kurse waren in Manchem ähnlich und waren anders benannt.

TEIL IV

INTEGRATION IM LEBEN

In diesem Teil werden wir sehen, wie ein erhöhtes Bewusstsein sich im Leben zeigen würde. Wir stellen die Konzepte von integralem Sein und integralem Denken vor.

Im Kapitel 15 befassen wir uns mit der Rolle von Ehrlichkeit und Integrität in jedem Tun. Die Kapitel 16 und 17 behandeln Management-Konzepte, die nicht lediglich auf die Bedeutung des Wortes im wirtschaftlichen Sinn begrenzt sind, sondern den Begriff auf das bewusste Steuern jedes Projekts oder jeder Gruppenaktivität ausweiten.

Im letzten Kapitel werden wir uns anschauen, wie eine Gesellschaft aussehen könnte, wenn die gesamte Bewusstseinstechnologie Anwendung fände.

14. Integrales Sein

Sich der Gesamtheit dessen, wovon wir ein Teil sind, bewusst zu werden, mag die Antwort auf viele Probleme der Menschheit sein. Dieses Thema, das wir Integration, integrale Bewusstheit oder integrales Sein[1] nennen, ist, was wir in diesem letzten Buchabschnitt untersuchen werden. Man wird merken, dass Integration viel damit zu tun hat, einen Sinn im Leben zu finden oder zu definieren.

In *Das Leiden am sinnlosen Leben* schreibt Viktor E. Frankl: *„Jeder Tag, jede Stunde wartet also mit einem neuen Sinn auf, und auf jeden Menschen wartet ein anderer Sinn. Daher ist nicht der Sinn des Lebens im Allgemeinen ausschlaggebend, sondern eher die konkrete Bedeutung des Lebens eines Menschen während einem bestimmten Augenblick.“*

Wenn dem so ist, dann könnte man die Frage neu formulieren, nämlich: Was ist die Funktion, die ich habe oder im Gesamten erfüllen könnte, gerade jetzt, als Teil des Ganzen? Und lassen Sie uns das natürlich auch aus dem Gesichtspunkt der Gesamtheit anschauen. Die Frage nach dem Sinn des Lebens für ein Individuum wird in einem späteren Kapitel noch tiefgehender angesprochen.

Die Beziehung des Menschen als Teil eines größeren Komplexes, des Ganzen ist nicht das Gleiche wie die Beziehung eines Maschinenteils wie z.B. eines Zahnrades zur gesamten Maschine. Das spezifische Zahnrad hat eine Funktion oder einen Zweck, der vollständig definiert ist. Der wichtigste Unterschied ist, dass der Mensch Freiheit oder Willensfreiheit und Selbstbestimmung besitzt. Jedoch

---

1 Auch bekannt als transzendentes, kosmisches Bewusstsein oder sogar Bewusstsein des Einsseins. Es ist das, wohin die vielen Wege führen sollten.

ist der Mensch ein Teil seiner Umwelt und somit limitiert und konditioniert.

Integrales Sein definieren wir hier als den Wesenszustand von jemandem, der innere und äußere Harmonie erlangt hat. Dies bedeutet, dass man integriert und Teil des Ganzen auf harmonische Weise und kein zwecklos hervorstechender, eigensinniger oder widerspenstiger Teil ist oder ständig für Konflikte sorgt.

Tatsächlich sollten wir es als einen Prozess definieren, denn es einen Zustand zu nennen, beinhaltet die Vorstellung, dass man sich nicht mehr darum kümmern müsste, sobald man ihn einmal erreicht hat. Dies ist weit von der Wahrheit entfernt. Integrales Sein ist ein Prozess, fortwährend die Harmonie herzustellen oder die Balance zu finden. Es ist kein feststehender Zustand, den man einmal erreicht und das war's dann. Manchmal bedarf es eines Kampfes, den eigenen Status wiederzuerlangen, zu überleben oder die Balance zurückzugewinnen. Dies ist deshalb so, weil neue kreative Taten wieder neue Abenteuer kreieren und den Zustand aus der Balance bringen.

Es ist wie mit dem Glücklichsein; es gibt keinen automatischen Zustand des ewigen Glücklichseins. Es ist mehr ein Prozess, Herausforderungen zu überwinden und das Leben jeden Moment neu kreativ zu leben und dabei stets nach mehr Qualität für sich selbst und andere zu streben. Wenn andere um einen herum unglücklich sind, wirkt sich das wiederum auf einen selbst aus. Daher würde es Sinn ergeben, sich darum zu kümmern.

Nehmen Sie beispielsweise ein Kind in der Schule, das nicht dort sein möchte. Alles Mögliche wird passieren! Aufsässigkeit, Raufereien mit anderen Kindern oder, das hängt von der Einstellung des Kindes ab, Krankheit. Menschen, die keine Arbeit finden können, den Arbeitslosen, geht es oft miserabel. Sie schaffen es nicht oder es wird ihnen nicht erlaubt, sich reibungslos in die Gesellschaft zu integrieren.

Was eine Person integral werden lässt oder integriert sein lässt, ist ihr Bewusstsein des Ganzen, von dem sie ein Teil ist. Die Person, die sich über die gesamte Gesellschaft bewusst ist und wie diese funktioniert, hadert nicht ständig mit ihrer Umgebung.

Zur heutigen Zeit wird eine bewusste Person sich der Tatsache gewahr sein, dass viele andere Individuen ihre Bewusstheit auf ihre eigene Person und ihre unmittelbare Umgebung, einschließlich des Fernsehens und der sozialen Medien, konzentriert hat, jedoch andere Teile der Gesellschaft ausschließt. Zu einer solchen Kategorie gehören Menschen, die einfach nicht an Politik interessiert sind. Oder Menschen, die nur an einer einzigen politischen Partei interessiert sind.

Lassen Sie mich darauf hinweisen, dass integrales Sein kein sehr üblicher Wesenszustand in unsere Gesellschaft im Allgemeinen ist. Die Systeme des Rechts, der Politik und der Wirtschaft, unter denen wir leben, ermutigen nicht zum Handeln zum Wohle aller. Unsere Ökonomie basiert auf Knappheit, dem Überleben des Stärkeren und dem Wettkampf um jeden Preis. Politik ist beinahe ein Synonym für Machtmissbrauch, Korruption und Verschwendung. Weitgehend sind die Zustände auf dem Planeten Erde nicht die von Frieden und Ruhe noch von Ehrlichkeit, Sicherheit, Geborgenheit und Vertrauen. Regierungen begünstigen absichtlich oder unabsichtlich Terrorismus und Angst, um die Bevölkerung kontrollieren zu können.

Der untenstehende Artikel ist ein typisches Beispiel einer Mentalität, die man oft bei Investoren und Analytikern findet und auch bei denen, die Geld an der Börse machen oder im Wertpapierhandel spekulieren (Forex) sowie bei Bänkern.

Ich zitiere den gesamten Artikel, da er das genaue Gegenteil von integralem Sein darlegt; siehe den zitierten Artikel in den folgenden Kästchen...[2]

Überwachung durch die Regierung:

Eine größere Bedrohung als Terrorismus

VERMÖGENSABSICHERUNG, 13. Januar 2015

Der Mann saß auf dem Boden, merkwürdig in die Ecke seines Apartments gedrückt, seine Knie unter sein Kinn gezogen. Das schwache Licht, das durch das schmutzige Fenster durchdrang, beleuchtete nur wenig das Buch, das er auf seinen Knien balancierte. Ab und zu beugte er sich näher zum Buch, um die Worte zu sehen als er seine Gedanken mit einem stumpfen Bleistift hinkritzelte. Dies war die einzige Möglichkeit, wie er sich selbst ausdrücken konnte, ohne dem prüfenden Blick der staatlichen Überwachung ausgesetzt zu sein, die danach strebte jeden seiner Gedanken und jede Handlung zu wissen und aufzuzeichnen. Sie mögen diese Szene wiedererkennen – eine der fesselndsten Szenen von George Orwell's dystopischem Fiction-Klassiker `1984´. Winston Smith brach das Gesetz, dadurch dass er in seinem Apartment, außerhalb der Reichweite des `Telesvisors´, nach Privatsphäre suchte. Es ist eine Ironie des Schicksals, die Orwell zweifellos eine makabre Genugtuung für seine Vorhersage geben würde, dass Briten heute verfolgt und strafrechtlich belangt werden aufgrund eines vom Parlament verabschiedeten Gesetzes, das dazu gedacht ist, Terrorismus Einhalt zu gebieten … verfolgt dafür, wenn sie versäumt haben, die Gebühr für das Fernsehen in ihren eigenen Wohnungen zu bezahlen.

Big Brother is Watching You

Orwell schrieb kurz nach der Erfindung des Fernsehgeräts, von welchem er sich vorstellte, dass es sich in ein alles-sehendes Zwei-Weg-Überwachungs- und Propagandagerät – den Televisor – entwickeln würde. Es setzte die Fernsehenden konstanter einschüchternder Forderung nach Gehorsam aus und berichtete jeden ihrer Schritte an Big Brother, den

2 Der Artikel online [2018-08-03]: http://thesovereigninvestor.com/asset-protection/government-surveillance-greater-threat-than-terrorism/

Avatar des allsehenden Überwachungsstaats. Die Tatsache, dass die Novelle in einem künftigen (und fiktiven) England spielt, verstärkt nur die Ironie der kürzlichen Offenlegungen im Vereinigten Königreich. Die Regierung von Tory Premier-Minister David Cameron hatte Überwachungsinstrumente, die für den „Kampf gegen den Terrorismus" gedacht waren, verwendet, um Briten aufzuspüren, die nicht ihre verhasste Fernsehgebühr, eine 145,50 £ (ca. 170 €) jährliche Steuer bezahlten, die für jeden Haushalt im Land erhoben wurde, der ein Fernsehgerät hatte.
Die Regierung seiner Majestät nimmt diese verhasste kleine Steuer offensichtlich sehr ernst, so sehr, dass das BBC die 'Regulation of Investigatore Powers Act (RIPA)' verwendet – die dazu gedacht ist, Terroristen und Internet-Kriminelle zu fassen – um diejenigen aufzuspüren, die sich um diese Gebühr drücken.
Ungefähr 200.000 Personen wurden strafrechtlich verfolgt, weil sie zwischen 2012 und 2013 keine TV-Lizenz gekauft hatten. Mehr als 50 davon wurden ins Gefängnis gesteckt und viele andere erhielten Strafen in einer Höhe von bis zu 1.150 € und einen Eintrag im Strafregister. Wir können annehmen, dass keiner von ihnen ein Terrorist war – sondern gewöhnliche Staatsbürger, die dumme Steuern nicht mochten.

Freiheit ist Sklaverei

Orwell schrieb mit einer außergewöhnlichen Wahrnehmung und Klarheit und machte dabei die Methoden zu seinem zentralen Thema, mit welchen Regierungsbemühungen unvermeidbar gegen die Bürger gerichtet werden, denen sie ursprünglich dienen sollten. Jede Richtlinie, jedes Programm oder jede Technik, die entwickelt wurde, um „unsere Freiheiten zu schützen", wird verwendet, um das Gegenteil zu erreichen.
Orwell würde diese absurde Idee der Situation der westlichen Länder erkennen, wenn er die kürzlichen Gräuel in Paris, die die Satire-Zeitung Charlie Hebdo zum Angriffsziel hatte, verfolgte. Als Antwort auf diese Terror-Attacken hatte David Cameron faktisch einen Krieg gegen Verschlüsselung begonnen, da er private Kommunikation als eine zu große Bedrohung erachtete, als dass man sie weiter zulassen könnte, da es die Regierung daran hindert, potentielle Terroristen nachzuverfolgen und zu überwachen.
Nach lauten Protestrufen nach `Redefreiheit' schnappen unsere Führer nach dem Terrorangriff auf ein Magazin kaum nach Luft, bevor sie sogar noch größere Überwachungskräfte fordern, als sie sie sowieso schon

haben – Kräfte, die, wie Winston Smith wusste, uns alle in selbst-zensierende Drohnen verwandeln, in Angst, irgendetwas zu sagen oder zu tun, das Big Brother nicht gefallen könnte.
Heute werden Anti-Terrorismus-Gesetze dazu genutzt, um Steuern für jede Kleinigkeit zu erzwingen. Wie werden sich die neuen Regeln und Kapazitäten, die sich unweigerlich aus der „Je suis Charlie"-Hysterie in Paris herausbilden, abzeichnen? Wir können uns vorstellen, wie Orwell es sicher getan hätte, dass das Endresultat das Gegenteil der besagten Absicht sei. Freiheit wird in der Tat zu Sklaverei werden.

„Sie sind auf sich alleine gestellt"

Je mehr ich über persönliche und finanzielle Privatsphäre forsche und schreibe, umso mehr komme ich instinktiv zu diesem Satz. In einer Welt, in der die Regierung der Hauptgegner ist, wird niemand außer uns selbst unser Bedürfnis nach souveräner Unabhängigkeit der Gedanken und Handlungen stillen. Es liegt wirklich an uns.
Jedes Stückchen Information über uns dort draußen in der Cloud – die Details über unser Leben und unsere Finanzen, Erfolge und Niederlagen, Pläne und Träume – ist ein Angriffsziel. Wenn andererseits gesetzestreue Briten dank der Überwachungskräfte im Namen der Terrorismusbekämpfung wegen einer kleinen Steuerangelegenheit ins Gefängnis wandern können, dann stellen Sie sich vor, was passieren kann und wird, wenn die Regierung beschließt, ihre Aufmerksamkeit auf Sie zu richten.
Deshalb müssen Sie jetzt mehr als je zuvor konkrete Schritte unternehmen, um ihre Privatsphäre zu schützen … nicht nur vor Gaunern, sondern vor dem größten Freiheitsgegner, den es gibt: der Regierung.
Indem Sie Verschlüsselungstechniken (solange sie erhältlich sind), sichere End-to-End-Kommunikationen und Identitätsverschleierung verwenden, können Sie ein(e) freie(r) und unabhängige(r) Mann oder Frau werden, weil Sie das Wissen, das über Sie verfügbar ist, kontrollieren.
Aber Sie müssen jetzt damit beginnen … bevor es zu spät ist.
Liebe Grüße,

Ted Baumann
Off-Shore und Vermögenssicherungs-Editor

Dies handelt von der Regierung, die versucht, Individuen bis ins kleinste Detail zu managen und zu kontrollieren. Eine bessere Idee wäre, wenn die Bevölkerung einige ihrer Mitglieder dazu autorisieren und delegieren würde, Beschützeraufgaben zu übernehmen. Diese wenige Leute würden dann hauptsächlich der Gemeinschaft dienen, jede exzessive Selbstbestimmung ihres Volkes (Selbstbestimmung, die für andere schädlich wäre) zu regeln oder zu drosseln und dabei die Sicherheit und den Schutz aller garantieren. Das Ideal könnte jedoch niemals erreicht werden.

Der zitierte Artikel zeigt zwei Dinge: Eines ist die gegenwärtige und tatsächliche Expansion der staatlichen Überwachung und Kontrolle in mehr und mehr in die Privatsphäre eingreifend. Aber es gibt noch einen anderen Aspekt, der aus den letzten fünf Absätzen oberhalb der Unterschrift deutlich wird: Dort lesen wir einen Appell, frei und unabhängig zu werden, aber heimtückischer ist die tatsächliche Behauptung, dass Sie auf sich selbst gestellt seien.

Dies zeigt, dass die soziale Dynamik, soweit es das ganze Land anbelangt, in diesen Bereichen ein niedriges Verantwortungsniveau erreicht hat. Bemerken Sie das Fehlen jedes Tipps oder jeder Hoffnung auf eine Lösung im Sinne eines kooperativen Bemühens, eine bessere Welt, oder aktiv und ursächlich bessere Lebensbedingungen zu schaffen.

Integrales Denken

Was wir brauchen, ist integrales Denken. Integrales Denken ist das bewusste Bemühen, Informationen in einen akkuraten Kontext zu bringen, indem man logisch und aufrichtig alles relevante Wissen verbindet.

Jedes gültige und machtvolle Wissen ist kontextbezogen. Die, die den Krieg gewannen, schreiben dessen Geschichte.

Das zu wissen bedeutet, dass man den richtigen Kontext hat, z.B., um die Geschichte des I. und II. Weltkriegs zu bewerten. Wirkliche Intelligenz benutzt integrales Denken, um den größtmöglichen Bereich kontextbezogenen Wissens einzufangen.

Ein großartiges Beispiel dieser Art des Denkens war Buckminster Fuller, der großartige Architekt und Visionär, der die Idee des Raumschiffs Erde und der Synergie populär machte. *„Sie sind auf sich alleine gestellt“*, ist ein Beispiel von nicht-integralem, altmodischem Denken.

Wahrheit und Integration

Wenn Wahrheit das ist, was ist oder was genau mit dem, was ist, korrespondiert, dann müssen wir definieren, was ist. Das, was *ist*, oder die Realität verändert sich ständig. Es kann durch direkte Erfahrung begriffen werden, oder anders ausgedrückt, durch Bewusstsein selbst. Unsere Erfahrung ist persönlich und unmittelbar und es gibt keine Wahrheit, die elementarer oder primärer ist als die, die in unserer Erfahrung enthalten ist. Unsere Erfahrung beinhaltet ebenfalls die Wahrnehmung von und die Kommunikation mit anderen.

> *„Ein menschliches Wesen ist Teil eines Ganzen, das von uns das 'Universum' genannt wird, ein Teil, der in Zeit und Raum begrenzt ist. Er erfährt sich selbst, seine Gedanken und seine Gefühle als etwas, das vom Rest abegetrennt ist – eine Art optischer Illusion seines Bewusstseins. Diese Täuschung ist eine Art Gefängnis für uns, das uns auf unsere persönlichen Wünsche und Zuneigung für ein paar wenige uns nahestehende Personen begrenzt. Unsere Aufgabe muss sein, uns aus diesem Gefängnis zu befreien, indem wir unser Mitgefühl auf alle Kreaturen ausdehnen und die ganze Natur in ihrer Schönheit umarmen.“* – Albert Einstein

Je mehr wir andere und die Umgebung wahrnehmen und mit ihnen/ihr kommunizieren, umso mehr erweitern wir unser Bewusstsein. Je weiter unser Informationsspektrum und Verstehen ist, umso größer wird die potentielle Integration sein.

Es wird immer eine individuelle Wahl des Bewusstseins bleiben, ob man Bewusstheit ausweitet oder begrenzt. Wenn Konsens Realität ein Teil einer Kultur ist, wird diese auch die individuelle Bewusstheit anheben, direkt einhergehend mit einem allgemeinen Bewusstseinsanstieg.

Persönliches und primäres, direktes Erleben ist die Wahrheit, mit der wir arbeiten müssen, die blanke Wahrheit, wie sie ist. Nicht interpretiert nach Theorien, seien sie von Freud oder anderen, sondern das reine Erleben. Das ist die einzige Sache, die ultimativ als wahr qualifizieren kann.

Dies ist der Schlüssel zur Bewusstseinstechnologie und besonders zur Auflösung persönlicher Probleme und Bewusstseinszuständen. Dies hat auch mit Ehrlichkeit zu tun.

Ein weiterer Aspekt, der integriert werden muss, ist die Wahrhaftigkeit des Handelns. Handlungen finden über eine Zeit hinweg statt und haben Konsequenzen. Was wäre, wenn es Regeln geben würde, anhand derer man die Konsequenzen des Handelns vorhersagen könnte?

Lassen Sie uns nun einen Blick darauf werfen, was Ethik mit alledem zu tun hat...

15. Ehrlichkeit, Integrität & Ethik

Ethik wird oft auf ein Sortiment von Moralregeln degradiert, wie z.B., dass man dem Gesetz oder mehr oder weniger willkürlichen Verhaltensregeln, die von Gruppen oder der Gesellschaft, in der man lebt, aufgestellt wurde, gehorchen müsse. Oft sind die Gründe für solche Regeln und Gesetze verloren gegangen und das Gesetz steht nun als etwas da, das scheinbar immanenten Respekt verdient.

Integrität ist die Essenz von allem Erfolgreichen – R. Buckminster Fuller

Es würde möglicherweise ziemlich anders aussehen, wenn Gesetzesmacher mit jedem Gesetz eine komplette Beschreibung des Zweckes der hinterfragten Gesetzesregel, ja sogar für jeden Artikel, herausgegeben hätten. Jetzt sind wir von einer Gruppe von Anwälten abhängig, dass sie uns das Recht interpretieren. Es gibt einen sehr elementaren Grund, warum es eine gute Idee ist, für jedes Gesetz zu erklären, was dessen Zweck ist.

Es gibt einen Rang oberhalb des Gesetzes, welcher de facto dem Gesetz übergeordnet ist, und das ist der Zweck. Mehr darüber im nächsten Kapitel.

Ein Beispiel wird illustrieren, wie dies funktioniert. In Deutschland besagt der erste Artikel des Grundgesetzes: *„Die menschliche Würde ist unantastbar. Sie zu achten und zu schützen ist Verpflichtung aller staatlichen Gewalt."* Und wie bereits in einem früheren Kapitel erwähnt, müssen in

Deutschland alle Gesetze mit dem Grundgesetz in Einklang sein.

Ein klar ausgedrückter Zweck würde es natürlich viel einfacher machen, das Gesetz zu interpretieren und anzuwenden. Die Gefahr dabei ist jedoch, dass es Anwälte um ihren gutbezahlten Job bringen würde. Lassen Sie uns darüber nachdenken, wie der Zweck vom Artikel 1 lauten könnte.

Er könnten dem Schutz der Menschwürde dienen, die aus Selbstbestimmung, freier Wahlmöglichkeit, Gedanken-, Entscheidungs- und Handlungsfreiheit besteht. Des Weiteren limitiert es die staatliche *'Autorität'* in der Art, dass sie niemals in die Entscheidungen eines freien Menschen eingreifen kann. Das hört sich großartig an, stimmt's?

Wenn dem so wäre und wenn das kein anderes Gesetz oder andere Regel dies außer Kraft setzen könnte, dann wird es offensichtlich, dass Dinge wie eine aufgezwungene Versicherung, aufgezwungene Mitgliedschaften bei der Handelskammer oder Besteuerungen nicht erlaubt wären. Dies ist in Deutschland in der Praxis jedoch nicht der Fall.

Lassen Sie es uns erneut versuchen. Der Zweck des von mir zitierten Grundgesetzes, könnte sein, eine Illusion von Freiheit und Sicherheit zu schaffen, damit das Volk glücklich bleibt.

Nun, Sie können sich ein Bild machen. Integrales Denken würde erfordern, die Gesetze mehr in einen Kontext zu setzen.

Persönliche Ethik

> *„Die Dinge, die es zu tun gilt, sind: Die Dinge, die Tun erfordern, die für dich erkennbar sind, dass sie getan werden müssen und die, von denen niemand anderes zu sehen scheint, dass sie zu tun sind.“* – R. Buckminster Fuller

Die Worte Ethik und Moral werden oftmals als Synonyme verwendet, was man der Tatsache zuschreiben kann, dass sie faktisch die gleiche Bedeutung haben, aber das Erste leitet sich aus dem Griechischen ab und Letzteres aus dem Lateinischen. Ethik stammt vom Griechieschen *ethos*, was bedeutet: „Gewohnheitsmäßiger Charakter und Veranlagung, moralische Eigenschaft, Gewohnheit, Sitte“. Moral vom Lateinischen *mos*, was „Gewohnheit, Sitte, Betragen“ bedeutet. Aber ob wir nun über Ethik oder Moral sprechen, wir reden über Prinzipien oder Regeln im Hinblick auf richtiges oder falschen Verhalten. Diese können in zwei Kategorien unterteilt werden. Eine wurde von außen von einem sozialen System und die andere von innen durch das Individuum auferlegt. Ersteres haben wir unter der Überschrift Gesetze behandelt, Letzteres werden wir auf persönliche Ethik beziehen.

Bei persönlicher Ethik haben wir Selbstbestimmung am Werke, da Ethik, im optimalen Sinne, rational ist. Man könnte sagen, dass ein Individuum in dem Maße erfolgreich und harmonisch mit seiner Umgebung und seinen Mitmenschen lebt, wie es einige richtungsgebenden Prinzipien zum eigenen Verhalten entwickelt hat.

Man kann Fortschritte machen, indem man hin und wieder sein eigenes Verhalten mit seinem persönlichen Ehrenkodex und seiner Zielsetzung abgleicht. Solch ein Kodex hätte mit den Entscheidungen in Bezug auf andere und die Umgebung zu tun; sie kann nicht von externen Autoritäten vorgeschrieben werden und ist daher absolut persönlich.

In der Bewusstseinserforschung begegnen wir verschiedenen Phänomenen, die mit unterschiedlichen Arten von Konflikten zu tun haben. Wenn wir für einen Moment einmal die Konflikte mit anderen und externen Autoritäten beiseite lassen, dann bleibt ein ganzes Feld an möglichen internen Konflikten bestehen. Ein Beispiel wird verdeutlichen, was damit gemeint ist: Lassen Sie uns sagen, ich hätte entschieden, im Kaffee und Tee keinen Zucker mehr zu nehmen. Ich täte das eine Weile lang sehr bewusst, dann würde zufällig die alte Gewohnheit zuschlagen und, begleitet von einigen vernünftigen Rechtfertigungen, würde ich Zucker in den Kaffee geben. Was von diesem Punkt an passieren könnte, wäre, dass die ursprüngliche Entscheidung irgendwie vergessen oder eine bewusste Überlegung dazu verleugnet wurde (von einem selbst natürlich). Konsequenzen mögen eine Irritation sein oder zumindest, ein Nicht-so-stolz-auf-sich-sein, oder ein Grad an Verlust der Selbstachtung. Fügen wir ein paar mehr interne Abmachungen hinzu, an die man sich nicht gehalten oder die man vergessen hat, und man mag sich über die eigene Macht der Entscheidung zumindest weniger optimistisch fühlen.

David Allen machte in seinem Buch *Wie ich die Dinge geregelt kriege: Selbstmanagement für den Alltag* interne Abmachungen zur Basis seines persönlichen Effizienz- und Organisationssystems. Er nannte es nicht persönliche Ethik, beschrieb jedoch verschiedene Strategien und Verfahren, um die Dinge, die man sich selbst versprochen hat, im Auge zu behalten. So hilfreich, wie solche Systeme sein mögen, sie sind niemals ein Ersatz für Selbstdisziplin, da dies die Zutat ist, die diese Herangehensweisen zum Funktionieren bringt.

Das führt uns zum nächsten Thema und das ist die Bewusstheit über Konsequenzen. Erhöhte Bewusstheit bedeutet eine erweiterte Sicht auf die Konsequenzen der eigenen Handlungen oder Unterlassungen für sich selbst oder andere. Das meinen wir, wenn wir von der Integration des Zeitfaktors sprechen. Das ist ziemlich einfach. Wenn ich weiterhin Berge von Zucker esse, könnte sich das in einem Jahr als super dicker Körper manisfestieren. Wenn wir Schulkindern nicht beibringen, wie das mit Geld in unserer Gesellschaft funktioniert, wer es kontrolliert, wo es herkommt und wie es verwendet wird, dann könnte diese Unterlassung ein oder zwei Jahrzehnte später darin resultieren, das einige junge Menschen sehr unkluge Entscheidungen zu diesem Thema treffen.

Einen Sinn im Leben haben

Es gibt noch einen weiteren Faktor, der wesentlich ist, damit jemand seine persönliche Integrität waren kann. Wenn jemand für sich selbst keine Zielsetzung etabliert hat, hat er keine Möglichkeit auszuwerten, wie er vorankommt. Leben besteht darin, einen Sinn oder ein Ziel zu haben und diesem zu folgen.

Aber was ist nun das eigene Ziel?

> "Der Sinn des Lebens ist es seine Gabe zu entdecken; die Arbeit des Lebens ist es, diese zu entwickeln; und die Bedeutung des Lebens ist es, diese Gabe herzugeben."
>
> David Viscott.

Fenster und Türen sind Teil eines größeren Ganzen – eines Gebäudes. Sie tragen beide in unterschiedlicher Weise zur Qualität des ganzen Hauses bei. Diese Funktionen sind gut definiert und ändern sich nicht oft. Individuelle menschliche Wesen sind Teil größerer Einheiten wie einer Familie und Gruppen und der Gesellschaft. Es gibt eine beachtliche Freiheit in Bezug darauf, wie sich ein menschliches Wesen im Kontext zu größeren Einheiten verhalten kann, aber es gibt immer noch den Faktor des Beitrags zum Gesamten. Dies ist immer der Fall.

Man mag sich fragen, wie das auf einen schwerkranken Patienten zutrifft. Wie kann solch eine Person beitragen? Da gibt es immer noch die Gegebenheit, dass diese Person einem anderen jemanden gibt, um den sich dieser kümmern kann. Sie verschafft einem Arzt oder einer Krankenschwester einen Job, einem Forscher einen Grund, danach herauszufinden, warum diese Person krank ist.

Man könnte sagen, dass der Sinn des Lebens ist – um es in allgemeinen Worten einer integralen Philosophie auszudrücken – zum Ganzen, von dem man ein Teil ist, beizutragen.

Ein Individuum wird im Einzelnen ausarbeiten müssen, worin dieser beitragende Sinn besteht. Dies ist das Abenteuer des Lebens, mit seinen Talenten (Gaben) und Fähigkeiten vertraut zu werden, einige Fertigkeiten zu erlangen und herauszufinden, wie man sie verwendet, um dem Leben Wert zu geben oder die Qualität des Lebens in dem einen oder anderen Bereich zu verbessern.

Universale Prinzipien der Ethik

Vorschriften sind Regeln des persönlichen Verhaltens. Es gibt keine, die allgemein gültig wären. Die *Goldene Regel* mag eine Ausnahme sein. Sie besagt im Wesentlichen etwas wie:

Man soll andere so behandeln, wie man selbst behandelt werden möchte.

oder

Man sollte andere nicht so behandeln, wie man selbst nicht behandelt werden möchte.

Immanuel Kants Kategorischer Imperativ – handle gut, gut für alle Menschen – versuchte, die der Goldenen Regel innewohnende Mehrdeutigkeit zu vermeiden, welche von der persönlichen Vorliebe (würde ich mögen, würde ich nicht mögen) geleitet wird. In einer multikulturellen Gesellschaft könnte dies zu Auseinandersetzungen führen. Was der eine mag, könnte vom anderen nicht gemocht werden. In manchen kulturellen Milieus könnte der Gast dazu eingeladen werden, im Bett des Gastgebers zu schlafen und die Gesellschaft von dessen Frau zu genießen, aber dies mag für einen Gast, der Ehebruch missbilligt, nicht akzeptabel sein.

„Handle nur nach derjenigen Maxime, durch die du zugleich wollen kannst, dass sie ein allgemeines Gesetz werde.“[1]

Aber diese Version beinhaltet immer noch das *Wollen* des persönlichen Gesichtspunkts. Um die Aspekte des limitierten Selbst oder der Kultur zu vermeiden, könnte man also die Regel wie folgt universal gestalten:

Man sollte andere nicht auf eine Art behandeln, die ihre Lebensqualität und Selbstbestimmung schmälert.

Es gibt dazu noch eine andere Herangehensweise...

---

1 *Immanuel Kants Kategorischer Imperativ, Werkausgabe, Hg. W. Weischedel, Frankfurt a. M., Suhrkamp Verlag, Bd. VII, S.51.*

Ethik der Tugendhaftigkeit

Als Hilfsmittel werden wir uns nun eher Tugenden statt Vorschriften zuwenden, um uns dabei helfen zu lassen, persönliche Integrität zu untersuchen. Zunächst einmal die Abstammung des Wortes: aus dem Lateinischen *virtūs* „Männlichkeit, Mut", von *vir* „Mann".

Die Tugendethik bezieht sich eher auf Personen als auf Handlungen. Sie schaut auf die Tugend oder den ethischen Charakter der Person, die eine Handlung ausführt, statt auf die moralischen Pflichten und Regeln oder die Konsequenzen bestimmter Handlungen.

Eine richtige Handlung ist eine Handlung, die eine tugendhafte Person in denselben Umständen tun würde. Die Tugendethik befasst sich nicht nur mit der Richtigkeit und Falschheit individueller Handlungen, sondern gibt eine Anleitung bezüglich der Charakteristiken und der Verhaltensweisen, die ein guter Mensch erreichen wollen würde.

Auf diese Weise ist die Tugendethik eher mit der Gesamtheit des Lebens einer Person befasst als mit einem bestimmten Lebensabschnitt oder einer bestimmten Handlung.

Liste von Tugenden

All dies würde eine Liste an Tugenden benötigen, und das ist gleichzeitig die Schwachstelle, da es keine universelle Übereinstimmung darüber gibt, was etwas zu einer Tugend macht. Unten stehend stellen wir einen Link zu einer Liste von Tugenden zur Verfügung; die Idee dabei ist, dass sie zur Inspiration dabei dienen mag, wenn man seine persönliche Ethik und Integrität untersucht. Damit wollen wir nicht sagen, dass wir alles, was als Tugend gelistet wurde, empfehlen würden; Gehorsamkeit und Ehrfurcht beispielsweise sind fraglich.

Steve Moyer von Synergy Nation[2] bietet diese Liste von Tugenden online an; siehe Anhang.

Naturgesetz – Richtig & falsch

Naturgesetz: Eine Behauptung oder Tatsache, die sich aus Beobachtung ableitet, mit der Auswirkung, dass ein bestimmtes natürliches Phänomen immer dann auftritt, wenn gewisse Bedingungen gegenwärtig sind.

Gemäß der Naturgesetz-Theorie von Ethik sind moralische Standards, die menschliches Verhalten regeln, in gewissem Sinne objektiv und von der Natur der menschlichen Wesen und der der Welt abgeleitet. Die Idee dabei ist, dass es ein Naturgesetz gibt, dem man gehorchen muss, ob es von legislativen Autoritäten niedergeschrieben wurde oder nicht. Dies bedeutet nicht, dass es keinen freien Willen gibt, aber dass der freie Wille innerhalb gewisser grenzengebenden Bedingungen, die wir das Naturgesetz nennen, agiert.

Das Gegenteil, ethischer oder moralischer Relativismus, ist die Sicht, dass es keine objektiven ethischen Wahrheiten gibt, dass moralische Fakten nur in Bezug auf ein einzelnes Individuum oder eine bestimmte Gesellschaft gelten. Gemäß dieser ethischen Theorie könnte das, was für eine Person oder Kultur moralisch gut ist, moralisch schlecht für eine andere sein und umgekehrt: Es gibt keine moralischen Absoluta.

Also, was ist nun die Wahrheit? Moralischer Relativismus, oder können wir uns absolut darüber sicher sein, was ethisch oder moralisch richitg ist und was nicht? Gibt es in einem nicht-relativen Sinne Methoden, die uns sagen, was gut und was böse ist?

---

2 *Synergy Nation: https://www.facebook.com/home.php?sk=group_127153297362329*

Die zwei Wörter „live" (leben) und „evil" (böse) sind Anagramme und spiegeln sich gegenseitig. Leben versus das Böse. Es ist mehr als nur ein Wortspiel. Dies weist auf eine eindeutige Definition von falsch oder böse hin, als etwas, das die Möglichkeiten oder Fähigkeiten von Menschen wegnimmt, behindert, minimiert, verhindert oder zerstört, so zu leben, wie sie wünschen oder anderen das Recht zu lassen, dies ebenso zu tun.

Dies würde mit dem korrespondieren, was die meisten Menschen als böse ansehen und man könnte es als gesunden Menschenverstand bezeichnen.

Lassen Sie uns einen Blick auf tatsächliche Sünden oder Verbrechen* werfen wie Mord, Körperverletzung, Vergewaltigung, Diebstahl, unbefugtes Betreten und Nötigung. Was haben all diese gemeinsam? Man könnte sagen, dass sie alle eine Form von Diebstahl sind; Diebstahl des Lebens, der Sicherheit, der Ehre, des Eigentums, des Raums und des freien Willens. Aber ich denke, all dies wäre gut mit dem Konzept der Selbstbestimmung abgedeckt, welches die Essenz der Menschenwürde ist.

Mit diesem obigen als Prinzip kann man jetzt seine Gewohnheiten, Handlungen und Untätigkeiten als Individuum und über alle Domänen hinweg untersuchen. Sie sind nicht allein. Um sich ein Urteil über andere zu bilden, , wo sich jene hinsichtlich ihrer Ethik befinden, können Sie diese Prinzipien auch anwenden.

Von hier aus können wir Menschenrechte also auf gradlinige Weise definieren: Es ist ein Menschenrecht, wenn die Handlungen nicht anderen fühlenden Wesen Schaden zufügt. Wie wir zuvor gesagt haben:

Man sollte andere nicht so behandeln, dass es ihre Lebensqualität und Selbstbestimmung verringert.

Selbstbestimmung (freier Wille) bedarf jedoch einer Einschränkung oder Ausnahme. Diese Einschränkung ist die Verwendung der Selbstbestimmung auf eine solche Art und Weise, wie sie die Selbstbestimmung anderer verringert.

Wenn man nicht nur wünscht, Bewusstsein zu erforschen, sondern auch Bewusstsein anzuheben, um die Lebensqualität zu verbessern, dann muss man wach und gewahr sein, darüber, was um einen herum vorgeht. Die eigene Ethik wie auch die Ethik anderer ist Teil davon.

16. Management, Organisation & Planung

„Wenn du nicht weißt, wo du hinwillst, ist es egal, welchen Weg du einschlägst.“ – Grinsekatze, Alice im Wunderland

In diesem Kapitel schauen wir uns das wirkliche Gesetz der Anziehung, Kreation und Manifestation in Kombination mit dem Prinzip des geringsten Widerstands an. Es bedarf mehr als positives Denken, um im Leben und den Unternehmungen das anzuziehen, was man möchte. Tatsächlich ist positives Denken nur eine Komponente der Kunst und Wissenschaft der Manifestation. Fragen Sie jeden, der schon einmal ein erfolgreiches Geschäft aufgebaut hat.

Jedes Geschäft, Unternehmen, Spiel oder jede Bewegung bedarf einer Vision, eines Ziels oder Konzepts, mit dem die gesamte Gruppe und ihre Umgebung übereinstimmen kann. Ähnliches zieht ähnliches an. Diese Vision wird andere, die sie mögen oder ähnliche Ideen haben, anziehen und nicht jeder muss eine treibende Kraft sein. Die Vision ist es, die die Gruppe definiert.

Es bedarf ebenso einiger Organisation. Die meisten Geschäftsmanagements wissen, dass sie zumindest folgende Schlüsselfunktionen ausführen müssen: Personalwesen, Vertrieb und Marketing, Finanzen, Design und Produktion, Forschung und Entwicklung sowie Administration.

Ich dachte früher, dass dies einfach nur eine praktische Zusammenstellung sei. Aber warum sollte es nur für Geschäftsmanagements gelten? Ich wollte herausfinden, was die Schlüsselzutaten von Organisationen im Allgemeinen sind, und dies musste gemeinnützige Organisationen ebenso wie andere Arten von Gruppen und Einrichtungen einschließen…

Viele Jahre später fand ich heraus, dass dahinter ein Naturgesetz existiert. Diese kluge Erkenntnis kam, wie viele andere, durch das Beobachten der Natur. Viktor Schauberger machte genau das und lernte, Raumschiffe zu bauen.

Lassen Sie uns also schauen, was Leben und Lebensformen sind und unseren Freund, den Biologen, zu Rate ziehen. Er definiert Leben als einen organismischen Zustand, der dadurch gekennzeichnet ist, dass er die Kapazität zu Stoffwechsel, Wachstum, Reaktion auf Stimuli und Fortpflanzung besitzt. Meine erste Vermutung war, dass eine von Menschen errichtete Organisation eine ähnliche Struktur wie diese, die wir in Lebensorganismen vorfinden, haben würde oder haben sollte. Also was sind die Vitalfunktionen eines Organismus' und wie könnten wir diese auf unser Verstehen von Organisationen anwenden?

Es gibt sieben Charakteristika und Funktionen des Lebens:

1. Wachsen und das Beibehalten ihrer zellularen Organisation gemäß des genetischen Programms

2. Das Verarbeiten von und die Reaktion auf Stimuli aus der Umgebung

3. Atmung, Ernährung, Stoffwechsel, Ausscheidung (Energie-Transformationen)

4. Bewegung und Entwicklung

5. Immunität, Regulierung, Homöostase, Entwicklung

6. Fortpflanzung

7. Koordination

Analog zu den Lebensfunktionen unterscheiden wir zwischen sieben Vitalfunktionen einer Organisation:

1. Etablieren und Halten der Organisationsform inkl. seiner internen (zellularen) Struktur

2. Verarbeitung von eingehender Information und Eigenwerbung

3. Energie-Transformationen (Finanzen, Einkauf und Verkauf)

4. Kreative Handlungen

5. Qualität, Regulierung, Erneuerung

6. Verteilung an die Öffentlichkeit und Replikation der Organisation (Tochterunternehmen, Franchising usw.)

7. Management und Koordination

Dies ist eine sehr kurz zusammengefasste Liste und würde ein wenig mehr Erläuterung benötigen, um die vollständigen philosophischen Implikationen zu erkennen. Man könnte sagen, das einzig Fehlende ist die spirituelle Grundlage, aber ich möchte dies zunächst in einem einzigen Absatz und danach ausführlicher erläutern.

Jemand entscheidet, etwas zu tun, zu erschaffen oder zu produzieren (ein Produkt, ein Kunstwerk oder was auch immer), mit anderen Worten, jemand hat Ideen und ein Ziel *[Quelle]*. Jetzt, um dies in der Realität zu manifestieren, bräuchte es eine Art Set-Up, einen Raum, etwas Zeit und

Ressourcen *[Form]*. Dann müssten andere durch Werbung und Veröffentlichungen über Bedingungen, Zustände, Preise usw. informiert werden *[Information]*. Einige Energie in Form von Finanzen, Materialien, Bestandsgütern würde zu Beginn benötigt werden, oder spätestens, sobald etwas, d.h. das Produkt, kreiert ist *[Energie]*. Nun müsste es erschaffen werden. Produziert man etwas *[Produktion]*, sollte es eine gewisse Qualität aufweisen, um Anerkennung zu bekommen *[Qualität]*. Der nächste Schritt wäre der Vertrieb. Damit die Ideen und Konzepte des Gründers sich manifestieren und die Organisation expandiert, müssten die Idee, Werbung, Materialien und Produzierenden repliziert oder wiederholt werden *[Reproduktion]*.

Dies würde sogar auf eine einmalige Kreation Anwendung finden. Sagen wir, jemand hätte die Idee für eine Skulptur, richtet einen Arbeitsraum mit einigen Werkzeugen her, informiert die Gemeinschaft und vermarktet das Konzept. Die Person zieht einige Investoren für Geld heran, kauft die Materialien, kreiert die Skulptur und überprüft ihre Qualität, um zu sehen, ob sie der ursprünglichen Idee entspricht. Nun transportiert sie sie zum Park, wo sie ausgestellt wird. Während all dessen managet er die Schritte und Aktionen, so dass die Vision wahr wird.

Jetzt werden Sie sehen, dass alle sieben Funktionen auf die eine oder andere Weise gegenwärtig sind. Man könnte es einen Kreations- oder Manifestationszyklus nennen. Aber Sie sehen, dass ein wenig mehr als nur positives Denken erforderlich ist.

Eine voll entwickelte Organisation mit hunderten von Mitarbeitern würde immer noch nach denselben Prinzipien funtionieren. Lassen Sie uns genauer schauen, was diese sieben Aspekte abdecken.

Wir beginnen mit 1) FORMATION

Dies deckt die Aktion des Etablierens oder Formierens der Organisation, ihre interne Struktur, ihr Personal oder ihren Mitarbeiterstab sowie ihre internen und externen Kommunikationssysteme ab. Es muss ein Etwas sein, in anderen Worten: Es muss identifizierbar sein, damit es erkannt werden kann. Es sollte auch seine Form und Identität beibehalten, um zu überleben; dies würde Ethik oder Verhaltensregeln beinhalten.

Dann kommt 2) INFORMATION

Wir müssen uns selbst bekannt machen, und was wir tun und anbieten können und auch, was wir bezüglich Austausch, Bedingungen, Zuständen und Preisen brauchen. Wir müssen ebenfalls Adressen und Telefonnummern und jegliche relevante Kundendaten aufzeichnen. Publikationen und Werbung fällt ebenfalls unter diese Rubrik wie auch Verträge abschließen und/oder Verkäufe.

Wir brauchen 3) ENERGIE

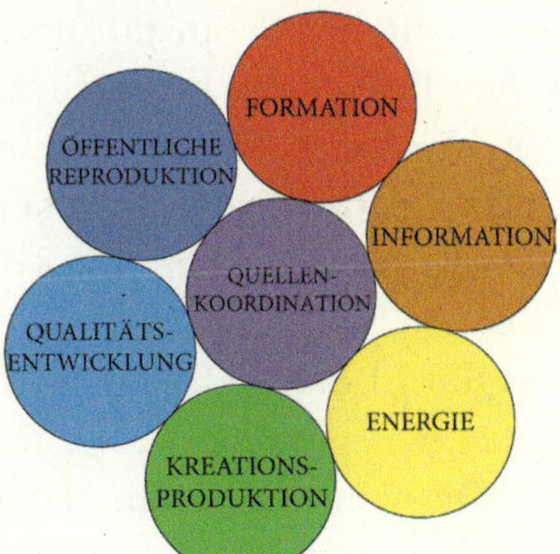

Um überhaupt operieren zu können, braucht und verbraucht man Geld oder Energie. Man braucht Materialien und Bestandsgüter, um ein Produkt zu erzeugen oder eine Dienstleistung zu liefern. Diese Transaktionen müssen aufgezeichnet werden, damit die Einnahmen und Ausgaben im Gleichgewicht bleiben. Eingänge, Ausgänge, Beschaffung und Buchführung.

4) KREATION/PRODUKTION

Es ist die Kreation, die Produktherstellung oder die Lieferung der Dienstleistung, die die zentrale Idee der ganzen Unternehmung ausmacht. Diese sind die Hauptaktivitäten, das Produzieren des Organisationsprodukts, die Anwendung der Technologie, die damit verbunden ist.

5) QUALITÄT/ENTWICKLUNG

Forschung und Entwicklung, Qualitätskontrolle und Korrektur. Das korrigierte und verbesserte Produkt und die Organisation sowie Mitarbeiterausbildung.

6) ÖFFENTLICHKEIT/REPRODUKTION

Neue Anwender des Produkts müssen kontaktiert werden, damit die Organisation expandiert; Öffentlichkeitskontakt, Veranstaltungen und Präsentation in der Öffentlichkeit im allgemeinen. Replikation von Produktionszyklen und Produktionseinheiten und Vertrieb von Produkten. Öffentliche Veranstaltungen und Tag-der-offenen-Tür-Aktivitäten fallen unter diese Überschrift.

7) QUELLE/KOORDINATION

Die vitale Funktion, die Teile der Organisation (Abteilungen, Unterabteilungen) zu managen, so dass sie effizient und harmonisch darin zusammenarbeiten, das Produkt der Organisation herzustellen. Etwas wie ein Business zu managen, bedarf einer regelmäßigen, durchdachten Analyse und Einschätzung dessen, wie die tatsächliche Szene im Vergleich zur ursprünglichen Vision der Quelle oder des Gründers aussieht.

All das zusammen kann man einen Produktionszyklus nennen.

Strategie & Planung

Strategos aus dem Griechischen bedeutet „General", *stratos* bedeutet „Armee", agein bedeutet „führen".

Strategie bezieht sich demnach also auf einen Plan zur gesamten Durchführung eines Krieges oder eines Teils davon. Durch Extrapolation hat es auch die Bedeutung eines Plans zur geschickten, gesamten Durchführung eines weiten Bereiches an Operationen oder eines Teiles dieser auf das Erreichen eines bestimmten Ziels oder Resultats hin. Dies ist Planung auf höherrangiger Ebene, da sie, wenn sie effektiv sein soll, mit einem Überblick über die umfassend existierende Situation hin getan werden muss.

Strategie ist eine allgemeine Aussage über die beabsichtigten Pläne, um ein weites Anliegen umzusetzen. Die Definition beinhaltet die Idee, die Ressourcen und Manever schlau zu verwenden, um den Feind zu überlisten oder existierende Hindernisse zu überwinden, um so das Ziel zu erreichen. Es ist die zentrale Strategie, die an der Spitze ausgearbeitet wurde, die wie ein Schirm die Aktivitäten der Ebenen darunter umspannt. Planung beinhaltet imaginative Konzeption und intelligentes Timing, Zielesetzung und Entwerfen von Plänen, damit sie kommuniziert und zugewiesen werden können.

Eine komplette Planung besteht aus all diesen unterschiedlichen Ebenen der Management-Skala von den Zielsetzungen angefangen bis nach unten zu spezifischen Produkten.

Management-Skala

Managen ist sein, tun und haben – starten, fortführen und vollenden von Dingen. Es hat zu tun mit dem Warum, dem Wie und dem Was, in anderen Worten mit Geist, Mind und Körper. Beachten Sie diese Triaden.

Untenstehend befindet sich bezüglich Management eine Skala an Schlüsselkonzepten, die sich aus dem Sein-Tun-Haben-Prinzip ergibt. Dieses Prinzip stellt eine empirische Wahrheit dar, dass man sein muss, um zu tun, damit man haben kann. Die Punkte auf dieser Skala sind nach dem Grad der Abstraktion von der höchsten Ebene des konzeptionellen Zweckes bis hinunter zum handfesten Produkt geordnet.

Die ersten drei Punkte der Skala sind vom Charakter *'Sein-Starten-Warum-Geist'*. Die nächsten vier sind von der Beschaffenheit von *'Tun-Fortführen-Wie-Mind'*. Die letzten drei beziehen sich auf *'Haben-Vollenden-Was-Körper'*.

1. Ziele & Zwecke
2. Methoden / Prinzipien & Werte / Regelwerk oder Richtlinien
3. Strategie
4. Pläne
5. Programme
6. Projekte
7. Nächste Aktionen
8. Vision & Ideale Szenen
9. Kennzahlen\Indikatoren
10. Produkte

Management kann als die Aktivität des Koordinierens und der Arbeit mit all den Punkten auf der Skala betrachtet werden, damit diese aufeinander abgestimmt bleiben. Lassen Sie uns genauer ansehen, was die Skala repräsentiert.

1. Ziele & Zwecke

Ziele und Zwecke beschreiben die weitgefassten Anliegen und die tiefgehenden Gründe, warum etwas überhaupt unternommen und geplant wird. Ziele sind eher langfristig und zeigen, wohin es letztlich führen soll. Zwecke erklären die Gründe, warum eine Aktivität existiert. Ziele und Zwecke befinden sich am oberen Ende der Skala, da sie den höherrangigen Leitfaden für das Management bilden. Zwecke werden oft für jede der vitalen Organe und Funktionen formuliert, die zusammen die gesamte Unternehmung ausmachen.

2. Methoden / Prinzipien und & Werte / Regelwerk oder Richtlinien

Dies ist eine Beschreibung des Designs der Unternehmung selbst. Sie beinhaltet das Know-how, die benötigte Methodologie, um die Zwecke wirklich manifestiert und die Produkte hergestellt zu bekommen. Diese sind die Langzeit-Struktur und -Funktionen, die die operativen Prinzipien des gesamten Unternehmens umfassen. Diese Prinzipien darüber, wie man mit Menschen innerhalb und außerhalb der Organisation umgeht, die Angelegenheiten der gegenseitigen Information und Methoden, aufkommende Probleme handzuhaben. Und darüber, wer was entscheidet. Alles, was für eine Gruppe von Menschen, die zusammenarbeiten, relevant ist, um übereinzustimmen und es so möglich zu machen, die Produkte herzustellen.

3. Strategie

Die übergeordnete Strategie wird vom Topmanagement ausgearbeitet und sollte dahingehend ausgelegt sein, die Aktivitäten der gesamten Organisation zu leiten. Sie würde idealerweise der Mitarbeiterschaft in Form einer allgemeingültigen Aussage bekannt gemacht werden, welches weitgefasste Ziel zu erreichen beabsichtigt wird. Strategie beinhaltet die Idee von intelligenter Verwendung der Ressourcen oder Manöver, um den Feind zu überlisten oder existierende Hindernisse zu überwinden, um die Ziele zu erreichen.

Definitionen

IDEALE SZENE: wie die gesamte Aktivität sein sollte, um seinen Zweck zu erfüllen.

ZWECK: die konzeptionelle Vision, die erklärt, warum wir überhaupt da sind.

UNTERZIEL: Ziele, die die Teile der Aktivität betreffen

EXISTIERENDE SZENE: wie die Dinge momentan sind

SITUATION: die größte Abweichung von der idealen Szene.

DATENANALYSE: die verfügbaren Daten auf Logik/Unlogik untersuchen, um herauszufinden, was wirklich vor sich geht.

SITUATIONSANALYSE: die so untersuchten Daten verwenden, um die Situation zu analysieren.

WARUM: der für die Situation zugrundeliegende Grund. Der größte Hinderungsgrund, der das Erreichen der idealen Szene verhindert.

4. Pläne

Ein Plan ist die generelle Idee, wie man mit einer Situation – welche eine Abweichung von der idealen Szene, die in den Richtlinien ausgedrückt wurde, darstellt – in der existierenden Szene umgeht.

Damit der Plan erfolgreich ist, sollte er idealerweise auf dem wirklichen WARUM basieren, das für die Situation gefunden wurde. Ein solcher Plan würde eine oder mehrere vielversprechende Ideen zum Ausdruck bringen, wie man verfügbare Potentiale oder Ressourcen zur Bereinigung der Situation verwenden könnte, um sich wieder an die ideale Szene anzunähern oder sie erstmalig zu erreichen.

5. Programme

Ein Programm ist die präzise Umsetzung eines Plans. Es besteht aus den Hauptaktionen, die der Reihe nach getan werden müssen, um den Plan auszuführen. Die Schritte des Programms sind als ausführbare, SMART-Targets[1] formuliert.

6. Projekte

Wenn ein Prgrammschritt zu groß oder zu kompliziert ist, um ihn auf einmal zu erledigen, dann wird ein Projekt benötigt. Ein Projekt ist eine Serie von Schritten, die der Reihenfolge nach aufgeschrieben wurden, um ein Ziel eines Programms auszuführen, das, wenn diesem gefolgt wird, im vollständigen und erfolgreichen Erreichen dessen resultiert.

---

1 *SMART-Targets sind:* *S – Spezifisch/Signifikant,*
M – Messbar/Maßgebend,
A – Ausführbar/Aktionsorientiert,
R – Relevant/Rentabel und
T – Terminiert

7. Nächste Aktionen

„Das Geheimnis des Erfolgs ist anzufangen. Das Geheimnis davon anzufangen, ist Ihre komplexen, überwältigenden Aufgaben in kleine überschaubare einzuteilen und dann mit der ersten zu beginnen." – Mark Twain

Die allernächste physische Aktion zu definieren, die erforderlich ist, um das Projekt voranzubringen, ist der Schlüssel. Dies ist der ultimative Jetzt-Sofort-Leitfaden; ohne eine nächste Aktion verbleibt eine potentiell unendliche Lücke zwischen der gegenwärtigen Realität und dem, was Sie tun müssen.[2] Nächste Aktionen haben oft die Form von Anordnungen.

8. Ideale Szenen/Visionen

Eine klare, verständliche Vision einer Organisation oder seiner Teile, die mit voller Leistung in Betrieb sind und gewöhnlich irgendwann in der Zukunft ihre Zwecke erfüllen. Das Endergebnis dessen, was Sie bewerkstelligt haben wollen. Es ist eine zukunftsorientierte, detaillierte Beschreibung von Ergebnissen, die Sie erreicht haben wollen.

9. Kennzahlen/Indikatoren

Den Fortschritt bezüglich der Vision oder idealen Szene messen. Eine kontinuierliche Überprüfung der Produktion oder ihres Fehlens. Zum Beispiel, wie viele Studenten graduierten, wie viele Leute kauften das Buch, die Anzahl der Zugriffe auf der Webseite innerhalb einer Woche etc. Indikatoren, wie z.B., viele Menschen, die den Gefällt-Mir-Button bei Facebook klicken.

---

2 *Wie beschrieben in `Wie ich die Dinge geregelt kriege´, von David Allen*

10. Produkte

Ein Produkt ist ein vollendeter, qualitativ hochwertiger Service oder Artikel in den Händen des Wesens oder der Gruppe, der er dient, im Austausch für einen Wert.

Es gibt verschiedene Arten, wie man die Management-Skala in die Praxis umsetzen kann.

Sein-Tun-Haben-Reihenfolge des Managements

Sein. Starten. Warum. Geist.

Treffen Sie eine klare Aussage darüber, was **Ziel und Zweck** der ganzen Unternehmung sind. Entscheiden Sie, wie die **Ideale Szene** aussehen sollte. Erkennen Sie die relevanten **Unterziele**, die alle unerlässlichen Funktionen abdecken. Erarbeiten Sie **Richtlinien**, um das Erreichen des Zwecks zu unterstützen.

Tun. Fortführen. Wie. Mind.

Untersuchen Sie die gegenwärtige Situation im Hinblick auf die ideale Szene. Kreieren Sie eine übergeordnete **Strategie**. Arbeiten Sie die **Pläne** aus. Erstellen Sie für jeden Plan **Programme**. Erstellen Sie für jedes Programm **Projekte**. Etablieren Sie für jedes Projekt **Nächste Aktionen** und sorgen Sie für deren Umsetzung.

Haben. Vollenden. Was. Körper.

Stellen Sie **Produkte** her. Bestimmen Sie die nötigen **Kennzahlen und Indikatoren**, um den Fortschritt in Richtung Ideale Szene verfolgen zu können.

Management durch Auswertung der Existierenden Szene

Diese Schritte können verwendet werden, um eine Unternehmung zu starten oder eine existierende Organisation oder irgendein Unternehmen wieder in Ordnung zu bringen:

1. Man muss zunächst fragen, worin die rationale, angedachte ideale Szene und der Zweck der ganzen Gruppe oder Organisation besteht. Warum ist sie da? Was ist ihre Funktion in der Gesamtheit der Gesellschaft oder ihres Umfeldes?

2. Welche Produkte oder Resultate sollte sie hervorbringen?

3. Bestimmen Sie die Schlüsselfunktionen, die erfüllt werden müssen, um die Produkte hervorzubringen; siehe Produktionszyklus, der früher im Text dargelegt wurde. Jede dieser Schlüsselfunktionen zeigen Ihnen die Zwecke der Untergruppen oder Teile (Abteilungen, Unterabteilungen, Sektionen).

4. Bewerten Sie die gesamte existierende Szene (Beobachtung, Datenanalyse, Aufdecken der Situation, Finden des Warums). Dies bedeutet, herauszufinden, wer und was da ist und was funktionsfähig und was das größte Hindernis ist, das im Wege steht. In anderen Worten: Warum ist die Szene nicht ideal?

5. Arbeiten Sie eine zentrale Strategie und einen Plan aus, die aus den beobachteten, angedachten Aktionen bestehen, um die gefundene Hauptsituation und den Haupthinderungsgrund zu beheben. Die Planung basiert gewöhnlich auf der Auswertung (4) und einer brillanten Idee darüber, wie man die verfügbaren Ressourcen

nutzen kann, um existierende Hindernisse zu überwinden. Es ist der schlaue Entwurf, der die größte Blockade, die das Erreichen der idealen Szene für diesen Bereich behindert(e), handhabt.

6. Organisieren Sie die für diesen Plan benötigten Aktionen in machbaren Schritten, in Reihenfolge und nach ihrer Priorität geordnet als Programme, Projekte und nächste Aktionen.

7. Bewerten, planen und organisieren Sie jetzt wie in 4–6 oben jeden der Schlüsselfunktionsbereiche der Organisation.

8. Formulieren Sie die Methoden, Regeln und Prinzipien, die die gesamte Unternehmung und ihre Teile auf ihren Zweck ausgerichtet halten.

9. Arbeiten Sie die Kennzahlen und Indikatoren aus, die zeigen, ob man sich an die ideale Szene annähert oder sich von ihr wegbewegt.

Dies ist nur eine sehr zusammengefasste Wiedergabe der Themen, die in der Überschrift dieses Kapitels angegeben sind. Alles Obige sind bewiesene und funktionierende Herangehensweisen an Management, Organisation und Planung, aber sie müssen zuerst in Anwendung gebracht und Erfahrungen damit gesammelt werden, um die volle Wertschätzung dafür zu erlangen. Das *Coaching für Lebensziele & Planung* bietet alle nötige Theorie und Praxisübungen, sowohl für den Beruf als auch im persönlichen Bereich.

17. Ebenen der Integration

"Solange man sich nicht verpflichtet, ist da Unsicherheit, die Möglichkeit zurückzuweichen und immer mangelnde Effektivität. Für jede Initiative – oder jeden schöpferischen Akt – gilt eine elementare Wahrheit, die beachtet werden will, wenn nicht zahllose Ideen und grandiose Entwürfe zugrunde gehen sollen: In dem Augenblick, in dem man sich definitiv festlegt, bringt die Vorsehung alles in Bewegung. Alle erdenklichen hilfreichen Dinge geschehen, die sich sonst nie ereignet hätten. Ein ganzer Strom von Ereignissen entspringt aus der Entscheidung und bringt alle Arten unvorhergesehener Ereignisse und Begegnungen und materieller Hilfen hervor, von denen niemand sich hätte träumen lassen. Was auch immer Sie tun oder erträumen zu tun, beginnen Sie es! Kühnheit wohnt Genie, Macht und Magie inne. Beginnen Sie es jetzt!"

– W. H. Murray in The Scottish Himalaya Expedition [Die Schottische Himalaya-Expedition], 1951

Ein weiterer Teil des Managens irgendeiner Aktivität – das gilt auch für das eigene Leben – besteht daraus, sich mit den verschiedenen und veränderlichen Zuständen dieser Aktivitäten auseinanderzusetzen. Umstände ändern sich, die Gruppe oder Organisation bleibt nicht automatisch auf demselben Niveau oder im selben Zustand wie zu dem Zeitpunkt, als sie begann.

Einige dieser Tätigkeits-Zustände wurden in den 1960ern von L. R. Hubbard identifiziert. Diese wurden benannt als Nicht-Existenz, Gefahr, Notlage, Normalbetrieb, Überfluss und Macht.

Jeder dieser beschreibt ein unterschiedliches Maß an Erfolg der Durchführung einer Organisation oder der Aktivitäten eines Individuums.

Wir nennen sie die sechs Ebenen der Integration, da diese Zustände vom Start-up bis zum gut etablierten und integrierten, funktionierenden Unternehmen reichen. Wir könnten sie auch Formeln des Erfolges nennen.

<u>Zustand:</u>

1. Sachlage
2. die gegenwärtigen Umstände
3. etwas, das zur Ausführung oder Durchführung von etwas anderem notwendig ist.

Wenn man eine neue Aktivität beginnt, gibt es oft eine Ad-hoc-artige Organisation; jeder macht alles, was auch immer gerade gebraucht wird. Es gibt enge Beziehungen unter einander und jeder hat unmittelbare Kenntnis des Zustands des Gesamten. Sowie eine Organisation oder Aktivität expandiert, funktioniert eine solche Anordnung nicht mehr. Man muss sich spezialisieren und unterschiedliche Funktionen fallen auf unterschiedliche Individuen. In anderen Worten: Unterschiedliche Zustände bedürfen unterschiedliche Herangehensweisen, und das ist es, worum es hier in den Regeln, Ratschlägen und Tipps geht, die wir im Folgenden geben.

1. Beginn einer neuen Aktivität

1. Treffen Sie den festen Entschluss und fangen Sie jetzt an!

2. Akzeptieren Sie, dass Sie nicht alles wissen und vieles herausfinden müssen.

3. Seien sie bereit, alles Nötige zu tun, um das, was gebraucht und gewünscht wird, zu produzieren.

4. Etablieren Sie eine solide Grundlage auf der Basis dessen, was Sie brauchen, um Ihre Aktivität, Ihr Projekt oder Ihrem Geschäft zur Existenz zu verhelfen. (Sie mögen beispielsweise Selbstvertrauen, Wissen und Fertigkeiten sowie Kapital, Ausrüstung und andere Ressourcen, Freunde, Partner, ein Team, körperliche Gesundheit etc. brauchen.)

5. Untersuchen Sie Ihre Stärken und Ihre Schwächen und arbeiten Sie aus, wie Sie sich verbessern können.

6. Untersuchen Sie Ihre Denkweise. Eliminieren Sie jegliche Gegenabsichten, Negativität oder Selbstsabotage.

7. Finden Sie Mittel, um zu einem oder mehr Individuen zu kommunizieren, die Ihnen helfen können.

8. Beschaffen Sie sich eine Reihe von Anleitungen oder entwerfen Sie einen Aktionsplan.

9. Verwenden Sie eine Schritt-für-Schritt-Herangehensweise, das heißt umsetzbare, überschaubare Aktionen, eine nach der anderen.

10. Machen Sie sich selbst bekannt.

11. Finden Sie heraus, was gebraucht und gewünscht wird.

12. Tun, produzieren und/oder bieten Sie es an.

13. Identifizieren Sie jegliche Hindernisse, die Ihren Fortschritt aufhalten und entwickeln Sie Wege, diese zu überwinden.

14. Lernen Sie; finden Sie heraus, was funktioniert und was nicht.

15. Lernen Sie von anderen, die in ähnlichen Unternehmungen erfolgreich waren oder gescheitert sind.

16. Fügen Sie alles Weitere hinzu, das nötig sein könnte, um erfolgreich aufzubauen, was Sie erreichen wollen.

2. Gefahrenzone

Eine aus einem Samen wachsende Pflanze muss einiges an Widerstand überwinden, um sich aus dem Boden herauszuarbeiten.

Wie aus einem Samen eine Pflanze wächst

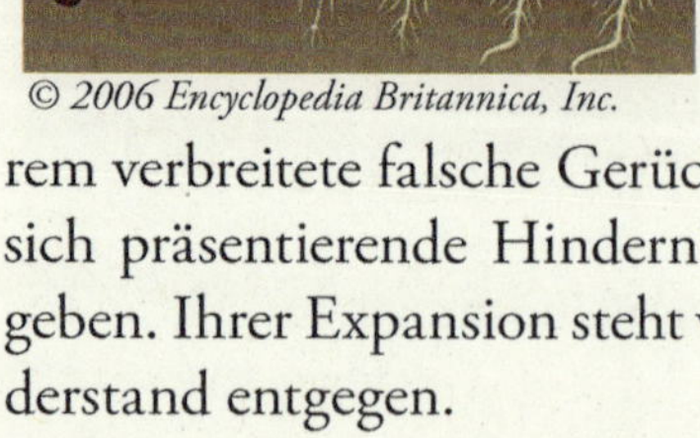

© 2006 Encyclopedia Britannica, Inc.

Sie könnten, nachdem zunächst die Dinge ins Laufen gekommen sind, herausfinden, dass Sie ignoriert und nicht in Betracht gezogen werden oder dass andere Sie übergehen. Es könnte Konkurrenz, von jemand anderem verbreitete falsche Gerüchte über Sie oder auch andere sich präsentierende Hindernisse welcher Art auch immer geben. Ihrer Expansion steht wahrscheinlich einiges an Widerstand entgegen.

Hier sind die Maßnahmen, die Sie ergreifen müssen, wenn Sie in gefährlichem Fahrwasser navigieren.

1. Handhaben Sie die Situation und jede Gefahr darin, während Sie Gewohnheiten oder normale Routinen für den Moment beiseitelassen.

2. Überprüfen Sie Ihre Aktionen hinsichtlich Ihrer Verpflichtung. Sind Sie von Ihrer Zielsetzung in irgendeiner Weise abgewichen, ist es Ihnen nicht gelungen, den Plänen zu folgen oder zeigen Sie zu wenig Einsatz. Finden Sie die Details darüber heraus, was Sie getan und was Sie nicht getan haben und veranlassen Sie, dass die anderen Gruppenmitglieder das Gleiche tun.

3. Organisieren Sie Ihr Leben neu, sodass Ihnen solch eine gefährliche Situation nicht noch einmal zustößt.

4. Lernen Sie davon; formulieren und ergreifen Sie feste Richtlinien, um ein Wiederauftreten aufdecken und verhindern zu können.

Sobald Sie – durch absolvieren aller oben genannten Schritte – dies überlebt haben und wohlbehalten davon hervorgegangen sind, dürfen Sie nun annehmen, dass Sie die Unternehmung jetzt vergrößern oder expandieren können, um diese zu ihrer idealen Größe und Form aufzubauen.

3. Hervortreten

Wenn die Gefahr nun aus dem Weg geräumt ist, können Sie wirklich in Gang kommen. Sie mögen ganz plötzlich einen großen Zuwachs an Aufträgen für Ihre

Dienstleistungen oder Produkte haben (Dringlichkeit). Jetzt haben Sie eine neue Situation, die wiederum einer anderen Herangehensweise bedarf. Hier sind die Schritte:

1. Konzentrieren Sie sich zunächst auf die Werbung und die Bereitstellung der Produkte/Dienstleistungen Ihrer Aktivität.

2. Machen Sie alle nötigen Anpassungen an Ihrer Organisation, um Expansion, größere Quantität und das Produzieren von Mehr mit weniger Aufwand (Effizienz erhöhen, sparen), zu erlauben.

3. Jetzt sollten Sie sich vollständig darauf vorbereiten zu liefern. Und als letzten Schritt:

4. Straffen Sie die Disziplin. Seien Sie strenger im Aufrechterhalten der Regeln und erfolgreicher Abläufe, die sich bis hierher bewährt hatten.

Wenn Sie auf diesen Zustand vom normalen Zustand hinuntergefallen sind, würde es angemessenerweise Notlage genannt.

4. Stetiges Wachstum (Normalzustand)

Sie expandieren jetzt in einem regelmäßigen Verhältnis und wachsen stetig ein wenig.

1. Jetzt halten Sie einfach aufrecht, was Sie tun und verändern nichts. Während Sie sich einigermaßen entspannen können, behalten Sie nach wie vor Ihre Kennzahlen/Indikatoren für Hochs und Tiefs im Auge.

2. Wenn Dinge sich verbessern und weiter expandieren, finden Sie heraus, was die Verbesserung verursacht hat und implementieren Sie dies in Ihre Abläufe.

3. Wenn Sie einen Abwärtstrend oder einen Hinweis auf Verschlechterung wahrnehmen, finden Sie das Warum und beheben Sie es.

Es ist wie das Lenken eines Autos auf gerader Straße: Sie behalten Ihre Hände am Lenkrad, aber es braucht lediglich eine leichte Berührung oder kleinere Korrekturen, um auf dem richtigen Kurs zu bleiben.

5. Stark wachsen

In diesem Zustand laufen die Dinge sehr gut und bewegen sich schnell in Richtung ihrer vollen Größe.

1. Achten Sie auf Ihre Ressourcen. Unterlassen Sie alles, das Sie getan haben, was aber nicht zu ihrem momentanen Zustand beigetragen hat. Reduzieren Sie finanzielle und anderweitige Verschwendung. Schaffen Sie es, mit weniger mehr zu tun.

2. Alle Aktionen sollten zum Wachstum und zur Expansion beitragen. Wenn Sie irgendetwas Neues unternehmen, stellen Sie sicher, dass es zur Gesamtaktivität beiträgt.

3. Nutzen Sie die gestiegenen finanziellen Ressourcen, um alles abzubezahlen, das Sie irgendwo schulden und investieren Sie in mehr Dienstleistungs- oder Produktkapazität.

4. Expandieren Sie weiter und behalten Sie alle Aktionen bei, die dieses Wachstum unterstützt haben; lassen Sie es nicht abgleiten.

5. Finden Sie heraus, was den Fortschritt verursacht hat und verstärken Sie es.

6. Vollständig integriert

In diesem Zustand ist die gesamte Aktivität gereift und hat ein hohes Niveau an Stabilität erreicht. Jetzt geht es darum, das Erreichte zu konsolidieren oder bei zu behalten, um so sicher zu stellen, dass es sogar mit relativer Leichtigkeit repliziert werden kann.

1. Übernehmen Sie Verantwortung dafür, wie weit Sie gekommen sind und für all Ihre Verbindungen; konsolidieren Sie Ihre Leitungsposition und nutzen Sie Ihre Macht.

2. Schreiben Sie alles auf, was Sie auf dem Weg hierher gelernt haben; alle Einzelheiten der gesamten Struktur, ihres Know-hows und der Kommunikationskanäle.

3. Tun Sie alles, was Sie tun können, um es anderen möglich zu machen, Ihren Erfolg zu replizieren.

All dies ist soweit noch ziemlich abstrakt und ist eine rasche Zusammenfassung gewisser Anleitungen für empfohlene Aktionen unter bestimmten Bedingungen. Lassen Sie mich Ihnen ein Beispiel von einem vollständig integrierten Zustand geben, der nicht notwendigerweise sehr positiv ist, aber nicht nur diesen zeigen wird, sondern auch die Macht des Glaubenssystems der allgemeinen Realität.

Hier zitiere ich Prof. Franz Hörmann:

„Schuldgeld hat keine eigenständige physische Existenz, keine knappe und wertvolle Materie, keinerlei Substanz. Es ist lediglich eine Methode das Verhalten von Menschen zu steuern, sie unbewusst dazu zu bewegen, dass sie unangenehme Tätigkeiten für andere ausführen, welche einfach nur Zahlen auf Papier oder in Computern erzeugen und diese dann 'Geld' nennen. Wenn aber im Schuldgeldsystem keine materielle Substanz mehr nachweisbar ist und dieses System auch nur funktioniert, solange alle daran glauben, dann handelt es sich bei diesem System auch nicht um eine wissenschaftlich fundierte Methode.

Bei einem System, das sich nicht auf ein materielles Fundament stützt und für seine Funktion vom Glauben aller Beteiligten abhängt, handelt es sich in Wahrheit um eine Religion. Wenn diese Religion jedoch sogar vom Staat zwingend vorgeschrieben wird, die Verwendung von Schuldgeld als gesetzliches Zahlungsmittel, dann ist es sogar eine Staatsreligion.

Da aber der Bevölkerung all dies nicht erklärt wurde, befinden sich die Menschen der sogenannten freien Marktwirtschaften heute tatsächlich in einer geheimen Staatsreligion, die ohne ihr Wissen und ohne ihr Einverständnis permanent über ihr Leben bestimmt."[1]

Das Schuldgeld-System wird vollkommen akzeptiert und ist in das A und O unserer Gesellschaft integriert. Vielleicht könnten wir es zum Wohle aller auflösen, indem wir der Formel für den vollständig integrierten Zustand Punkt 3–1 rückwärts folgen und dies auch mit den vorangegangenen Zuständen tun.

1 *'Das Ende des Geldes', Prof. Dr. Franz Hörmann*

Diese Skala, die die sechs Ebenen der Integration beinhaltet, scheint einem Naturgesetz zu folgen. Die Spitze der Management-Skala, die wir im vorangegangenen Kapitel besprochen haben, waren Ziele & Zwecke. Dies sollte uns einen Hinweis geben. Hingabe für ein Ziel ist der rote Faden, der sich durch all diese Ebenen zieht. Es scheint mit der Lebenskraft äquivalent zu sein, die lebende Organismen am Laufen hält.

Wenn jemand zu dieser Zielsetzung konstante Wachsamkeit und Bewusstheit darüber hinzufügt, was an sich und besonders darüber, was im eigenen Umfeld in Bezug zur Aktivität steht vor sich geht, dann ist es beinahe unmöglich zu versagen. Dies sind die Formeln des Erfolgs.

Es kann sogar sein, dass die tatsächliche Wahrheit ist, dass man lediglich diese Aktivität und alles, was dazu gehört LIEBEN muss oder einfach nur lieben muss, was man tut, und man wird gewinnen.

All diese sechs Ebenen der Integration beziehen sich darauf, eine Aktivität auszuüben, einer Zielsetzung zu folgen und Bewusstsein über alles zu haben, das das Leben und den Atem dieser Aktivität beeinflusst.

Ich wünsche Ihnen Erfolg!

18. Verbundenheit & Wiederverbindung

Vollständige Integration, in dem Sinne, der weit über das hinausgeht, was wir im letzten Kapitel besprochen haben, bezeichnet die Verbundenheit des Lebens mit dem Universum zu verstehen.

Wenn Sie in Harmonie mit sich selbst sind, ist es sehr wahrscheinlich, dass Sie auch mit anderen harmonische Beziehungen erschaffen können. Dies bedeutet keine unnötige Konkurrenz, andere nicht ins Unrecht zu setzen oder beständig ums Überleben kämpfen zu müssen. Also Wiederverbindung und Zusammenarbeit. Eine neue Welt im Werden.

Wenn wir über Bewusstseinserforschung des Innenraums sprechen, sprechen wir darüber, uns mit unserer Quelle wieder zu verbinden, uns der tatsächlichen Natur des Bewusstseins bewusst zu werden. Eine weitere Wiederverbindung besteht darin, unsere neuen Einsichten mit unserer Lebenserfahrung zu verbinden und Erkenntnis in verbesserte Lebensqualität umzusetzen.

Das Resultat ausreichender Aktivitäten zur Bewusstseinssteigerung werden Wesen sein, die vollständig integriert und in Harmonie mit dem Leben, also in Harmonie mit anderen sind.

Was in aller Welt ist los?

Es gibt viele mögliche Antworten auf diese Frage. Unser Anliegen hier ist die Beziehung des Einzelnen zu den Gesellschaften der Erde oder zur Menschheit als Ganzes. In einem Buch, das sich ausschließlich um Bewusstsein dreht, werden wir die Menschheit aus dem Blickpunkt des

Bewusstseins betrachten. Was auf der Erde geschieht, reflektiert die geistige Aktivität menschlicher Wesen.

Eine geteilte Menschheit

Die Menschheit besteht aus verschiedenen ethnischen Gruppen und ist an verschiedenen geographischen Orten auf diesem Planeten zu finden und durch Ozeane, Gebirgszüge usw. getrennt. Was jedoch von größerer Wichtigkeit ist, ist die Trennung der Kulturen, Völker mit verschiedenen Sprachen und verschiedenen Einstellungen, Glaubenssystemen, Gebräuchen und Gesetzen. Es gibt Länder oder Nationen, die von Gruppen von Menschen repräsentiert und verwaltet werden, die Regierungen genannt werden. Einige von ihnen denken, dass sie mehr Recht als andere haben und versuchen, ihren Willen anderen Ländern aufzuzwingen, was zu Kriegen führt. Die Regierungen bestehen gewöhnlich aus Menschen, die vorgeben das göttliche Recht – ähnlich wie Könige – zu haben, ihrem Volk und manchmal auch anderen Ländern zu sagen, was sie zu tun hätten.

Die meisten Menschen in diesen künstlich getrennten Ländern sind teilweise Sklaven in dem Sinne, dass ihnen heimlich ihre Selbstbestimmung verleugnet wird. Kindern bringt man bei, ‘Fremden’ nicht zu vertrauen. Kinder in der westlichen Welt werden als Arbeitskräfte vorbereitet, indem man sie dazu zwingt, in Indoktrinationszentren, genannt Schulen, anwesend zu sein. Terrorismus-Propagierung beabsichtigt, Angst vor anderen Menschen zu erzeugen; in diesen Tagen insbesondere vor der islamischen Bevölkerung.

Weltweite Systeme

Um den Austausch von Gütern und Dienstleistungen zu erleichtern, existiert ein System, genannt Geld. Solange es nur ein reines Symbol war, das als Tauschmittel, als Wertmaßstab und zur Aufbewahren von Werten diente, funktionierte es zu einem gewissen Grade. Es wurde jedoch dahingehend pervertiert, ein von Bänkern und Regierungen verwendetes Werkzeug der Kontrolle zu werden. Es wurde selbst zur Handelsware und schließlich zum Subjekt der Manipulation gewisser Interessengruppen. Die ganze Idee von Zinsen ist es, mühelos Geld mit Geld zu machen. Es ist wie das Verbessern der Schulnoten, indem man auf dem Zeugnis aus einer 5 eine 2 macht.[1]

Der Archäologe Michael Tellinger aus Südafrika geht einen Schritt weiter, indem er beweist, dass Geld nicht Teil der natürlichen Evolution des Menschen war:

„Geld wurde von den frühen Königen vor Tausenden von Jahren listigerweise als Werkzeug der Versklavung für die menschliche Rasse eingeführt. Geld erschien plötzlich aus heiterem Himmel, genauso wie die geschriebene Sprache der Sumerer..."[2]

---

1 *„...Die einzige wirtschaftliche Funktion des Geldes ist die Vermögensenteignung..." übersetzt aus `Money – The Greatest Hoax on Earth´, Merrill M. E. Jenkins Sr., S. 38,*

2 *Das UBUNTU Prinzip – Ein revolutionärer Plan für gerechteren Wohlstand, Die Enthüllung des globalen Bankenbetrugs, S. 24 http://www.ubuntuplanet.org/*

> *„Dieses erzeugt allein aufgrund seiner Struktur, die einst willkürlich festgelegt wurde, einen gewaltigen, ständig wachsenden Finanzstrom von Fleißig nach Reich. Diese Transferleistung ist eine Folge des verzinsten Geldsystems und der Art und Weise wie Geld entsteht und in Umlauf gebracht wird. Der Zinsanteil, der sich in unseren Lebenshaltungskosten verbirgt, liegt heute bei rund 40 Prozent."*
>
> *Plan B – Revolution des Systems für eine tatsächliche Neuordnung – Andreas Popp und Rico Albrecht, S. 1, http://www.wissensmanufaktur.net/plan-b*

Das reale Problem der Menschheit – Polaritäten – das fehlende dritte Element

Wenn man sich anschaut, was auf der Erde geschieht, mag man sich zu wundern beginnen, worin unser Sinn hier wirklich liegt. Es scheint als ob wir Separation, Konflikt und Opposition erleben müssen. Wir müssen uns offensichtlich mit Gruppen von Freunden zusammenschließen, um mit anderen Gruppen von Freunden, die unsere Gegner sind, zu kämpfen oder zu konkurrieren. Müssen wir darauf bestehen, im Recht zu sein während wir andere ins Unrecht setzen? Müssen wir andere beherrschen oder Beherrschung entgehen? Machen wir das, um unser eigenes Überleben zu verbessern, indem wir das Überleben anderer schmälern?

Das wirkliche Problem der Menschheit ist, mit den unterschiedlichen Polaritäten umzugehen, denen wir im Leben begegnen. Hier sind einige Beispiele:

Reich – Arm	*Mind – Materie*
Liebe – Hass	*Mangel – Überfluss*
Gebieter – Sklave	*Ehrlichkeit – Unehrlichkeit*
Täter – Opfer	*Vertrauen – Verrat*
Zentralisation – Dezentralisation	*Regierung – Anarchismus*
Physikal. Universum – Spirituelles U.	*Individualist – Kollektivist*
Selbst – Andere	*Westl. Regierungen – Östl. Regierungen*

Das Spiel unter den Menschen scheint es zu sein, eine Seite einzunehmen und immer nur eine Seite der Dichotomie zu vertreten. Die folgende Geschichte mag Ihnen eine Idee über das dritte Element geben.

Der Sklave, der König wurde

Es war einmal vor langer Zeit in einem weit entfernten Königreich. Dort gab es einen höchst ungewöhnlichen Brauch. In den meisten Königreichen besteigt nach dem Tod des Königs dessen Sohn oder Tochter den Thron. Nicht so in diesem Königreich. Wenn ein König starb, wurde ein bestimmter Vogel, genannt *'Vogel des Schicksals'* freigelassen. Der Vogel flog umher und die Person, auf dessen Kopf er schließlich landete, wurde der nächste König. In der Tat ein eigentümlicher Brauch.

In eben diesem Königreich gab es einen Sklaven, der im Palast des Königs lebte und arbeitete. Dieser Sklave war ein Musikant, der den König, seine Familie und Gäste unterhielt, indem er sich in lustige Kleidung hüllte – darunter auch ein Hut aus

Hühnerfedern und einen Gürtel, der aus den Hufen von Schafen gefertigt war – und Musik auf einer Trommel spielte.

Es begab sich, dass der König eines Tages starb, und der *'Vogel des Schicksals'* freigelassen wurde. Er kreiste eine Weile am Himmel, während die Menschen des Königreichs ihn mit Verwunderung beobachteten. Schließlich setzte er sich auf dem Kopf des Sklaven zur Ruhe und nistete sich in dessen Hut aus Hühnerfedern ein. Sofort und zu dessen Überraschung und Verwunderung wurde er zum König des gesamten Reiches ernannt, und im Nu wurde der Sklave zu einem mächtigen Herrscher.

Der Sklave zog in die Gemächer des Königs, legte die königlichen Kleider an und setzte sich auf seinen Thron. Als seine erste königliche Anordnung ließ er eine Sukkah (Laubhütte) neben dem Palast erbauen und dort bewahrte er seinen Hut aus Hühnerfedern, seinen Gürtel und seine Trommel auf – die Bekleidung seines Lebens als Sklave. Das einzige Möbelstück in der gesamten Baracke war ein großer Spiegel. Jeden Tag besuchte der neue König diese kleine Hütte und verschwand für eine kurze Weile hinter der Tür. Dann kam er wieder heraus und schloss die Tür hinter sich ab. Seine Minister und Berater empfanden dieses Verhalten als sehr sonderbar, aber er war nun schließlich der König, und wer würde einen König in Frage stellen?

Als die Jahre vergingen, erließ der König viele Gesetze, die zum Ziele hatten, Sklaverei und Leiden zu verringern. Die Veränderungen fanden schrittweise statt – so nach und nach, dass keiner sie bemerkte. Der König war bei allen für seine Milde und Güte bekannt, genauso wie für seine sonderbare Gewohnheit, diese komische kleine Hütte jeden Tag zu besuchen.

Eines Tages fragte ihn sein engster Berater: „*Eure Majestät, was bewahrt Ihr in Eurer Hütte auf?*“

„*Meine wertvollsten Besitztümer!*“, antwortete der König. Er führte den Berater in die Hütte und zeigte ihm den Hühnerfeder-Hut, den Gürtel und die Trommel.

„*Aber dies sind die Gegenstände eines Sklaven!*“, antwortete der Berater mit Abscheu. „*Dies sind nicht die Besitztümer eines Königs, Eure Majestät!*“

„*Oh doch, das sind sie*“, antwortete der König. „*Siehst du, einst war ich ein Sklave und jetzt bin ich frei. Als ihr mich zum König machtet, versprach ich mir selbst und Gott, dass ich niemals vergessen würde, einst ein Sklave gewesen zu sein und ich somit nicht arrogant und hochmütig werden würde und die Menschen so behandelte, wie ich einst behandelt wurde. Jeden Morgen komme ich hierher und kleide mich so, wie ich einst gezwungen war, mich als Sklave zu kleiden. Ich starre mich selbst im Spiegel an, bis Tränen in meine Augen schießen, und erst dann bin ich dafür gerüstet, diese Hütte zu verlassen und zu herrschen, wie ein guter König es tun würde. Es ist diese Erinnerung, die mich zu dem König macht, der ich bin. Dies sind die wertvollsten Besitztümer, die ich habe.“*

Wenn Sie noch nicht erraten haben, was das fehlende dritte Element dieser Geschichte ist, die uns von irakischen Juden erzählt wird, dann lesen Sie einfach weiter.[3]

Das Symbol, das das dritte Element beinhaltet, ist das Dreieck.

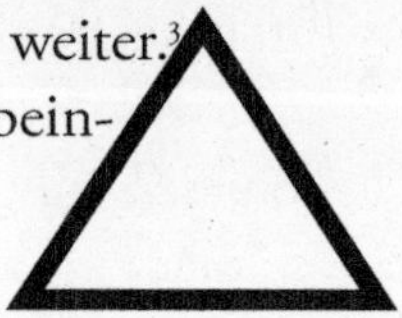

Kommunikation

Kommunikation bedeutet zu teilen, um zwei getrennte Individuen oder Personen zu veranlassen, etwas gemeinsam zu haben. Sie führt in irgendeiner Art ein gegenseitiges Verstehen herbei.

Stellen Sie sich eine wirkliche Kommunikation zwischen einem Gebieter und seinem Sklaven vor. Ich meine nun nicht nur ein *„Hallo“* oder ein *„Guten Morgen, Meister“*, sondern ein tatsächliches Teilen der Realität. Wenn solche Kommunikation aufrechterhalten wird, wird schließlich eine Erkenntnis auf beiden Seiten stattfinden: dass sie beide Menschen sind und Gefühle haben und eine Menge anderer Realisierungen werden folgen.

Deshalb ist es entscheidend dafür, dass eine Gebieter-Sklaven-Polarität aufrechterhalten bleibt, keine solche Kommunikation stattfinden zu lassen. Dies ist der Grund, warum die römisch-katholische Kirche bestimmte Bücher auf den Index gesetzt hat; darum wurden die Bücher von Wilhelm Reich verbrannt. Aus demselben Grund werden Scientologen dazu gezwungen, sich von ihren Familienangehörigen, die der Scientology-Kirche gegenüber kritisch wurden, zu trennen. Es wird deshalb so praktiziert, um

3 *http://scheinerman.net/judaism/Stories/index.html*

sicher sein zu können, dass sich kein Verstehen entwickelt, das der Doktrin entgegengesetzt ist. Das Gesetz des Verrats machte Kommunikation mit dem Feind zu einer Handlung, die mit dem Tod bestraft werden kann. Ich bringe diese Beispiele nur deshalb, um eine Sache aufzuzeigen: Wenn es darum geht, einen Polaritäts-Status-Quo aufrecht zu erhalten, dann ist Trennung der Schlüssel. Wenn es darum geht, die Polaritäten der Menschheit aufzulösen, dann ist Kommunikation Trumpf.

All dies auf den Punkt gebracht: Wenn wir mit Polarität zu tun haben, ist Integration die Antwort. Die zwei Pole bilden die Grundlinie eines Dreiecks, die Spitze des Dreiecks ist die Vereinigung oder Integration der beiden Pole auf einer höheren Ebene oder Dimension.

Die offensichtliche Antwort auf die Nichtübereinstimmungen der Menschheit hinsichtlich der Kultur oder anderem, ist mehr und tatsächliche, ehrliche Kommunikation.

Egozentrik

Egozentrik ist eine Polarität mit Altruismus als seinem gegenüberliegenden Pol. Egozentrik ist das, was Kooperation und Integration verhindern würde. Wir würden sagen, es ist nicht mehr als eine begrenzte Definition des Selbst. Eine Identifikation mit einem zu kleinen Teil. Wenn wir wirklich als Menschheit mit unserer Technologie, wie sie ist, überleben wollen, dann müssen wir die allgemeine kulturelle Bewusstheit über die Tatsache unserer Verbundenheit als Menschheit erhöhen. Es muss in den Schulen und bei jeder Erziehung betont werden, dass es jedem gesunden Menschenverstand widerspricht, einem anderen aus selbstsüchtigen Gründen zu schaden und dass es nicht getan werden kann, ohne dass es einen selbst früher oder später nachteilig beeinflusst.

Hier haben wir wieder das Grundbedürfnis an Ethik, die auf Rationalität und dem Überleben der Menschheit basiert und nicht auf dem verrückten Einfall, dass man die Freiheit hätte, seinen Mitmenschen zu töten.

Wiederverbindung

Gemeinsam können wir weiser sein, als jeder von uns es alleine wäre.[4] Die Bewusstseinstechnologie hat zum Ziel, Bewusstsein zu erhöhen, um zur Wiederverbindung der Menschheit mit sich selbst und seiner Umgebung zu motivieren. Das Ziel ist, die Barrieren auseinander zu sprengen, die uns daran hindern, die Lebensqualität auf der Erde um einen Quantensprung zu erhöhen. Wahre Integration ist Bewusstheit des Einsseins.

Wenn Wiederverbindung das Ziel ist, wie bewerkstelligen wir es?

Es existieren bereits einige Pläne und einer ist von autoritären Menschen, die gewöhnlich als die Illuminati bezeichnet werden, die eine New World Order (N.W.O., Neue Weltordnung) in Form einer einzigen Weltregierung erzwingen wollen, die sich unter ihrer Kontrolle befindet. Sie fürchten, dass es die einzige Möglichkeit ist, und sie sind ebenfalls davon überzeugt, dass der Zweck die Mittel heiligt.

Diametral entgegengesetzt zur N.W.O. gestaltet sich der Entwurf derer, die den Weg der Freiheit und des Verstehens bevorzugen. Sie haben die Vision einer Zukunft vor Augen – ähnlich dem, was im Anhang unter der Überschrift *'Ein freier Raum'* angegeben ist.

4 *http://www.co-intelligence.org/*

Diese Menschen wissen, dass mit Kommunikation, Bildung, Liebe und Achtsamkeit sehr viel mehr erreicht werden kann als mit Nötigung und Zwang. Es gibt sie in verschiedenen Versionen, sie sprechen unterschiedliche Sprachen oder Ideologien, aber sie haben so viel menschlichen Anstand, die Rechte des Einzelnen sowie Freiheit und Kooperation zu respektieren. Manche empfinden, dass Gebet das Wichtigste ist. Andere glauben, dass zunächst die Zentralbanken auf friedliche Weise zersprengt werden sollten.

Der zuerst erwähnte Plan wird von politisch aktiven Menschen und Lobbyisten unterstützt, die Freiheits-Menschen sind selten an Politik interessiert. Dies wird sich ändern, sobald sie sich der Tatsache bewusst werden, dass ihre Ideale und besten Absichten kommuniziert und effektiv in physische Taten umgesetzt werden müssen und dass das Sich-Heraushalten aus aktiver politischer Beteiligung das ist, auf das die N.W.O.-Gruppen zählen.

Eine solche Gruppe von Menschen, die an die Prinzipien des Bewusstheit des Einsseins glaubt und ebenfalls auf politischer Ebene handelt, ist das *Ubuntu Liberation Movement* [Ubuntu-Befreiungs-Bewegung]. Dies ist keine kostenlose Software, obwohl die Ubuntu-Philosophie auch diese Open-Source-Bewegung inspiriert hat. Die Bedeutung von *Ubuntu*, ein Wort aus der Zulu-Sprache, kann zusammengefasst werden als: „*Ich … bin, was ich bin, aufgrund dessen, wer wir alle sind.*" Ubuntu als eine ethische Philosophie beinhaltet die Prinzipien davon, wie man vollständig mit und für die Gruppe sein kann, während man seiner eigenen Individualität treu bleibt. Der Ubuntu Kontributionismus ist Michael Tellingers Antwort auf das Geld-Paradigma.[2]|[5]

5 *Es gibt viele Gruppen, die eine freie und gerechte Welt wünschen, nur wenige Gruppen schreiten allerdings effektiv zur Tat. Eine weitere Gruppe, die sich nicht davor scheut, zu handeln, ist die Freedom Force International [Freiheits-Kraft International]. Ich bin mir sicher, dass es mehr gibt.*

UBUNTU könnte man zu einem englischen Akronym machen: *„United BUt Not Totally Unified"* [Vereint, aber nicht vollständig einheitlich], was bedeutet, wir kooperieren, während wir immer noch unsere Individualität behalten. Dies ist dann eine andere Art, von kooperativem Individualismus zu sprechen.

Zukunft

„Menschen haben keine andere Wahl; wir müssen kooperieren", sagen David & Roger Johnson, die die Konsequenzen eines konkurrenzgeprägten Lebens viele Jahre lang untersuchten.[6]

Die Prognose ist klar; wir lösen und beenden entweder das Paradigma der Konkurrenz oder wir werden als Menschheit nicht überleben.

Auf der positiven Seite scheint es, dass uns die Evolution in Richtung einer integrierten Menschheit weist: Wir bildeten uns vom Einzeller zum multi-zellularen Organismus. Warum sollten wir uns nicht zum multi-humanen Organismus entwickeln? Möglicherweise etwas wie die Noösphäre (altgr. νοῦς nous, „Geist", „Verstand", zusammen also „Sphäre des menschlichen Geistes/Verstandes [Minds]"), die von Pierre Teilhard de Chardin postuliert wurde.

Je mehr man sich unseres Dilemmas bewusst wird, desto mehr wird man seinen Mund öffnen, seine Stimme erheben und im Sinne von Beitrag, Hilfe, Überfluss und Lösungskonzepten statt Geld, Kontrolle und Mangel handeln.

„Es ist die Tatsache, dass es vorgegeben und immer und immer wieder vorgegeben wird, was einer physikalischen Entität ihre vermeintliche Festigkeit verleiht – im Vergleich

6 *Siehe auch The Competition Paradigm: America's Romance with Conflict, Contest, and Commerce, von Pauline Vaillancourt Rosenau.*

zu den Phänomenen, welche in der Welt des Minds einer einzelnen Bewusstseinseinheit existieren. Das physikalische Universum ist Denken, pures Denken, und als solches kann es tatsächlich durch die angemessene Gedankenresonanz in genügend Köpfen verändert werden...“

– T. E. Bearden, Excalibur Briefing, S. 250

Lassen Sie es uns nun angehen und Einsseins & höheres Bewusstsein für eine neue Welt kommunizieren und aufbauen!

ANHANG

Glossar

ADVAITA VEDANTA *Back*

die Philosophie der Nicht-Dualität oder des Einsseins und der wesentlichen, göttlichen Natur des Menschen.

A PRIORI *Back*

in Bezug auf oder bezeichnen von Argumenten oder Wissen, das von theoretischer Herleitung und nicht von Beobachtung oder Erfahrung ausgeht (Deduktion).

ARISTOTELISCHE LOGIK *Back*

eine zweiwertige Logik, die nur wahr oder falsch zulässt, auch bekannt als das Gesetz der ausgeschlossenen Mitte.

BEWUSSTHEIT DES EINSSEINS *Back*

Attribut der höchsten Ebene eines holographischen, fraktalen Universums, des Absoluten, der Unendlichkeit oder Gottes; das Einssein; Non-Dualität.

BEWUSSTSEINSERFORSCHUNGS-ROUTEN *Back*

Vorgangsweise, um das Bewusstsein zu entfalten und zu erhöhen. Dies sind die vorgeschlagenen, in Reihe gegliederten Schritte, Aktionen und Studien, die zu einem vordefinierten Endergebnis für jede Route und letztlich zum Bewusstheit des Einsseins führen.

BIOFEEDBACK *Back*

die Technik der Verwendung von Messgeräten zur Bereitstellung von Informationen über eine oder mehrere autonome Körperfunktionen. Siehe auch GSR-Meter.

BÖSE *Back*

aktiv die Möglichkeit oder Fähigkeit von Menschen, das Leben zu genießen wegzunehmen, zu behindern, zu verhindern oder zu zerstören. Eventuell sogar (versteckte) Freude darüber zu empfinden, so etwas zu tun.
EVIL [eng.: böse] ist die anagrammatische Umkehrung von LIVE [eng.: leben]; siehe *Verbrechen* (S.359)

D

DOMÄNE *Back*

Eine Domäne ist, wo man lebt. Es ist das Eigene oder unmittelbar das Eigene Umgebende. Es kann als ein Verantwortungsbereich angesehen werden. Es gibt sechs Domänen: das Selbst, Partner & Familie, Gruppen, Menschheit, das Leben, das physikalische Universum (Erde und Kosmos). Diese Domänen nehmen sukzessive an Volumen zu und können durch Sphären innerhalb von Sphären dargestellt werden; jede nachfolgende Domäne enthält die vorherigen, mit dem Selbst als der zentralen Sphäre.
Jede Domäne hat subjektive, spirituelle oder mentale und objektive oder physikalische Aspekte, die die eigentliche Natur des Bewusstseins selbst widerspiegeln, das die Null-Domäne genannt wird und alle Domänen umfasst.

EHRLICHKEIT

Back

die Bereitschaft, seine – unmittelbare und genaue – Wahrnehmung des Inhaltes des Bewusstseins mit anderen zu teilen.

ENFJ

Back

steht für *Extravert, iNtuitive, Feeling and Judging* [Extrovertiert, iNtuitiv, Fühlend und Judizierend (beurteilend)]. Persönlichkeitstyp nach den Myers-Briggs-Typenindikatoren. ENFJs sind idealistische Organisatoren, angetrieben ihre Vision von dem umzusetzen, was für die Menschheit am besten ist. Durch ihre Fähigkeit Potential in anderen Menschen zu sehen und ihr Charisma andere von ihren Ideen zu überzeugen, wirken sie oft als Katalysatoren für das menschliche Wachstum. Sie konzentrieren sich auf Werte und Visionen und sind von den Möglichkeiten für Menschen begeistert. ENFJs sind typischerweise energisch und motiviert und nehmen oft eine Menge Verantwortung an. Ihr Fokus liegt auf den Bedürfnissen anderer, sie sind sich des menschlichen Leidens bewusst und neigen dennoch auch dazu, optimistisch und vorausschauend zu sein. Sie erkennen intuitiv Möglichkeiten für Verbesserungen.
Die ENFJs sind ambitioniert, aber ihr Ehrgeiz ist nicht eigennützig, vielmehr fühlen sie sich persönlich verantwortlich dafür, die Welt zu einem besseren Ort zu machen.

Ref. http://www.truity.com/personality-type/enfj/
http://www.humanmetrics.com/persönlichkeit/enfj

EP *Back*

EndPunkt, EndProdukt oder EndPhänomen, jene Indikatoren, die zeigen, dass ein Prozess sicher beendet werden kann, da die gesamte verfügbare Ladung sich aufgelöst hat.

EUSTRESS *Back*

kommt von der griechischen Wurzel *eu*, was „gut" bedeutet, wie in Euphorie; der positive Stress laut Hans Selyes Theorie.

GEHIRNHÄLFTE (rechte / linke) *Back*

Nach der Theorie der Dominanz der linken oder rechten Gehirnhälfte, ist die rechte Seite des Gehirns am besten bei expressiven und kreativen Aufgaben. Die linke Gehirnhälfte gilt als geschickt in Aufgaben, die Logik, Sprache und analytisches Denken betreffen. Die linke Gehirnhälfte wird oft als besser geeignet für folgende Bereiche beschrieben:

» Sprache
» Musik-Melodie
» Logik
» kritischem Denkvermögen
» Schwarz-Weiß-Denken
» Zahlen
» Schlussfolgerungen
» Algebra

Einige der Fähigkeiten, die im Volksmund mit der rechten Seite des Gehirns verbunden sind, umfassen:

- » Gesichter erkennen
- » Musik-Harmonie
- » Emotionen lesen und ausdrücken
- » Farbe
- » Bilder
- » Intuition
- » Kreativität
- » Geometrie

Wir verwenden es nur als eine Ausdrucksweise die intuitiven von den logischen Tendenzen oder Fähigkeiten zu unterscheiden. Wir betrachten sie nicht wörtlich als Funktionen dieser Teile des Gehirns.

GERECHTIGKEIT *Back*

die richtige Erkennung (Wahrnehmung) und Veröffentlichung der Wahrheit, bezüglich wer was, wie und warum in jeglicher lebensunfreundlicher Situation und Handlung verursacht hat.

GESTALT *Back*

ein organisiertes Ganzes, das als mehr wahrgenommen wird als die Summe seiner Teile. Gestalten des Minds beziehen sich auf die größeren Ganzheiten und Strukturen, von denen der individuelle Mind ein Teil ist, wie z. B. das kollektive Unbewusste usw.

GLÜCKLICHSEIN *Back*

das Gefühl zunehmender Ordnung, Harmonie oder Einheit.

GOTT *Back*

die *universellste* Universalie, das, was alles gemeinsam hat; absolutes Bewusstsein, das Einssein, das Absolute oder höchste Wesen. Brahman.

GSR-METER *Back*

oder auch *Psychogalvanometer* ist ein Biofeedback-Monitor, das für den Einsatz in der psychometrischen Forschung, Prozessing, Psychotherapie usw. entwickelt wurde. Es misst den galvanischen Hautwiderstand (Veränderung der elektrischen Eigenschaften der Haut) und gibt dem Anwender nahezu sofortige Rückmeldung über den allgemeinen Entspannungszustand und die unmittelbaren emotionalen Reaktionen des Klienten; siehe auch *Psychogalvanometer* (S. 357).

I

I (ch) *Back*

kurz für Individuum, was das Unteilbare bedeutet, das Eine.

INTELLIGENZ *Back*

die Fähigkeit, die relevanten Daten zu erfassen und auf die zu beurteilende Szene anzuwenden. [vom Lateinischen *intelligere* "zu verstehen, zu erkennen"]

KARTESIANISCH

Back

auch kartesisch; sich beziehend auf Rene Descartes. Descartes – bekannt für seinen Spruch *„cogito ergo sum"*, *„Ich denke also bin ich."* – hielt daran fest, dass der immaterielle Mind und der materielle Körper zwei völlig verschiedene Arten von Substanzen sind und dass diese miteinander interagieren. Auch bekannt als Dualismus.

MIND

Back

Im Englischen kann sich das Wort *Mind* auf die Fähigkeit einer Person zu denken und Schlussfolgerungen zu machen, beziehen (Intellekt). Das würde mit dem deutschen Wort Verstand korrespondieren. Meistens bezieht es sich aber auf den Sitz des menschlichen Bewusstseins, dem denkenden, fühlenden *Ich*. Weiters gibt es unterschiedliche Ebenen und Strukturen im Bewusstsein, die ebenso Mind genannt werden. Der Plural im Englischen ist Minds, in der deutschen Übersetzung des Wortes Geist, müssten wir dann von Geistern, also Gespenstern, sprechen – was wieder etwas anderes ist. Aus diesen Gründen entschieden wir uns auch im Deutschen das Wort Mind zu verwenden.

NOUMENON

Back

Noumena (Plural); (in der Philosophie Immanuel Kants) ein Ding, wie es an sich ist, im Unterschied zu einem Ding, wie es durch phänomenale Attribute durch die Sinne erkannt werden kann.

Ph.E. Back

aus dem Lateinischen *Philosophus Essentialis*, was soviel bedeutet wie „Philosoph der Essenz". In der Philosophie ist die Essenz das, was eine Sache zu dem macht, was sie ist und was sie sein muss und ohne die sie ihre Identität verliert. Bewusstsein ist Essenz.

POLYSYLLABISCHE XENOLOGISMEN Back

ein gehobenes viel-silbiges Wort in der Art eines Fremdwortes oder Neologismus, einem neu erschaffenen Wort

PROZESSING (REPROZESSING) Back

eine Folge von Aktionen oder Funktionen, um ein Ergebnis zu erzielen. In der Bewusstseinstechnologie führt die des Bewusstseins bewusste Einheit, das ICH, Prozessing oder Reprozessing durch (möglicherweise unterstützt durch einen Sitzungsleiter). Das Ziel ist sich bestimmte Erlebnisse, Überzeugungen, unerwünschte Denkmuster oder Absichten bewusst zu machen oder neu zu bewerten, diese zu verändern oder zu ersetzen usw.

PSI Back

parapsychologische oder psychische Fähigkeiten oder Phänomene

PSYCHOGALVANOMETER *Back*

ein psychotronisches Gerät, das eine Messung zeigt, wann immer eine Resonanz zwischen dem individuellen und dem kosmischen Bewusstsein auftritt.

REAKTIONSVERZÖGERUNG *Back*

die Zeit, die der Erforscher benötigt, um die Frage zu beantworten oder die Anweisung auszuführen.

REALITÄT *Back*

das konzeptionelle Modell oder Konstrukt, das den existierenden Phänomenen in einem oder in mehreren Minds entspricht. Die physikalische Realität entspricht den Phänomenen, die bei allen existieren, die individuelle Realität stimmt mit den Phänomenen überein, die in einem Mind existieren. Diesen Begriff verwenden wir auch im Plural, *Realitäten*, da diese Übereinstimmungen und somit das Erleben, niemals völlig deckungsgleich sind und es dadurch nicht nur eine Realität gibt.
Die Realität, insbesondere die physikalische Realität, ist, üblicherweise das was ist. Damit ist eine große Gewissheit verbunden, da wir alle zustimmen oder es uns durch Experimente beweisen, um diese Übereinstimmung zu erreichen. Realität – so könnte man sagen – ist das, von dem man glaubt, dass es existiert. In hohem Maße, wird das, was ist, durch Betrachtungen und Überzeugungen oder Glaubenssysteme, aber auch durch Persönlichkeit und solcherlei geistiger Faktoren, bestimmt.

REGIERUNG *Back*

eine Gruppe von Personen, die sich ganz oder gar dafür einsetzt – oder sich dafür einsetzen sollte –, Menschen vor Gefahren zu schützen. Sie sollten sich darauf spezialisieren, antisoziale, gegen das Leben agierende Menschen zu erkennen, zu enthüllen und zu regieren (zu kontrollieren) und sie aus Positionen des Einflusses zu entfernen. Eine solche Regierung existiert noch nicht.

SCIENTOLOGY *Back*

Das Wort Scientology hat je nach Kontext unterschiedliche Bedeutungen. Die ursprüngliche Bedeutung war eine Wissenschaft der Erkenntnis oder des Wissens, was heutzutage bekannt ist als Erkenntnistheorie. Wenn wir uns auf die Scientology-Kirche beziehen, verwenden wir den Ausdruck *`ekklesiastische Scientology'*. Wir unterscheiden weiterhin Hubbard'sche Scientology, Robertsons Scientology, die eine neo-Hubbard'sche Scientology ist und Nordenholz Scientologie, die ein allgemeines philosophisches Studium der Wissenschaften und des Subjekts des Wissens ist.

SOZIOPATHIE *Back*

antisoziale Persönlichkeit, sehr detailliert in dem Buch *Gewissenlos – Die Psychopathen unter uns* von Robert D. Hare beschrieben; einige der dort aufgelisteten Eigenschaften sind (S. 61):

Emotional/ Zwischenmenschlich	**Soziale Abweichung**
» heuchlerisch und oberflächlich	» impulsiv
» egozentrisch und grandios	» unbeherrscht
» Mangel an Reue oder Schuldbewusstsein	» Sucht den \`Kick´
» Mangel an Einfühlungsvermögen	» verantwortungslos
» hinterlistig und manipulativ	» Verhaltensstörungen im Kindesalter
» flaches Gefühlsleben	» gestörtes Sozialverhalten als Erwachsener

SYNCHRONIZITÄT *Back*

das gleichzeitige Auftreten von Ereignissen, die signifikant miteinander verbunden sind, aber keinen erkennbaren kausalen Zusammenhang haben.

U

Universelles Imaginationsprozessing *Back*

auch Imaginationstechnik oder -verfahren genannt; alle drei Namen dieser *Multi Genius Technologie für Bewusstsein*-Methode stehen unter Copyright ©

V

VERBRECHEN *Back*

Handlungen, die gegen das Leben gerichtet und dazu bestimmt sind, Wesen vom Leben (Mord), vom Genuss des Lebens oder von der Lebenskraft – von Gott, wenn Sie so wollen – zu trennen; [vom Griechischen *krinein* „trennen"].

WAHRHEIT

Back

Wahrheit ist die integrierte Wahrnehmung von allen Gesichtspunkten; in praktischer Hinsicht ist es das genaue Ereignis mit Zeit, Ort, Ursache und Wirkung einschließlich der Betrachtungen und Absichten der beteiligten Wesen (mit kurzen Worten ausgedrückt: wann, wo, was, welches, wie, wer, wessen, wen und warum).

WISSENSCHAFT

Back

Informationssysteme, die das Verständnis des Lebens erweitern und dazu beitragen, die Lebensqualität im Universum zu verbessern oder zu unterstützen.
Die erste Pflicht der Wissenschaft bestünde darin, die Natur und die Qualitäten der Wissenschaftler und der Wissenschaft selbst als Teil des Lebens zu untersuchen. Die übergeordnete Wissenschaft ist jener Teil des Wissens, der sich mit der Wissenschaft an sich, und der geistigen Gesundheit und Ethik von Wissenschaftlern befasst. So eine Wissenschaft würde wahrhaftig das Wort Scientologie beanspruchen können.

ZWEI-WEG VERURSACHUNG

Back

physische Ursache aus der Vergangenheit; logische und mentale Ursache aus der Zukunft; teleologisch.

Über den Autor

Caspar de Rijk

Caspar de Rijk beschäftigt sich professionell mit spiritueller Beratung und Life-Coaching seit über vierzig Jahren. Ende der sechziger Jahre studierte er Psychologie an der Universität Utrecht. Es dauerte nicht lange, bis er herausfand, dass mit der Betonung auf die Verhaltensforschung die Seele aus dem Thema völlig verschwunden war.

Auf der darauffolgenden Suche nach der Wahrheit begegnete er Yogameistern, indischen Mystikern, Tarotkartenlesern und weisen Männern unterschiedlichster Art. Er befasste sich mit verschiedenen Formen der Meditation und verbrachte einige Zeit mit Krishnamurti in England.

Caspar stand kurz vor die Initiation anlässlich eines Satsangs von seiner Heiligkeit Maharaj Sharan Singh, als er Otto Roos, einen hochkarätigen Scientologen, traf und sich dann an der ersten Scientology-Gruppe in den Niederlanden beteiligte. Er übernahm später den Posten des leitenden Direktors der Scientology Stiftung in Amsterdam. Anschließend zog er nach Dänemark und stürzte sich in ein wildes Abenteuer, genannt die Sea Organisation, die ihren Ursprung auf einem Dampfschiff unter panamesischer Flagge, der *Athena* hatte.

Nach mehr als zwei Jahrzehnten hatte er genug gelernt wie auch gesehen und begann zu erkennen, dass dieses ganze *idealistische Unternehmen* aus dem Ruder gelaufen war. Er verabschiedete sich und unternahm einen letzten Versuch, die Kirche zu reformieren, indem er, wie einst Luther, 95

Thesen an die Türen der Amsterdamer Scientology Kirche schlug; eine Aktion, über die sogar im Fernsehen landesweit berichtet wurde. Er wurde umgehend exkommuniziert und verlor daraufhin den Kontakt zu seiner Ehefrau und seinen beiden Töchtern.

Caspar arbeitete dann Ende der 1990iger einige Jahre für eine Unternehmensberatungs-Agentur. 2003 kehrte er der Welt der Unternehmensberatung den Rücken, um sich mit einer Praxis für individuelle Beratung selbstständig zu machen. Dies tat er die ersten Jahre in den Niederlanden und später in Deutschland, wo er heute noch wohnt.

In diesen Jahren setzte er seine Studien in spiritueller Psychologie und grundlegender Philosophie fort und stellte gleichzeitig Forschungen über den Mind, die Seele und paranormale Phänomene an.

Dies intensivierte sich in den letzten Jahren, nachdem er mit der Forscherin Claudia Moser eine Arbeitsgemeinschaft einging. Unter Verwendung einer multidisziplinären Herangehensweise gingen sie die einschlägige Literatur nochmals durch und betrieben eigene Forschungen, um die einfachste und zuverlässigste Methode zu finden, mit der sich das Leben harmonischer gestalten lässt. Dies gipfelte in der *Universellen Imaginationsprozessing-Technik* und den Verfahren, die sie heute mit dem Namen *Multi Genius Technologie für Bewusstsein* bezeichnen. Dieses Handbuch enthält die Essenz all ihrer Forschungsergebnisse.

Co-Forscherin Claudia Moser

Claudia Moser nahm sofort das Konzept der *Multi Genius Technologie für Bewusstsein* an, da sie es als Vereinigung der Methoden und Erkenntnisse ihres bisherigen spirituellen Weges betrachtet.

Davor galt ihr Hauptinteresse einer Technologie namens *Spiritologie*, da dieses Verfahren auf der Idee basierte, dass ein Wesen in der Essenz Unendlichkeit ist und diesen Seinszustand durch Prozessing rehabilitieren kann. Intensive Praxis über mehrere Jahre brachte die Erkenntnis, dass es nicht die Technologie oder Methode an sich ist, sondern letztlich immer die Entscheidung eines spirituellen Wesens für den einen oder anderen Weg, die letztlich die Wahrheit und die Lösung hervorbringt.

Claudia hat einen Bachelor-Abschluss in Geschichte von der Universität Wien und absolvierte eine professionelle Ausbildung in Dokumentations- und Informationstechnologie (Bibliothek, Archive und Kultur). Eine medizinische Grundausbildung war ein weiteres Modul auf ihrem Werdegang, dennoch blieb die intensive Forschung zum Thema des Seins immer vorrangig. 1982 trat sie deshalb der *Sea Organization* der *Church of Scientology* bei, da sie damals dachte, dass dies der beste Ort zum Ergründen dieses Themas wäre. Sie fand jedoch bald heraus, dass die hohen ethischen Standards und die Liebe zur Wahrheit, die in den frühen Tagen übermittelt wurden, nicht mehr zu erkennen waren und verlies deshalb 1983 wieder diese Organisation.

Claudia studierte bis zu einem hohen Grad L.R. Hubbards Philosophie, Verwaltungstechnologie und Anwendungen, sowie Robertsons *Excalibur* Stufe in der *Freien Zone*. Darüber hinaus absolvierte sie die komplette theoretische und praktische

Spiritologie-Ausbildung, einschließlich aller höheren Ebenen sowie das professionelle Spiritologie Berufspraktikum.

Von 2005 – 2013 gründete und leitete sie das *Spiritologie Zentrum Österreich.* Seit dem ist sie an der Erforschung und Entwicklung der *Multi Genius Technologie für Bewusstsein* und am Verfassen des *Handbuchs zur Erforschung des Selbst* beteiligt. Heute ist Claudia Moser die Direktorin des *MGT Institutes für bewusstSEINs Erforschung*, das einen Standort in Biere, Deutschland und Wien, Österreich hat.

Symbolik

Jeder Kreis repräsentiert eine individuelle Sichtweise vor dem Hintergrund eines undifferenzierten oder absoluten Bewusstseins. Die vielen sich überschneidenden Kreise zeigen jene Gesichtspunkte, die sich vermengen und nach außen in Richtung Bewusstsein expandieren. Es gibt insgesamt 19 Kreise. Die Primzahl 19 steht für das Einssein, dies ist auch vom Kreis an sich symbolisiert. Die sich kreuzenden Kreise signalisieren Unterschiedlichkeit und Vielfalt.

Es gibt 8 äußere, 4 mittlere, 6 verstärkt gedruckte und 1 zentralen Kreis.

$$8+4+6+1=19$$

» Der zentrale Kreis repräsentiert das *Ich*-Bewusstsein.

» Die sechs verstärkt gedruckten Kreise repräsentieren die 6 Domänen.

» Das sechsblättrige Blumenmuster in der Mitte steht für die sechs Grundsätze von: Ordnung – Expansion – Identität – Freiheit – Konzentration – Interaktion.

» Die vier mittleren Kreise symbolisieren die Tetrade (Vierheit), welche strukturierte Aktivität vermittelt und Relativität und Ordnung kombiniert, also Aktivität im Unterschied zum Potential, verbindet.

» Die 8 äußeren Kreise stehen für die Oktave, die Harmonie schafft.

Jeder Kreis deutet auch auf ein Potential hin, eine Möglichkeit der Kreation. Mit jeder Kombination von zwei oder mehr Kreisen steigen die Möglichkeiten (des Lebens). Alle gemeinsam resultieren in einem unendlichen Potential, einem Einssein, was jedoch keinesfalls mit dem Verlust der Individualität einhergeht.

Studium am Institut

Die Bewusstseinserforschungs-Routen

Es gibt zwei sich ergänzende Herangehensweisen an die Bewusstseinserforschung.

Intuitive Route

» Die Erforschung des Selbst
» Das Transzendieren des Selbst
» Das Integrieren der Selbst
» Die Lösung des Selbst

Intellektuelle Route

» Bewusstseinserforschungs-Kurs
» Essenz der Kommunikation / Workshops (Modul I – VI)
» Psychogalvanometrie / Kurs (Modul I & II)
» Effektives Lern & Verstehen / Kurs
» Persönliche Integrität / Coaching
» Lebensziele & Planung / Coaching
» Logik, Analogie & Datenbewertung / Kurs
» Soziopathie verstehen / Kurs
» Matrix Resolutions / Kurs

Das obenstehende ist ein Auszug aus den vorhandenen Kursen der intellektuellen Route. Weitere Informationen dazu finden Sie unter:
http://www.mgtconcepts.com/courses.html

Die verschiedenen Sitzungsformulare, die oft für Sitzungen gebraucht werden, können unter http://www.mgtconcepts.com/downloads.html eingesehen und heruntergeladen werden.

Ein freier Raum

von Caspar de Nada von Bigera, Ph.E.

„In einem freien Raum gibt es keine festen Grenzen.
Es gibt genügend Raum, so dass jeder Einzelne König im eigenen Reich sein kann.

Ein Individuum im freien Raum ist vollberechtigt,
sich alles und jedes vorzustellen und zu erschaffen
und uneingeschränkt zu sein, zu tun und zu haben.

Im freien Raum wird die Wahrheit nicht zurückgehalten.
Es gibt keine willkürlichen Kontrollen und
keinen Zwang im freien Raum.

Es gibt keine Herrschaft im freien Raum.
Dieser kann geordnet sein, ohne Gesetzgebung oder Besteuerung,
unter dem Schutz von freien und verantwortungsvollen Wesen.

Freie und verantwortungsvolle Wesen verfolgen ihre eigenen Ziele
und entscheiden, aus und für sich selbst, ob sie ein Spiel spielen
oder eine Vereinbarung einhalten wollen oder nicht.

Es macht Spaß, sich frei im Raum zu bewegen und zu leben.
Das Leben dort basiert auf dem Verständnis füreinander
und dem freien Willen mit Ursache und Wirkung spielen.

Einwohner nehmen einander wahr und
vergegenwärtigen sich mögliche Beiträge anderen gegenüber.
Sie entscheiden was sie aus sich selbst heraus tun und was in der Gemeinschaft.

Es gibt keine Knappheit im freien Raum.
Einzelnen und/oder Gemeinschaften steht es frei, unentgeltlich Wasser, Nahrung, Energie, ganzheitliche Heilverfahren, Unterkunft und Wissen zur Verfügung zu stellen.

Bildung besteht aus der Erkundung innewohnender kreativer Potenziale, der Ermutigung zu Entdeckungen und der Aneignung und Entwicklung von Kenntnissen & Fähigkeiten.

Ein freier Raum wird frei bleiben, so lange wie diejenigen, die in ihm leben, es frei halten und die Freiheit haben, andere frei sein zu lassen."

„Der Preis der Freiheit ist Verantwortung und ewige Wachsamkeit." – Thomas Jefferson & Elbert Hubbard

Back

Ernährungsempfehlungen

Alkalisierendes Pulver (Basenpulver) kann vorrübergehend hilfreich sein. Auch rohe Lebensmittel, Salate und Früchte zu sich zu nehmen, kann sich positiv äußern, da ungekochte Nahrung die Enzyme enthält, die zur Verdauung erforderlich sind.

Proteine, Kohlehydrate und Öle, Mineralien & Vitamine

Proteine:

Fleisch von grasfressenden Tieren, Eier von freilaufenden Hühnern, sowie eine Menge an vegetarische Quellen

Kohlehydrate:

Kein Zucker, keine Gluten (gewisse Getreidearten); die richtige Menge an Ballaststoffen

Öle:

Omega 3-6-9-Öle (Fischöl und Leinöl und Gurkenkraut-Samenöl) täglich. Der Körper gibt dann das alte Fett und die darin abgelagerten Giftstoffe ab, wenn er gutes frisches Fett bekommt.

» Essentielle Fettsäuren: Das Verhältnis von Omega 3 und Omega 6 sollten ausgewogen sein.

» Übliche Dosierung für Erwachsene: Nachtkerzenöl 1000 mg / Fischöl 2000 mg täglich

» Gurkenkraut-Samenöl: Der hohe Wert dieses Öls besteht darin, dass es die bekannteste, reichhaltigste Quelle (24 %) für die essentielle Fettsäure namens Gamma-Linolensäure (GLA) ist, die die Gesundheit der Blutgefäße des Körpers, der Arterien und Venen wieder herstellt.

Mineralien

Kalzium-/Magnesiumergänzung, speziell für diejenigen, die keine Milch trinken oder ältere Frauen, die wegen Osteoporose Bedenken haben. (300 mg pro Tag von beidem für Kinder, die doppelte Menge für Erwachsene. Kalzium-/ Magnesiumcitrat wird gut absorbiert.) Dazu gehören auch organische Formen von Vanadium, Chrom, Selen in ergänzender Dosis.

Vitamine

Vitamin C Depotkapseln, B-Komplex und das Vitamin B17, das in Apfel- und Aprikosenkernen zu finden ist. Proanthocyanidine (aus Traubenkernen, Heidelbeeren oder Pinienrinde) sehr hilfreich (zusammen mit Vitamin C) gegen Erkältungen und Allergien. Natürliches Misch-Vitamin E / 400 Einheiten (nur Mischtocopherole, kein reines Alpha-Tocopherol) täglich für Erwachsene.

Vitamin C ist ein Vitamin, das der menschliche Körper nicht selber herstellen kann und wird aber benötigt um z.B. anderes wie Magnesium überhaupt verarbeiten zu können. Es ist daher ein erstklassiger Anwärter für die Nahrungsergänzung. Nehmen Sie 2 – 5 Gramm Vitamin C (Ascorbinsäure) pro Tag. Am besten als wird es als Ascorbat eingenommen, indem man einfach Vitamin C Pulver und

Natron (Natriumbicarbonat) 2:1 in einem Glas Wasser oder Saft mixt. Es kann in hoher Dosierung von 10.000 mg oder mehr pro Tag eingenommen werden, weniger, falls das Vitamin C zu Durchfall oder Darmbeschwerden führt.

Multimineralien und Spurenelemente sollten ergänzt werden, bei den essentiellen Fettsäuren ist es am wichtigsten, Omega 3 und Omega 6 in einem ausgewogenen Verhältnis zu sich zu nehmen, wie bereits erwähnt wurde. Normalerweise besteht ein Mangel an Omega-3.

Spurenelemente werden am besten in aus Pflanzen gewonnener kolloidaler Form eingenommen.

Ein Leben lang gute Zähne

Warum ein Stück Kernseife zum Zähneputzen besser als Zahnpasta ist?

Nach dem Buch von Dr. Gerald Judd: Good Teeth – Birth to Death [Gute Zähne von Geburt bis zum Tod]

Kernseife hat keinen schlechten Geschmack, wenn nur eine geringe Menge zum Zähneputzen benutzt wird. Die Seife ist sehr rein und naturbelassen, da sie aus Fett und Natronlauge hergestellt wird. Sie ist ein ausgezeichnetes Reinigungsmittel, die die unlöslichen Öle auf der Zunge, den Innenseiten der Wangen und Zähnen mit dem Wasser mischt und sie fortspült. Durch ihre Benetzungseigenschaft werden viele Keime abgetötet. Es ist eine Komponente der Zahnpasta.

Die Zähne, die mit Kernseife geputzt und gespült werden, sind weitaus sauberer als solche, die mit Zahnpasta geputzt werden, die oft Zucker, Säuren, Kreide, Silikate (Sand), Seife, Fluoride, Methylbenzoat (für ein kühles Mundgefühl), Bleichmittel, Stabilisatoren, Bindemittel und weitere verunreinigende Chemikalien beinhaltet. Sie verunreinigen die Zähne schwer und verhindern gute Zahnschmelzregeneration. Insbesondere das in jeder Zahnpasta enthaltene Glyzerin ist so klebrig, dass 27 Spülungen erforderlich sind, um es abzuwaschen. Die mit Zahnpasta geputzten Zähne sind mit einem Film überzogen und können daher keinen neuen Zahnschmelz erzeugen. Die mit Kernseife geputzten Zähne lagern Mineralien in den Zahnschmelz wieder besser und perfekter ein.

Kernseife ist ausgezeichnet, frei von Verunreinigungen, preiswert und besser als ein Zahnreinigungsmittel. Beim Putzen oder der Zahnpflege mit Zahnstochern und Zahnseide sollte man sorgfältig Essensreste, welche im Zahnfleisch hängengeblieben sind und als Nährmedium für bakteriologisches Wachstum fungieren, entfernen. Dadurch entstehen ansonsten Zahnfleischentzündungen.

Siehe auch Google *`Zahnseife‘* oder *`Kernseife‘*

Liste von Tugenden

- Durchsetzungsfähigkeit
- Sorgsamkeit
- Sauberkeit
- Barmherzigkeit
- Vertrauen
- Berücksichtigung
- Mut
- Höflichkeit
- Kreativität
- Ablösung
- Entschlossenheit
- Begeisterung
- Exzellenz
- Treue
- Flexibilität
- Vergebung
- Freundlichkeit
- Großzügigkeit
- Sanftmut
- Hilfsbereitschaft
- Ehrlichkeit
- Ehre
- Demut
- Idealismus
- Fröhlichkeit
- Gerechtigkeit
- Freundlichkeit
- Leichtigkeit
- Liebe
- Erbarmen
- Mäßigung
- Bescheidenheit
- Gehorsam
- Ordentlichkeit
- Geduld
- Friedlichkeit
- Zielgerichtetheit
- Zuverlässigkeit
- Respekt
- Verantwortung
- Ehrfurcht
- Selbstdisziplin
- Dienstbarkeit
- Standhaftigkeit
- Takt
- Dankbarkeit
- Toleranz
- Vertrauen
- Vertrauenswürdigkeit
- Wahrhaftigkeit
- Einheit

Genommen, adaptiert und übersetzt aus dem Englischen von http://metamind.us/virtues, 2015, *Synergy Nation,* Steve Moyer.

Back

Persönliche Notizen